한국전쟁 감동 실화
레클리스

Sgt. RECKLESS: AMERICA'S WAR HORSE
Copyright © 2014 by Robin Hutton
Korean Translation Copyright © 2025 by DOREMI ENTERTAINMENT

Korean edition is published by arrangement with Robin Hutton
through Duran Kim Agency Co. Ltd.

이 책의 한국어판 저작권은 Duran Kim Agency를 통해
Robin Hutton과의 독점 계약으로 도레미엔터테인먼트에 있습니다.
저작권법에 의해 한국 내에서 보호를 받는 저작물이므로 무단 전재와 무단 복제를 금합니다.

죽음의 고지를 51번이나 넘은 미 해병대의 전설
제주마 레클리스 이야기

한국전쟁 감동 실화

레클리스

로빈 허턴 지음 · 황하민 옮김

DO·REMI

일러두기
이 책에 등장하는 연천 지역의 마을 이름은 한국전쟁 당시 미 해병대가 사용했던 명칭을 그대로 따랐다. 따라서 오늘날의 지명과 다를 수 있다.

레클리스를 기리며

미 해병대의 빛이 된 한국 군마

    모든 말은 고귀한 품격을 지니고 있다. 적어도 내 눈에는 그렇다. 특히 한 장면이 계속 내 머릿속을 스쳐 지나간다. 때로 천둥과 번개가 칠 때, 때로 보름달이 나의 말들 중 유독 한 마리를 비출 때 그 장면이 그려진다. 항상 3월의 마지막 주에 떠오르곤 한다.

    1953년 3월 27일 한국전쟁 당시, 경기도 연천군의 베가스 전초기지를 방어하는 전투에서 75mm 포탄을 싣고 가는 작은 적갈색 암말 레클리스의 모습이다. 그 모습은 내 마음속에 늘 변함없이 선명하다. 레클리스는 균형을 잡기 위해 머리를 낮추고 산등성이를 힘겹게 오르며 미 해병대 제5연대에 무반동총 탄약을 공급해 주었다.

    레클리스는 우리 부대를 지원하는 화력에서 매우 중요한 생명줄이었다. 우리 부대는 레클리스에게 의존하고 있었다. 나는 1930년대와 1940년대에 목장을 겸하는 농장에서 자랐는데, 말과 노새는 농장을 일구는 데 필수적이었다. 말은 단순한 경작 도구 이상의 존재였고, 우리의 삶에서 사랑스러운 동반자였다. 통나무를 끌거나 건초를 베다가 말이 다치기라도 하면 그것은 큰 비극이었다.

1953년 3월 27일 밤, 리노 전초기지의 낮은 능선에서 주저항선을 바라보던 나는 믿을 수 없는 광경을 목격했다. 레클리스가 거기에 있었다. 조명탄 불빛 속에서 희미하게 드러난 모습은 마치 유령 같았고, 75mm 포탄 여러 발을 등에 실은 채 포대를 향해 가고 있었다! 우리가 들것을 나르는 동안 레클리스는 시야에서 사라졌다가 다시 나타나기를 반복하더니 이내 시야에서 완전히 사라져버렸다.

나의 머릿속에서 고향 집에 있었던 말들이 떠올랐다. 그 말들이 여기에 없다는 것이 얼마나 감사했던지 모른다. 고향 집 목장에서 말들은 잘 훈련되었고, 많은 소음과 사냥철의 총성에도 익숙했지만 베가스 고지에서 쏟아지는 포탄을 견뎌낼 수 있었을까? 아마도 불가능했을 것이다.

레클리스는 매우 특별한 말이었고, 해병대원들과 사랑으로 맺어진 영적 유대감으로 깊이 이어져 있었다. 말로는 표현할 수 없는 엄청난 소음과 폭발의 충격 속에서도 레클리스는 모든 것을 견뎌냈다. 나는 레클리스 위에 반드시 천사가 올라타 있었을 거라고 믿는다. 레클리스는 홀로 움직였고, 이끌어줄 해병대원이 없었기 때문이다.

나는 항상 내 말들을 소중히 여겼다. 하지만 레클리스 소총 부대의 그 작은 암말을 지켜보고, 또 더 많이 알게 된 후에는 나의 말들이 더욱 특별하게 느껴졌다. 그들도 같은 창조주의 작품이라는 것을 알게 되었기 때문이다.

— **해럴드 와들리**(미 해병대 제1사단 하사, 한국전쟁 참전)

여는 글

포화를 뚫고 나온 한국전쟁의 영웅, 레클리스

1997년 〈라이프〉지 특별판 '우리의 영웅들을 기리며'에서는 학교에서 흔히 배우는 정치가들과 영감을 주는 인물들을 선정했다. 이 명단에는 토머스 제퍼슨, 에이브러햄 링컨, 조지 워싱턴과 같은 대통령들과 엘리너 루스벨트 여사, 민권운동 지도자 마틴 루서 킹 목사, 가톨릭 선교사 테레사 수녀가 있었다. 심지어 영화배우 존 웨인도 이름을 올렸다. 이 특별판에는 또 다른 매우 놀라운 이름이 등장했는데, 바로 레클리스였다. 평범한 혈통을 가진 적갈색 작은 암말. 미국 역사상 가장 위대한 전쟁 영웅으로 떠오른 군마였다.

한국 군마 레클리스(Reckless, 무모한)는 그 이름이 의미하는 무모함, 용맹, 자기희생과는 거리가 멀어 보이는 존재였다. 하지만 미국을 단번에 사로잡았다. 1954년 4월, 해병대 중령 앤드루 기어가

〈새터데이 이브닝 포스트〉에 한국전쟁에서의 레클리스의 활약을 자세히 소개하면서 미국인들의 마음을 뒤흔들었다. 그 영웅적인 공로가 너무나도 위대하여 레클리스는 미 해병대에서 하사 계급으로 진급하게 된다. 레클리스는 단순한 마스코트가 아니었다. 진정한 전투 해병이었다.

한국전쟁이 끝난 후, 레클리스를 미국으로 데려오자는 요청이 전국에서 쇄도했다. 1954년 11월 마침내 레클리스가 샌프란시스코 항구에 도착했을 때, 수백 명의 인파가 진정한 영웅의 귀환을 환영했다. 이 행사를 취재한 노련한 기자는 레클리스가 당시 부통령이었던 리처드 닉슨이 최근 방문했을 때보다 더 많은 언론과 카메라의 관심을 받았다고 언급했다.

하지만 레클리스의 명성은 단지 전시의 영웅적 활약에 그치지 않았다. 레클리스는 1950년대 미국 대중의 의식 속에 특별하게 사랑받는 존재가 되었다. 해병대원들뿐만 아니라 모든 연령대 사람들에게 사랑받은 레클리스는 정부와 대중문화계의 가장 영향력 있는 미국인들로부터 존경과 찬사를 받았다.

레클리스의 극적인 실화는 대중들 사이에 레클리스를 시비스킷, 친코티그의 미스티, 댄 패치, 맨오워와 세크러테리엇과 같은 미국의 가장 사랑받는 명마의 반열에 올려놓았다. 그러나 21세기에 들어 레클리스의 명성은 점차 희미해지기 시작했다.

오늘날 레클리스를 기억하는 해병대원은 거의 없다. 심지어 생애 마지막 14년을 보낸 남부 캘리포니아의 펜들턴 기지에 주둔 중인 해병대원들에게도 그렇다. 레클리스는 그곳 무덤에 조용히 묻혀 있다.

레클리스의 놀라운 여정은 1952년 10월, 치열한 한국전쟁 한가운데에서 미 해병대와 함께 시작되었다. 말을 팔아야만 했던 의로운 이유가 있었던 한 한국인 청년에게서 레클리스를 250달러에 구입한 것이다. 레클리스는 미 해병대 제5연대의 대전차 부대에서 탄약을 운반하는 임무를 맡기 위해 훈련을 받았다. 병사들은 말이 무반동총 탄약을 운반하는 일이 너무 위험했기에 '레클리스'라는 별명을 가진 총에서 이름을 따와 '레클리스'라고 명명했다. 많은 해병대원들처럼 레클리스도 혹독한 환경을 견뎌야 했다. 거기에는 살을 도려내듯 거센 한파와 험준하고 위험천만한 산악 지형을 넘나드는 탄약 운반 임무가 포함된다.

해병대에 합류했을 때 레클리스는 완전히 혼자였다. 말은 무리를 지어 생활하는 동물이기에 해병대원들이 새 가족이 되어주었다. 레클리스는 병사들과 깊은 유대감을 나누며 자신이 새로운 가족으로 받아들인 이들을 돕기 위해서라면 어디든 가고 무엇이든 했다. 말과 사람의 관계가 이렇게 특별하게 기록된 사례는 드물다.

경주마로 길러진 레클리스는 강인함과 영리함을 겸비하고 있었다. 해병대가 레클리스를 훈련소에 투입했을 때 레클리스는 매우 빠르게 배워나갔다. 벙커로 달려가 포격을 피하는 법부터 통신선과 철조망 옆으로 비켜 가는 요령까지, 어떤 훈련이든 한두 번의 교육으로 충분했다. 한 번 습득하면 다시 가르칠 필요가 없었다.

레클리스는 탄약 보급 지점에서부터 논밭을 가로질러 위험한 산악 지대를 올라 최전선 포대에 이르기까지 탄약을 나르는 일을 능숙하게 해냈다. 더욱 놀라운 것은, 이런 일을 스스로 해냈다는 점이다.

레클리스가 가장 빛났던 순간은 1953년 3월, 미 해병대 역사상 가장 치열한 전투 중 하나였던 경기도 연천 지역에서 있었던 베가스 전투에서였다. 이 전투에서 레클리스가 이룬 업적은 레클리스와 함께한 모든 이들의 존경을 받았으며, 전례 없이 하사로 진급하는 영예를 안겨주었다. 이런 영예가 동물에게 주어진 적은 전에도 없었고, 이후로도 없었다.

이처럼 영웅적인 활약만으로도 레클리스의 이야기는 충분히 감동적이다. 하지만 이 놀라운 말은 용맹함 이상의 무언가가 있었다. 레클리스는 생존을 위한 끈기를 지녔고, 모든 이를 매료시킨 활발한 성격으로도 잘 알려져 있었다. 뿐만 아니라 마치 인간과도 같은 유머 감각까지 발휘했다.

레클리스와 같은 말은 그야말로 전무후무하다. 레클리스의 감동적이고 영감을 주는 이야기는 지금 세대와 미래 세대에 반드시 보존되고 전해져야 한다.

레클리스는 단순한 말이 아니었다. 해병대원이었다!

— 로빈 허턴

제주마, 레클리스 이야기

붉은 전사 레클리스,
시간을 초월한 위대한 여정

미 해병대의 아이콘이 된 제주마

레클리스는 한국전쟁 중 미 해병대의 영웅으로 알려진 말이다. 이 작은 붉은 말의 놀라운 이야기는 미 해병대 제5연대 제2대대장으로 부임한 앤드루 기어 중령을 통해 세상에 알려지게 되었다. 기어 중령이 부대에 도착했을 때, 그는 곧 레클리스의 존재를 알게 되었다. 미 해병들 입에 회자되는 레클리스에 대한 이야기들이 그의 호기심을 자극했다. 전투 중에 보여준 말의 용기, 해병들과의 독특한 유대감, 그리고 인간적인 행동들에 대한 생생한 증언들은 기어 중령을 놀라게 했다.

특히 1953년 3월, 베가스 전투에서 레클리스가 보여준 눈부신

활약은 기어 중령에게 깊은 인상을 남겼다. 적의 맹렬한 포격 속에서 고지를 오르내리며 엄청난 양의 탄약을 운반한 공적은 레클리스를 전쟁 영웅으로 만들었고, 기어 중령은 이 이야기가 반드시 세상에 알려져야 한다고 생각했다.

한국전쟁이 끝나고 휴전이 되자, 기어 중령은 레클리스에 대해 깊이 조사하기 시작했다. 그의 지위 덕분에 공식 군사 기록에 접근할 수 있었을 것이며, 레클리스와 함께 복무한 많은 해병들을 인터뷰했다. 심지어 레클리스의 한국인 주인이었던 김혁문(가명)과 연락해 말의 어린 시절 이야기도 취재했다.

그는 수집한 정보를 정리하며 레클리스의 이야기를 어떻게 세상에 알릴지 고민했다. 그러던 중 우연한 기회에 〈새터데이 이브닝 포스트〉의 편집장과 점심식사를 하게 되었고, 이 자리에서 레클리스의 이야기를 언급했다.

편집장은 즉시 이 이야기의 가치를 알아보고 기어 중령에게 레클리스에 대한 기사를 써달라고 요청했다. 기어 중령에게는 레클리스의 이야기를 미국에 알릴 수 있는 절호의 기회였다.

기어 중령은 자신이 수집한 정보와 경험을 바탕으로 〈레클리스, 해병대의 자부심(Reckless, the Pride of the Marines)〉이라는 제목의 4쪽 기사를 작성했다. 이 기사는 1954년 4월 17일 자 〈새터데이 이브닝 포스트〉에 게재되었다. 당시 이 잡지는 미국에서 가장 영향력 있는 주간지 중 하나로, 수백만 명의 독자를 보유하고 있었다. 레클리스의 이야기는 즉시 미국 독자들의 마음을 사로잡았다. 많은 사람들이 이 용감한 말의 이야기에 감동을 받고는 레클리스를 미국으로 데려와야 한다는 여론을 형성하기 시작했다.

기사의 성공에 고무된 기어 중령은 레클리스의 이야기를 더 자세히 다룬 책을 쓰기로 결심했다. 그리고 노력 끝에 1955년 10월 기사와 같은 제목의 책 《레클리스: 해병대의 자부심》이 출간되었다. 이 책은 레클리스의 삶과 업적을 상세히 다룬 최초의 전기였다. 그는 레클리스를 미국으로 데려오는 데도 큰 역할을 했고, 레클리스의 홍보와 인지도 상승에 크게 기여했다.

제주 목장에서 길러지는 제주마
ⓒ 한국마사회

제주 군마 레클리스의 계보와 유산

레클리스의 혈통은 매우 특별하다. 어미는 제주마였고, 아비는 서러브레드(Thoroughbred) 혈통으로 추정된다. 이런 혼혈마를 한국에서는 '한라마'라고 부른다.

제주마의 특별함은 아주 오래전부터 시작된다. 서귀포 지역에서 발견된 15,000~2,000년 전의 말 발자국 화석은 이 섬이 얼마나 오랜 세월 동안 말들의 터전이었는지 보여준다. 제주도에서는 석기시대부터 재래마가 사육되었다. 이는 제주도가 말의 진화와 생존에 중요한 환경을 제공해 왔다는 중요한 증거다.

제주마는 제주의 환경에서 살아남기 위해 작고 단단한 체구를 발달시켰다. 바위가 많은 화산섬 지형을 오르내리며 균형과 안정성을 키워갔다. 제주의 자연 환경이 제주마 진화에 영향을 준 유일한 요소는 아니다. 섬의 고립성 또한 제주마의 혈통을 보존하는 데 중요한 역할을 했다. 섬이라는 특성 덕분에 외부 품종과의 교배가 제한되었고, 이는 제주마가 고유한 유전적 특성을 유지하며 오랫동안 독자적인 품종으로 자리 잡을 수 있게 했다. 이런 환경적, 지리적 조건은 제주마의 강인함과 순수성을 보존하는 데 크게 기여했다.

재미있는 것은, 경주마로 알려진 서러브레드 종은 앞발과 뒷발을 교차해 걷지만, 제주마는 앞발과 뒷발이 함께 움직인다고 한다. 즉 왼 앞발이 나갈 때 왼 뒷발이 같이 나가는 것이다. 이러한 독특한 보행 방식은 제주마가 가진 고유한 특징이다.

제주마는 제주의 자연 환경에서 독특한 특징을 발전시켜 왔지만, 단순히 섬의 품종으로만 머물지 않았다. 섬 주민들과의 공생 관계를 통해 농업과 운송의 핵심적 역할을 담당하며 제주의 문화를 형성하는 데 깊이 관여했다. 제주 사람들은 말을 단순히 노동력으로만 여기지 않았고, 말과의 관계 속에서 공동체의 연대와 조화를 이루었다.

제주마의 역할은 섬이라는 지역적 범위를 넘어 국가적 차원으로 확장되었다. 고려 말부터 조선 시대에 이르기까지 제주마는 점차 국가의 중요한 자원으로 자리 잡기 시작했다.

고려 전기에는 목감양마법(1025년, 말을 체계적으로 키우고 관리하는 방법)이 정비되고 목장 관리가 체계화되어 1073년(고려 문종 27년)의 기록에 따르면, 제주 명마를 공물로 진상했다고 한다. 1258년(고종 45년)에는 '탐라(제주)의 말이 문무 4품 이상 관료에게 하사되었다'라는 기록도 있다. 이후 1273년(원종 14년)에 원나라가 고려와 연합해 제주도의 삼별초를 평정한 뒤, 1276년(충렬왕 2년)에 원나라가 약 160마리의 몽골 말을 제주도에 가져와 방목을 시작했다. 유라시아 대륙을 제패한 몽골 기마군의 말들과 제주의 재래마가 만나 품종 개량이 이루어졌고, 이것이 오늘날 우리가 알고 있는 제주마의 기원이다.

특히 조선 시대에 들어와서는 제주도가 조선의 주요 말 공급지로 자리 잡게 되었다. 제주도에 총 10곳의 국영 목장이 설치되었다. 목장은 각 지역의 관리들이 운영했으며, 제주 목사는 전체 감목관의 역할을 겸임했고, 판관과 정의·대정 현감들이 목장을 분담 관리했다. 이런 체계적 운영은 단순히 생산성을 높이는 데 그치지 않고, 제주마의 품질을 유지하고 향상하는 역할을 했다. 당시 말은 군대의 기동성과 전력을 상징했다. 전쟁의 승패를 좌우할 정도로 중요한 자원으로 여겨졌다. 제주마는 작은 체구이지만 지구력이 뛰어나고 험난한 지형을 잘 오르내릴 수 있어 군마로서 높은 평가를 받았다. 제주마의 체격과 성질은 조선군의 이동 능력을 강화하는 데 기여했다. 이러한 군사적 역할은 제주마를 단순히 지역적 자원이 아닌, 국가적 필요를 충족하는 필수적 존재로 자리 잡게 했다.

임진왜란은 제주마의 역사에서 결정적 전환점이 되었다. 이때 등장하는 인물이 김만일이다. 그는 제주도에서 말을 키우다가 전쟁이 발발하자 수백 필의 말을 조선 조정에 헌납했다. 1622년부터 1628년까지 약 1,300필의 말을 바쳤고, 특히 1627년 정묘호란 당시에는 240필을 추가로 헌마했다. 이러한 공로로 종1품 숭정대부에 제수되었고, 인조로부터 '헌마공신'이라는 특별한 칭호를 받았다. 김만일의 헌마는 단순히 말을 기증한 것이 아니었다. 그것은 국가의 존립과 직결된 문제였다. 당시 말은 군사력의 핵심이었고, 김만일이 바친 말들은 조선의 군사력 재건에 결정적 도움이 되었다. '헌마공신'이라는 칭호는 말이 단순한 재산이 아닌, 국가의 근간이었음을 드러낸다. 김만일의 후손들은 그의 유산을 이어받아 약 230년에 걸쳐 제주마의 관리와 생산을 책임졌다. 그들은 산마감(山馬監)을 운영하며 왕실에 우수한 말을 꾸준히 공급했다. 이러한 전통은 조선 후기까지 이어졌으며, 제주마가 지역적 자원을 넘어 국가적 유산으로 자리 잡는 데 기여했다.

시대가 바뀌고 산업화와 기계화가 진행되며 말의 전통적 역할이 약화하기 시작했다. 조선 후기에서 근대로 이행되는 과정에서 제주마는 새로운 환경에 적응해야 했다. 특히 현대화된 농업과 경마 산업의 요구를 충족하기 위해 말 품종의 개량이 필요하게 되었고, 이는 새로운 품종인 한라마의 탄생으로 이어졌다. 한라마는 제주마와 서러브레드의 장점을 결합해 제주도의 말 산업에 새로운 가능성을 제시했다.

레클리스는 제주마인 어미와 서러브레드 혈통의 아비 사이에서 태어난 것으로 추정된다. 오늘날 이러한 제주마와 서러브레드의 혼혈마를 '한라마'라고 부르지만, 1950년대에 레클리스가 태어났을 당시에는 이를 지칭하는 공식적인 명칭이 없었다.

한라마는 1960년대 초반, 제주도가 말 산업의 새로운 도약을 위해 계획적으로 육종을 시도하면서 늘어나기 시작했다. 서러브레드는 17세기 영국에서 경주용으로 개량된 품종으로, 속도와 민첩성, 그리고 우아한 체격으로 유명하다. 반면 제주마는 혹독한 자연환경에 적응하며 단단한 체구와 뛰어난 지구력을 갖추었지만, 속도와 체격 면에서 서러브레드에 비해 상대적으로 열세였다. 두 품종의 장점을 결합하기 위한 시도로 제주마와 서러브레드의 계획적인 교배가 이루어졌고, 이렇게 태어난 말들은 초기에 '제주산마'로 불리다 2010년 '한라마'라는 공식 명칭을 얻게 되었다.

이런 맥락에서 볼 때, 레클리스는 한라마 육종 프로그램이 시작되기 전에 제주마와 서러브레드의 교배로 태어난 말이었다. 오늘날 기준으로 보면 한라마의 특성을 가졌다고 볼 수 있지만, 당시에는 이런 개념이 정립되지 않은 상태였다. 따라서 레클리스의 탄생은 보다 더 빠른 경주마를 만들기 위한 자연스러운 과정에서 나온 결과라 할 수 있다.

한라마는 제주마의 강인함과 서러브레드의 날렵함을 모두 갖춘 품종으로 성장했다. 체고는 제주마보다 크지만, 제주마 특유의 끈기와 적응력을 잃지 않았다. 특히 승마와 관광용으로 적합한 특성을 지녔다. 1990년 제주 경마장이 문을 열면서 한라마는 경주마로도 각광받았다. 경마는 제주도 경제를 활성화시키는 중요한 부문으로 떠올랐고, 한라마는 주요 출전 말로 자리 잡았다. 한라마의 속도와 체격은 제주 경마장의 경주 환경에 적합했으며, 많은 경주에서 뛰어난 성적을 거두었다. 경마가 단순한 스포츠를 넘어 제주 경제와 관광 산업의 핵심으로 자리매김하면서 한라마가 중요한 역할을 담당했다.

하지만 한라마의 성공은 새로운 문제를 야기하기도 했다. 경제성을 추구하는 과정에서 일부 말들을 경주마의 체격 기준에 맞추기 위해 굶기거나 말굽을 깎는 등의 비윤리적 행태가 드러나기도 했다. 이는 제주 경마와 한라마의 미래에 대한 논의를 불러일으켰다. 2023년부터 한국마사회는 제주 경마에 제주마만 출전하도록 방침을 바꾸었다. 이는 제주마의 정체성을 보존하고, 토종 혈통의 가치를 지켜나가려는 움직임이다. 한라마는 더 이상 제주 경마의 중심에 있지 않지만, 승용마나 관광 산업에서 여전히 중요한 역할을 담당하고, 승마 치료나 교육용 말로도 점차 활용되며 새로운 방향성을 모색하고 있다.

이러한 배경에서 레클리스의 혈통이 가지는 의미는 특별하다. 레클리스는 제주마와 서러브레드의 장점을 모두 물려받았다. 제주마에서 물려받은 강인함과 지구력, 서러브레드에서 물려받은 날렵함과 민첩성이 완벽한 조화를 이루었다. 네바다 전초 전투에서 보여준 레클리스의 놀라운 능력은 이런 유전적 특성이 극대화된 결과였다.

제주마의 피를 이어받아 거친 산길도 흔들림 없이 올랐고, 포화가 쏟아지는 상황에서도 침착하게 임무를 수행했다. 서러브레드 혈통은 레클리스에게 빠른 기동력과 민첩성을 물려주었다. 앤드루 기어가 "사람의 마음을 읽는 듯한 눈빛"이라고 묘사한 레클리스의 특성은 제주마가 대대로 이어온 영리하고 강한 성격을 그대로 보여준다. 폭격 소리에도 놀라지 않고 침착하게 임무를 수행했던 레클리스의 모습은 거친 화산섬의 바람과 돌밭을 견뎌온 제주마의 강인함이 그대로 이어진 것이었다.

미 해병대 병사들은 레클리스를 단순한 말로 여기지 않았다. 레클리스는 동료이자 전우로서 신뢰를 얻었고, 레클리스의 헌신은 병사들에게 생명의 끈이 되었다. 레클리스는 포탄의 굉음 속에서도 겁먹지 않았으며, 좁고 험난한 산길을 오르내리며 자신의 사명을 완수했다. 병사들은 레클리스를 '불가능한 임무를 수행하는 말'로 칭송하며, 레클리스가 전장에서 보여준 헌신과 용기를 존경했다.

레클리스의 이야기는 단순히 군마의 활약을 넘어, 인간과 동물의 연대가 만들어낸 성과를 보여준다. 레클리스의 발굽 소리는 전쟁터에 머무르지 않았다. 레클리스의 이야기는 제주마와 한라마의 유산을 전 세계에 알리는 계기가 되었고, 제주라는 섬의 말들이 지닌 독창성과 강인함을 재발견하게 했다. 레클리스는 한라마라는 품종 이상의 존재로, 인간과 동물이 만들어낸 역사적 연대와 감동을 상징한다. 전쟁 영웅 레클리스의 진정한 정체성은 바로 여기, 바람 많은 섬 제주에서 시작되었다.

탄약을 등에 지고 전장을 달리다

차가운 바람이 불어오는 연천의 언덕과 바람 많은 제주의 초원에는 같은 말의 동상이 서 있다. 2016년 연천에, 2024년 제주에 세워진 두 개의 동상은 각기 서로 다른 이야기를 들려준다. 연천은 그 말이 싸웠던 전장이고, 제주는 그 말의 뿌리가 있는 땅이다.

1953년 3월의 연천은 전쟁의 포화로 뒤덮였다. 네바다 전초 전투는 미 해병대 역사상 가장 치열한 전투 중 하나로 기록되어 있다. 연천 지역에 위치한 베가스, 리노, 카슨이라는 미 해병대 기지가 삼각형 형태로 자리 잡고 있었다. 중공군이 이곳을 점령하면 단순한 군사적 승리를 넘어 휴전 협상에서 우위를 점할 수 있었고, 나아가 서울을 위협할 수 있는 발판을 마련할 수 있었다. 따라서 중공군은 이곳을 반드시 차지해야 했고, 유엔군은 절대 빼앗길 수 없었다. 네바다라는 도박의 중심지에서 이름을 따온 것은 우연이 아니었다. 대대장 토니 카푸토 중령의 말처럼 "이곳을 지킬 수 있을지는 도박과 같았기" 때문이었다. 이곳에서 "전쟁에서도 결코 경험할 수 없을 것 같은 끔찍한 대포 사격과 폭격"이 펼쳐졌다고 앤드루 기어 중령은 기록했다.

적의 포격은 마치 폭풍우처럼 쏟아졌다. 하늘에서 떨어지는 빗방울과 같이 분당 500발의 포탄이 빗발쳤다고 기록되어 있다. 포탄이 너무 빨리 날아와 공중에서 서로 부딪히며 폭발하기도 했다. 포탄과 불꽃이 교차하는 광경은 마치 "크리스마스트리처럼 환했다"

네바다 전초 전투의 격전장이었던 경기도 연천군의 장남면과 백학면

고 와들리 하사는 회상했다.

바로 그때, 아무도 예상치 못한 영웅이 전장에 나타났다. 작은 체구의 한라마 한 마리가 홀로 능선을 향해 걸어가기 시작했다. 등에는 8발의 탄약, 88kg의 무게를 실은 채로. "그 작은 흰 얼굴의 암말이 산을 오르며 우리에게 절실히 필요한 탄약을 적의 눈을 피해가며 가져다줄 때, 해병대원들에게 안겨준 사기와 기쁨은 말로 표현하기가 정말 어려웠어요"라고 제임스 보빗 상사는 증언했다. 밤이 깊어갈수록 전투는 더욱 치열해졌다. 포탄의 폭발로 통신이 모두 끊겼다. 베가스 전초기지와의 연락이 두절되었다. 무전도 닿지 않았다. 전초기지가 적의 손에 넘어갔는지조차 알 수 없었다. 그러나 레클리스는 계속해서 임무를 수행했다.

레클리스는 1948년 6월 서울의 신설동 경마장에서 태어났다. 원래 이름은 '아침해'로, 어미 말의 붉은빛 털색을 닮아 지어진 이름이다. 말의 주인이었던 김혁문은 일제강점기에 유명한 기수였다. 김혁문이라는 이름은 당시 취재 중이던 앤드루 기어 중령이 당사자의 요청으로 붙인 이름으로, 본명이 맞는지는 확실치 않으나 레클리스와 관련된 일화는 실제 이야기를 바탕으로 하고 있다. 그는 레클리스의 어미 말을 타고 많은 경주에서 승리를 거두었고, 레클리스 또한 훌륭한 경주마로 키우겠다는 꿈을 가지고 있었다.

당시 일본인 소유였던 레클리스의 어미 말을 혁문은 '아침해'라 불렀고, 이후 태어난 레클리스 역시 같은 이름 '아침해'를 붙여줬다.

혁문은 제2차 세계대전 당시 일본 포로수용소에서 일하며 미군 포로들에게 몰래 음식을 건네주는 등 용기 있는 행동으로 전쟁이 끝난 후 아침해의 소유권을 보상받았다. 그는 아침해를 또 다른 경주마와 교배시켜 레클리스를 얻었지만, 안타깝게도 아침해는 레클리스가 태어난 지 일주일 만에 열병으로 죽고 말았다.

레클리스는 경주용 말로 훈련되었으나 실제 경주를 뛴 적은 없었다. 레클리스가 두 살 때인 1950년 6월 25일에 한국전쟁이 터졌기 때문이다. 전쟁이 터지자 혁문의 가족은 큰 고통을 겪었다. 그의 누나는 지뢰 사고로 다리를 잃었고, 가족들은 극심한 가난에 시달렸다.

1952년 10월 26일 운명적인 만남이 이루어졌다. 미 해병대 제

1954년 촬영된 신설동 경마장 모습. 당시 군사 시설로 사용되었다.
ⓒ 한국마사회

1사단 제5연대 무반동총 소대의 지휘관 에릭 피더슨 중위가 포탄, 탄약을 옮길 말을 찾으러 서울의 경마장을 방문한 것이다. 피더슨은 레클리스의 총명한 눈빛과 아름다운 모습에 반해 250달러에 구매했다. 이는 당시 해병 중위의 한 달 봉급에 맞먹는 거금이었다.

혁문에게 이 돈은 누나의 의족을 살 수 있는 희망이었다. 그렇게 둘 간의 거래가 이루어져 '아침해'는 해병대로 들어와 '레클리스'라는 이름을 갖게 된다. 그 이름은 무반동총의 별명인 'Reckless rifle(무모한 소총)'에서 따온 것이었다.

레클리스의 해병 생활은 순탄치만은 않았다. 처음에는 낯선 환경과 소음에 적응하느라 힘들어했지만, 곧 놀라운 학습 능력을 보여주었다. 조셉 레이섬 중사의 지도 아래, 레클리스는 빠르게 '훈련'에 적응했다. 전선을 가로지르는 통신선을 피해 다니는 법, 포격 시 엎드리는 법, 심지어 참호로 피난하는 법까지 배웠다. 레이섬 중사는 레클리스를 휘파람 소리로 호출하는 방법을 가르치기도 했다.

레클리스는 단순한 짐승이 아니었다. 말은 해병대의 일원이 되어갔다. 해병들의 막사에 들어가 잠을 자기도 하고, 그들과 음식을 나눠 먹기도 했다. 특히 레클리스의 식성은 유명했다. 맥주, 콜라, 케이크, 캔디, 땅콩버터, 으깬 계란, 우유, 커피 등 가리는 것 없이 먹어 치웠다. 때로는 헬멧으로 맥주를 마시기도 했다.

레클리스의 진정한 가치는 전장에서 빛을 발했다. 레클리스의 주 임무는 가파른 산악 지형을 오르내리며 무반동총 탄약을 운반하는 것이었다. 개당 11kg의 포탄을 한 번에 6~8발씩 운반했는데, 이는 해병 두 명이 운반할 수 있는 양이었다.

레클리스의 가장 위대한 순간은 1953년 3월 26일부터 30일까지 벌어졌던 네바다 전초 전투였다. 네바다 전초기지는 판문점 동북방 16km 지점에 있는 연천 지역 일대였고, 그 전투는 기지를 방어 중이던 미 해병대 제1사단 제5연대가 중공군 제120사단의 기습 공격을 받으며 시작된 치열한 고지 점령전이었다. 중공군의 기습 공격에 베가스 전초기지와 리노 전초기지를 빼앗긴 후, 미 해병대는 필사적인 방어와 역습을 펼쳤고, 결국 베가스 전초기지를 탈환할 수 있었다. 한국전쟁 역사상 가장 치열했던 전투 중 하나로 기록된 이 전초 전투에서 미 해병대원 1,000명 이상의 사상자가 발생했다.

전투에 대비하여 레이섬 중사와 철조망 피하는 법을 훈련 중인 레클리스

　　레클리스는 5일간의 전투에서 놀라운 활약을 펼쳤다. 특히 전투가 한창이던 3월 27일 하루에 총 51회, 약 56km를 달렸고, 5톤이 넘는 탄약을 운반했다. 무반동총의 포신이 과열로 녹을 만큼 충분한 양의 포탄을 공급했다. 때로는 부상당한 해병들을 후방으로 이송하기도 했다.

　　전장에서 레클리스는 두 번의 부상을 입었다. 한 번은 왼쪽 눈 위에, 또 한 번은 왼쪽 옆구리에 파편상을 당했다. 하지만 약간의 치료와 휴식 후 곧바로 전투 임무에 복귀했다. 이런 용기와 헌신으로 레클리스는 두 번씩이나 퍼플하트 훈장을 받게 된다.

　　1953년 4월 10일, 레클리스는 뛰어난 공적을 인정받아 하사로 진급했다. 이는 동물이 받은 최초의 공식적인 계급 승진이었다.

펜들턴 기지에서 열린 진급 열병식에서 상사로 진급한 레클리스가 미 해병대원들에게 경례를 받고 있다.

레클리스, 시대를 넘어 되살아난 위대한 정신

　레클리스의 이야기를 번역하면서, 종종 멈추고 생각에 잠기곤 했다. 전투의 한가운데서 레클리스는 무엇을 보았을까? 귀청이 터질 듯한 포성 속에서 무엇을 느꼈을까? 전장의 레클리스는 위급한 상황에서 명령 없이도 혼자 임무를 수행했다. 그저 자신이 해야 할 일을 알고 있었고, 끝까지 해낼 뿐이었다.

　밀고 밀리던 공방은 미군의 승리로 끝이 났고, 이후 휴전 협정은 급물살을 타게 되면서 4개월 뒤인 7월 27일 마침내 휴전이 성립되었다.

　세월이 흘러 2013년 미국 버지니아주 콴티코에 있는 국립해병

캘리포니아주 샌디에이고의 펜들턴 기지에 세워진 레클리스 동상

대박물관에 레클리스의 동상이 세워졌고, 2016년 캘리포니아주의 펜들턴 기지에 레클리스의 동상이 세워졌다. 동상 앞에는 언제나 신선한 당근이 놓여 있었다. 이후 2018년에는 켄터키 말 공원에, 2019년에는 국립 카우걸 박물관 및 명예의 전당에, 2019년에는 베링턴 힐스 농장에, 2020년에는 플로리다주에 있는 세계승마협회에 연이어 동상이 세워졌다.

그리고 2016년에는 레클리스의 나라, 레클리스가 활약했던 네바다 기지와 가까운 한국의 연천군 고랑포구 역사공원에 레클리스의 동상이 건립되었다.

70년이 지난 지금, 네바다 전초 전투의 기억은 두 개의 동상으

연천 고랑포구 역사공원에 세워진 레클리스 동상

로 남아 있다. 하나는 전투가 벌어졌던 바로 그 자리에, 다른 하나는 레클리스의 뿌리가 있는 제주에 세워진 것이다.

　2016년 연천군 고랑포구 역사공원에 세워진 동상은 탄약을 등에 싣고 언덕을 오르는 레클리스의 모습을 실물 크기로 재현했다. 레클리스가 활약했던 전투 현장 속에 있는 것이다. 목에 힘을 주고 오른 앞다리를 약간 들어 올린 자세, 긴장된 근육의 표현, 그리고 앞을 주시하는 눈빛까지, 세세한 묘사가 당시 전쟁의 긴박함을 담고 있다.

　연천에서 열린 동상 제막식은 레클리스가 활약했던 네바다 전초 전투의 역사적 의미를 재조명하는 자리였다. 이 행사는 단순히 전쟁터의 영웅을 기리기 위한 것이 아니라, 병사들과 레클리스가

연천 고랑포구 역사공원에 전시된 레클리스의 꼬리털과 편자

제주도 렛츠런파크에 세워진
레클리스 동상
ⓒ 한국마사회

함께 만들어낸 협력과 연대의 정신을 되새기기 위한 것이었다. 행사에는 한국과 미국의 군 관계자, 지역 주민, 그리고 레클리스의 활약을 기억하는 여러 단체가 참석했다. 또한 레클리스의 활약상을 담은 사진과 동영상 자료가 함께 전시되었다. 레클리스의 전우였던 미 해병대 퇴역 병사는 연설에서 "레클리스는 단순한 말이 아니라 우리의 생명을 구한 전우였다"라고 회고했다. 그는 레클리스가 미군 병사들에게 용기와 희망을 주었던 순간들을 상세히 설명하며, 전쟁 속에서도 인간과 동물의 유대감이 만들어낸 기적을 이야기했다. 전쟁의 상처가 남아 있는 연천에서 이 동상은 평화와 화합의 새로운 메시지를 전하고 있다.

2024년 10월, 제주도에서 열린 레클리스 동상 제막식은 레클리스의 고향이라는 점에서 특별한 의미를 가진다. 레클리스는 전쟁 영웅일 뿐 아니라, 제주마와 서러브레드의 혼혈로 태어난 한라마로서의 혈통적 가치와 제주마의 유산을 상징하는 존재다. 제주도와 한국마사회가 공동 주최한 이 행사는 지역 주민들과 관광객, 그리고 관련 단체들의 큰 관심 속에 개최되었다. 레클리스의 동상이 세워진 '렛츠런파크 제주'는 제주마의 역사를 보존하고 말 산업의 미래를 기념하는 장소로, 레클리스의 이야기를 알리는 데 최적의 공간이다. 레클리스 동상은 전쟁 영웅의 모습을 재현하고는 있지만, 아우라가 사뭇 달라 보였다. 마치 오랜 여정을 마치고 평화로운 고향에 돌아온 듯한 느낌을 자아냈다.

제막식에서 오영훈 제주도 지사는 "한국전쟁과 한미 동맹의 상징이자 역사를 함께 쓴 자랑스러운 한라마 레클리스를 우리가 오랫동안 기억하지 못했다"라며 안타까움을 드러냈다. 제이컵 로빈슨 주한 미 해병대 부사령관은 "작은 체구였지만 모든 기대를 뛰어넘는 성과를 보여준 레클리스는 진정한 해병이었다"라고 회상했다.

레클리스의 동상이 서 있는 연천과 제주, 두 곳은 각각 다른 시간을 품고 있다. 연천의 동상이 있는 휴전선 구역에는 아직도 총알 자국과 포탄이 파헤친 땅, 그리고 참호의 흔적 등 전쟁의 상처가 남아 있다. 반면, 제주의 동상 주변에는 싱그러운 바닷바람을 맞으며 말들이 평화롭게 풀을 뜯고 있다. 연천과 제주의 동상은 레클리스의 이야기가 가진 다양한 층위를 상징적으로 풀어낸다. 연천의 동상이 전쟁터에서 레클리스가 보여준 용기와 희생을 상징한다면, 제주 동상은 레클리스의 출발점과 혈통적 가치를 기념한다. 두 동상은 각 맥락에서 레클리스의 참된 가치를 품으며, 과거와 현재, 그리고 미래를 연결한다.

연천에서는 매년 추모식이 열린다고 한다. 한미 양국의 참전 용사들이 모여 전우들을 기억하고, 레클리스의 이야기를 나눈다. "레클리스는 우리의 전우였고, 가족이었다"라고 한 노병은 말했다. 제주의 동상에는 사람들의 발길이 끊이지 않는다. 아이들은 환한 웃음으로 사진을 남기고, 부모들은 70년 전의 레클리스 이야기를 들려준다. 관람객들은 조용히 걸음을 멈추고, 묵묵히 레클리스를 바라본다. 저마다 그 시선 속에는 숭고한 정신에 대한 깊은 경의가 담겨 있다.

　레클리스의 이야기는 단지 과거를 기록한 텍스트가 아니었다. 레클리스의 삶은 시간과 공간을 초월해 여전히 우리에게 질문을 던진다. 인간과 동물이 만들어낸 상생의 가능성과, 그 관계 속에서 발견되는 신뢰와 희생의 의미는 지금의 우리에게 어떤 이야기를 들려줄 수 있을까? 이 질문을 떠올리며, 독자들과 레클리스의 이야기가 이어지기를 바랐다.

　레클리스와 병사들이 만들어낸 관계는 인간과 동물 간의 협력을 뛰어넘어 우리가 서로를 어떻게 대해야 하는지에 대한 더 큰 질문을 던진다. 레클리스는 병사들에게 단지 도움을 주는 군마가 아니었다. 레클리스는 생사를 함께한 전우였고, 치열한 전장에서 서로를 지켜준 동료였다. 이 관계는 단순히 동물과 인간의 연대라는 범주를 넘어, 오늘날 우리가 서로를 신뢰하고 의지하며 만들어갈 미래를 상상하게 만든다.

　이 책을 읽는 독자들에게 질문을 던지고 싶다. 레클리스의 이야기를 통해 무엇을 느끼는가? 레클리스가 보여준 용기와 헌신은 우리의 일상에서 어떻게 이어질 수 있는가? 이 질문은 단지 과거를 돌아보는 것이 아니라, 현재와 미래를 고민하게 만드는 열린 물음이다. 레클리스의 이야기가 독자들의 삶에 작은 공명이라도 만들어낼 수 있다면, 그것만으로도 이 책은 충분히 가치 있다. 레클리스의 이야기가 과거의 기록에 그치지 않고, 독자들에게 새로운 질문을 던지고, 새로운 대화를 열어줄 수 있기를 바란다.

말 전문가들의 도움으로 완성한 레클리스의 이야기

이 책은 혼자만의 작업으로 완성될 수 없었다. 많은 분들의 도움과 조언이 있었기에 레클리스의 이야기를 한국어로 온전히 담아낼 수 있었다.

무엇보다 이 프로젝트의 시작점이 되어준 양윤호 감독님께 깊은 감사를 전한다. 제주 출신 영화감독으로서 레클리스의 이야기가 가진 가치를 알아보고, 이 번역 작업의 방향을 잡아주셨다. 특히 제주와 레클리스의 이야기를 하나로 잇는 큰 그림을 그려주셨다. 감독님의 통찰이 없었다면, 이 이야기가 지닌 깊이를 제대로 전달하기 어려웠을 것이다.

제주국제자유도시개발센터의 김홍규 박사님은 레클리스와 제주의 연결고리를 밝히는 데 결정적인 도움을 주셨다. 그동안 알려지지 않았던 레클리스의 혈통을 확인해 주셨고, 앤드루 기어의 첫 기사 〈레클리스: 해병대의 자부심〉을 포함해 전쟁 당시의 사진들과 기록들까지 귀중한 자료들을 찾아주셨다. 박사님의 열정 덕분에 레클리스 동상이 제주에 세워질 수 있었고, 마침내 레클리스의 이야기가 고향과 다시 만날 수 있게 되었다.

혈통 전문가 강태성 선생님께서는 말의 세계를 이해하는 데 필요한 전문 지식을 아낌없이 나누어주셨다. 제주마가 몽골 말이나 조랑말과는 다른 독특한 품종이라는 점부터, 수천 년에 걸친 말들의 혈통 진화까지 상세히 설명해 주셨다. 선생님 덕분에 레클리스의 유전적 특성을 정확하게 이해하고 전달할 수 있었다.

문병기 조교사님은 말에 대해 문외한이었던 내게 말이라는 동물의 본질을 이해하게 해주셨다. 말의 성격과 습성, 그에 따른 다양한 훈련 방법, 건강관리에 이르기까지, 말과 함께하는 삶의 모든 순간을 들려주셨다. 조교사님의 경험과 통찰이 없었다면, 레클리스와 병사들 사이의 깊은 유대를 제대로 표현하기 어려웠을 것이다.

기수 문세영님은 실제로 말과 교감하는 경험을 생생하게 들려주었다. 말의 미세한 움직임을 읽는 법부터 서로의 마음을 이해하는 방법까지, 말과 기수 사이에 형성되는 신뢰의 순간들을 설명해주었다. 이는 전장에서 레클리스와 병사들이 나누었을 교감을 이해하는 데 큰 도움이 되었다.

그리고 맥킴. 늘 곁에서 번역의 순간순간을 함께하며, 때로는 날카로운 시선으로, 때로는 따뜻한 위로로 작업을 이끌어주었다. 그 섬세한 조언들이 이 번역에 깊이를 더해주었다.

70년 전 레클리스의 발자취를 오늘에 되살리고자 제주에 레클리스 동상 제작과 제막식에 노고를 아끼지 않으신 분들께도 깊은 감사의 마음을 전한다. 레클리스 동상이 단순한 기념물이 아닌, 전쟁의 아픔과 평화의 소중함을 되새기는 상징이 될 수 있었던 것은 이분들의 헌신과 노고 덕분이다. 정기환 한국마사회 회장, 박계화 한국마사회 제주본부 본부장, 문대림 국회의원, 금가현 연천 레클리스 협동조합 이사장, 오영훈 제주도 지사, 진명기 제주도 행정부지사, 제이컵 로빈슨 주한 미 해병대 부사령관, 이스마엘 밤바 주한 미 해병대 주임원사, 김애숙 제주도 정무부지사, 김수영 제주경찰청 청장, 홍기복 한국마사회 노동조합 위원장, 허성재 해군7기동전단 준장, 이순호 해군7기동전단 주임원사, 강재섭 제주도 농축산식품국장, 강원명 제주도 친환경축산정책과장, 양원종 제주도 축산정책팀장, 윤재춘 농협중앙회 제주지역본부장, 양문석 상공회의소 소장, 송치선 6·25 참전 유공자회 제주도 지부장, 김달수 재향군인회 제주회장, 조경수 제주마주협회, 한영민 한국경마기수협회 제주지부, 신성욱 제주마생산자협회, 박민식 전 국가보훈부 장관, 박남성 국내 최대 마주, 김승욱 국민의힘 제주도당 위원장, 조용학 서울마주협회 회장, 신영인 서울마주협회 마사팀장, 김형철 애월읍 유수암리 이장, 엥흐볼드 몽골 전 총리, 김창만 한국경주마생산자협회 회장께 진심 어린 감사와 경의를 표한다.

    이분들의 도움이 있었기에 레클리스의 이야기가 단순한 번역을 넘어, 우리 시대에 인간과 동물의 유대에 대해 새로운 질문을 던지는 의미 있는 이야기로 되살아났다. 다시 한번 깊은 감사의 마음을 전한다.

— 황하민

한국마사회 제주본부에 세워진 레클리스 동상

레클리스 동상 제막식 축하 공연을 펼치는 해병대 의장대

렛츠런파크 제주에서 열린 레클리스 동상 제막식에 참석한 인사들. 오영훈 제주도 지사, 이상봉 제주도의회 의장, 김광수 제주도 교육감, 박민식 전 국가보훈부 장관, 정기환 한국마사회 회장, 제이컵 로빈슨 주한 미 해병대 부사령관, 김계환 해병대 사령관, 문대림 국회의원, 위성곤 국회의원, 제주도 보훈단체장 등이다.

레클리스 동상 제막식에 참석한 제이컵 로빈슨 주한 미 해병대 부사령관

사진 왼쪽. 축사를 전하는 박민식 전 국가보훈부 장관 / 사진 오른쪽. 제주도 보훈단체장들이 레클리스를 기리는 묵념을 하고 있다.

제막식에 참석한 제주도내 각급 보훈단체장들

고향 제주에서 다시 태어난 영웅, 레클리스

목차

레클리스를 기리며   5
   미 해병대의 빛이 된 한국 군마

여는 글   8
   포화를 뚫고 나온 한국전쟁의 영웅, 레클리스

제주마, 레클리스 이야기   12
   붉은 전사 레클리스, 시간을 초월한 위대한 여정

1부 한국전쟁

1장 한국 군마, 아침해
한국전쟁의 전조 57 ○ 전쟁통의 비극 59

2장 미 해병대 무반동총 소대와 레클리스
중공군의 땅파기 작전 66 ○ 목숨을 건 탄약 운반 작전 70 ○ 운명처럼 만난 한국 군마 79

3장 내 이름은 레클리스
말병 훈련을 시작하다 94 ○ 험난한 산악에서의 군마 훈련 102 ○ 전쟁의 포화 속으로 108

4장 인기 스타로 떠오른 말
사랑받는 해병대 말 115 ○ 해병 열 명 몫을 하는 군마 119 ○ 포커 칩을 삼켜 버린 말 122

5장 레클리스, 실력을 보여줘!
레클리스 급식 작전: 풀 뽑기 129 ○ 1953년 1월 31일, 텍스 작전 131 ○ 1953년 2월 25일, 찰리 작전 133 ○ 레클리스 탈영 사건 138

6장 네바다 전초 전투

1953년 3월 26일 목요일, 베가스 전투 142 ○ 14000발의 포탄을 뚫고 전진하다 147 ○ 1953년 3월 27일 금요일, 고지 탈환 작전 149 ○ 처절한 사투를 벌인 레클리스 153 ○ 책임감을 가진 놀라운 동물 158 ○ 참혹한 피의 전장 160 ○ 1953년 3월 28일 토요일, 파괴적인 대공습 165 ○ 퍼플하트 훈장을 받은 말 170 ○ 붉게 물든 고지에 스러진 1488명 172

7장 한국전쟁의 종식

레클리스, 해군 함장의 속을 뒤집어놓다 177 ○ 미국 최강의 경주마에 도전장을 내다 183 ○ 한국전쟁에서 철수하다 191

8장 미 해병대 계급장을 받은 전쟁 영웅, 레클리스

미 해병대의 상징이 된 레클리스 202 ○ 병사들과 함께한 소중한 순간들 208 ○ 레클리스 납치 사건 216 ○ 레클리스의 공로를 미 해병대가 공식 인정하다 219 ○ 레클리스, 하사 계급장을 받다 222

9장 작전명 : 레클리스 귀환 작전

배에 실리는 귀중한 화물 232 ○ 좌충우돌 말 수송 대작전 235

2부 미국의 영웅이 된 레클리스

1장 전쟁 영웅, 미국 땅을 밟다
레클리스, 미국의 대중 스타가 되다 248 ○ 옛 전우들과 추억을 나누다 251 ○ 레클리스를 향한 뜨거운 환호와 경의 255

2장 레클리스의 펜들턴 기지 생활
전쟁 영웅에 대한 예우 271 ○ 레클리스의 전기가 발간되다 276 ○ 옛 전우들과의 만남 285 ○ 상사로 진급한 레클리스 288 ○ 레클리스, 앤드루 기어와 이별하다 290 ○ 레클리스의 은퇴 298 ○ 레클리스의 마지막 시간들 300

3장 레클리스의 숭고한 정신을 계승하다
"미 해병대의 전설 레클리스, 20세로 사망" 304 ○ 레클리스를 기리는 기념비 건립 306 ○ 전쟁 영웅을 위한 추모와 헌사 308 ○ 유산은 계속된다 311

저자 후기   319
레클리스에게 존경과 감사를 전하며

1부 한국전쟁

1950년 공산주의 북한이 남한을 침공하면서 한국전쟁이 시작되었다. 이는 냉전이 전장의 시험대에 오른 순간이었으며, 냉전이 곧 치열한 격전장으로 변모한 시점이기도 했다. 오늘날 한국전쟁은 종종 '잊힌 전쟁'이라 불린다. 제2차 세계대전의 대규모 참상과 10년간 지속된 베트남 전쟁의 격렬한 논란 사이에 끼어 상대적으로 주목받지 못했기 때문이다.

한국전쟁은 미국 의회가 공식적으로 선전포고를 하지 않기 때문에 '경찰 작전'이나 '분쟁'으로 불리기도 한다. 하지만 한국전쟁은 유엔의 개입으로 전개되었고, 미군이 대부분의 병력을 차지했으며, 유엔군은 미국 장군(처음에는 더글러스 맥아더, 이후에는 매슈 리지웨이)의 지휘 아래 싸웠다. 미군은 소련의 지원을 받은 광신적인 북한군, 그리고 결국에는 대규모 병력을 가진 중공군과 맞서 싸웠다.

한국에서 싸운 이들, 그리고 그곳에서 목숨을 잃은 36,914명에게 한국전쟁은 절대 '잊힌 전쟁'이 아니다. 그리고 미 해병대 제5연대 대전차 부대에서 '레클리스'라 불리던 작은 적갈색 암말 또한 잊혀서는 안 된다.

Sergeant

Reckless

1장

한국 군마, 아침해

> "어떤 전쟁 이야기는 시간이 지나면 망각되지만,
> 레클리스의 이야기는 그런 걱정이 없다.
> 이 작은 군마 이야기는 영국의 블랙 뷰티만큼이나 시대를 초월한다."
>
> —
>
> 앤드루 기어(미 해병대 제5연대 제2대대 중령)

 "레클리스! 말 이름을 레클리스라고 부르자!"

 새로 들어온 신병을 에워싸고 있던 해병대원들 사이에서 고함소리가 들려왔다. 이 붉은 군마에게는 잘 어울리지 않는 이름 같았다. 이마에 흰색 줄무늬가 있고, 세 다리에 흰 양말을 신은 듯한 작은 말에게 레클리스라니……. 하지만 미 해병대 제5연대의 무반동총 소대에게는 완벽한 이름이었다. '레클리스'는 한국전쟁 당시 제5연대의 무전 호출 신호였으며, 실제로 '무모한(reckless)' 무반동총에 의존하던 그들의 저돌성을 잘 표현하는 이름이었다.

 경주마로 조련된 이 작은 암말은 1952년 10월 26일 미 해병대에 공식 입대했다. 무반동총 소대장 에릭 피더슨 중위는 당시 군인 개인에게는 엄청난 거금인 250달러를 주고 이 말을 샀다. 부대의 마스코트로 삼기 위해서가 아니었다. 한반도의 험난한 지형을 넘나들며 중화기와 포를 운반하는 지원병이 절실히 필요했기 때문이었다. 특히 한겨울의 얼어붙은 험준한 산악 지대를 트럭으로 다닐 수도 없었기 때문에, 피더슨은 말이 가장 적합한 운반 수단이라고 판단했다. 중위는 군마 구입 허가를 요청했다. 그리고 김혁문이라는 청년이 소유한 '아침해'라는 말과 운명처럼 만나게 되었다.

* * *

베스트셀러 작가인 앤디 기어는 이 특별한 작은 말을 본 순간, 글을 쓸 것임을 직감했다. 그의 정식 호칭은 앤드루 기어 중령으로 1953년 3월 한국전쟁 당시 해병대 제5연대 제2대대의 지휘관으로 활약했다. 그는 레클리스가 위대한 전공을 세운 직후 만날 수 있었다. 1955년 10월에 출간한 저서 《레클리스: 해병대의 자부심(Reckless: Pride of the Marines)》에서 기어는 "어떤 전쟁 이야기는 시간이 지나면 망각되지만, 레클리스의 이야기는 그런 걱정이 없다. 이 작은 군마 이야기는 영국의 블랙 뷰티만큼이나 시대를 초월한다"라고 썼다.

기어는 책 전반부를 김혁문이라는 한국 청년에게 헌정했다. 여덟 살 때 처음으로 서울 경마장에 간 혁문은 한 경주마를 본 순간 삶이 바뀌었다. 그 말은 '아침해'라는 이름을 가진 경주마이자, 레클리스의 어미이기도 했다.

기어는 김혁문과 오랜 시간을 함께하며 레클리스의 모든 것을 알아내려고 노력했다. 하지만 신뢰할 수 없는 통역사들과 자신을 드러내기를 꺼려한 혁문의 부탁으로 그의 노력은 벽에 부딪혔다. 그래서 김혁문이라는 가명을 써야 했으며, 혁문이 구술했던 레클리스 이야기도 일부는 수정될 수밖에 없었다.

하지만 앤드루 기어의 책은 레클리스가 해병대원이 되기 전, 경마에서 위대한 성공을 이루겠다는 낭만적인 포부를 품었던 청년의 말이었던 시절의 유일한 자료다.

혁문은 제2차 세계대전 이전 한국이 일본의 식민지였던 시절, 매우 뛰어난 기수이자 조련사였다. 그는 레클리스의 어미인 아침해와 함께 출전하여 여러 번 우승을 거머쥐었다. 가장 큰 기쁨이 아침해와 시간을 보내는 것일 정도로 아침해를 사랑했다. 언젠가 아침해를 소유하게 될 날을 꿈꾸며.

제2차 세계대전이 끝날 무렵, 혁문의 간절한 소망이 이루어졌다. 혁문과 아침해가 전쟁 중 일본 포로수용소에 배치되었을 때, 혁문은 미국 병사들에게 몰래 음식을 나눠주어 많은 목숨을 구했다. 일본이 연합군에 항복하면서 포로수용소가 해방되자 혁문은 그 용기와 선행에 대한 보상으로 아침해의 소유권 문서를 받게 되었다.

혁문은 서울에 있는 가족에게 돌아가 누나 정순, 어머니, 조카 남순, 연과 함께 살았다. 그들의 집은 한강변 좁은 길을 따라 길게 늘어선 백여 채 가운데 하나였다. 초라한 초가지붕 흙집은 벽이 구운흙으로 만들어져 있었고, 지붕은 짚으로 엮인 채 곰팡이로 검게

변해 있었다. 집 안 한쪽은 장작을 보관하거나 고기나 생선을 매달아 두는 곳이었지만 그런 사치를 누릴 수 있을 때만 허용되는 공간이었다. 나머지 생활 공간은 작은 난로와 다섯 식구가 잘 수 있는 자리조차 간신히 마련할 수 있는 크기였다. 겨울에는 짚으로 만든 창문 덮개가 혹독한 추위를 막는 유일한 수단이었다.

정순은 하루 종일 허리가 휘도록 일하며 논에서 벼를 재배했다. 하지만 고된 노동으로도 다섯 식구는커녕 한 사람을 먹여 살릴 돈조차 벌 수 없었다. 대부분 가족의 끼니는 작은 공기밥 한 그릇에 뜨거운 물을 많이 부어 나눠 먹는 것이 전부였다. 이마저도 먹을 수 있다는 것에 감사했다.

혁문은 부산에서 온 또 다른 경주마인 한 종마와 아침해를 교배시켰다. 그 결과 1948년 6월 서울 신설동 경마장에서 레클리스가 태어났다. 감수성이 풍부한 혁문은 유명한 어미 말을 기리기 위해 새끼 말을 '아침해'라고 이름 지었다. 하지만 축제 같았던 날은 곧 비극으로 이어졌다. 태어난 지 일주일 만에 어미 말이 열병에 걸려 혁문의 품에서 숨을 거두었다. 혁문은 큰 충격에 빠졌다. 또 다른 경주마를 갖고 싶다는 욕심이 챔피언 암말이자 사랑하는 친구를 죽게 했다고 자책했다. 그는 더 이상 어린 아침해를 바라볼 수 없었다.

경마장 친구들은 혁문을 도우려 애썼다. 한 동료 기수인 최창주는 자기가 소유한 어미 말이 태어난 지 사흘 된 망아지를 키우고 있으니 아침해를 함께 키워주겠다며 제안했다. 어미 말이 크고 튼

튼해서 새끼 두 마리에게 젖을 먹여 키울 수 있었다. 혁문은 아침해를 새 어미에게 맡기고 서둘러 떠나버렸다. 경마장은 이제 그에게 고통스러운 기억만 남은 장소였다.

몇 달 뒤, 1948년 11월 겨울 경마 시즌이 시작될 즈음, 가족의 극심한 가난은 혁문을 다시 경마장으로 이끌었다. 신설동 경마장으로 돌아온 첫 날, 혁문은 세 번의 경주에서 우승했다. 하지만 그는 들뜬 기분이었는데도 어린 아침해가 있는 마구간을 방문할 용기가 나지 않았다. 그렇게 1년이 지나고서야 그 둘의 인연은 다시 시작되었다.

예기치 않은 재회는 1949년 11월에 찾아왔다. 경마장에 들어선 혁문은 다른 어린 말들과 장난치며 어울리고 있는 아침해를 보았다. 스물두 살의 기수는 아침해가 무리에서 벗어나 유연하고 자유분방하게 빙글빙글 춤추듯 뛰어다니는 모습을 보며 벅찬 기쁨을 억누를 수 없었다. 혁문의 눈에는 마치, 이 어린 말에 이름을 바친 어미 말이 다시 돌아온 것만 같았다. 어린 말에 품었던 모든 고통스러운 감정이 순식간에 사라졌다.

신나게 뛰노는 어린 아침해를 보며 느꼈던 혁문의 기쁨은 갑자기 다시 공포로 바뀌었다. 거대하고 사나운 개 세 마리가 들판을 가로질러 달려와서 아침해를 공격했기 때문이다. 혁문은 비명을 지르며 울타리를 뛰어넘었다. 그의 고함 소리에 개들이 잠시 주춤했고, 그사이 아침해는 빠져나올 수 있었다. 아침해는 혁문을 향해 전속력으로 달렸고, 개들은 짖어대며 아침해를 쫓았다. 혁문은 아침해와 개들 사이로 몸을 던져 개 한 마리를 발로 차 멀리 날려 보냈다. 다른 개들은 겁에 질려 움츠리며 뒤로 물러났다.

혁문이 두려움에 떨고 있는 아침해를 쓰다듬으며 안심시키자 곧 차분해졌다. 혁문은 어미가 살던 옛 마구간으로 데려가 아침해의 보금자리를 만들어주었다. 어린 아침해는 혁문의 삶의 중심이 되었다.

이제 아침해는 두 살이 되어가고 있었다. 혁문은 아침해가 훌륭한 경주마가 되리라고 확신하며 훈련을 시작했다. 그는 아침해가 타고난 지능이 다른 말들보다 뛰어난 데다 인간에 가까운 호기심을 가지고 있다는 것을 빠르게 깨달았다. 아침해는 배우려는 열망이 강해 훈련이 매우 수월했다. 한두 번만 보여주면 무엇이든 빠르게 터득했고, 심지어 어미가 보여준 적 없는 자질과 능력을 지니고 있었다.

아침해의 혈통을 정확히 파악하기란 어렵다. 경주마로 키워졌지만, 그 사실이 혈통에 대해 구체적으로 알려주는 건 없다. 앤드루 기어도 이 주제를 은근히 피해갔다. 경주마 하면 대부분은 '서러브레드(Thoroughbred)'를 떠올린다. 하지만 서러브레드는 일반적으로 키가 평균 16핸드(1핸드는 약 10.16cm)다. 즉, 어깨높이로 치면 약 160cm다. 아침해는 13핸드로 30cm 정도가 작기에 체격적으로 조랑말에 가깝다. 아침해가 가끔 몽골 말로 불리기도 했는데, 이는 몸 크기 때문이다. 실제로는 몽골 품종과는 다른 점이 많았다. 몽골 말은 훨씬 더 단단한 체격을 가지며, 크고 무거운 머리, 짧은 목, 넓은

몸통, 두꺼운 갈기와 꼬리, 다리털을 가지고 있다. '몽골 말'이라는 명칭은 13세기 칭기즈 칸 시대에 한국과 몽골이 교류했던 역사적 배경에서 비롯된 것으로 보인다.

아침해는 아마도 평균보다 2핸드 정도 더 큰 제주 조랑말(한국 남쪽 끝에 있는 제주도가 원산지인 말)이거나, 제주 조랑말과 서러브레드를 교배한 한라마였을 가능성이 크다. 제주 조랑말과 한라마 모두 경주용으로 쓰였다. 키를 제외하면 아침해의 다른 특징들은 제주 조랑말의 특성과 일치한다. 제주 조랑말은 일반적인 조랑말보다 보통 말과 같은 비율의 긴 다리를 가지고 있다. 또한 질병과 진드기에 강하고 매우 튼튼하다. 최대 104kg까지 짐을 나를 수 있는 힘을 가지고 있으며, 이런 능력은 아침해가 군 복무할 때 매우 유용했다.

혁문이 처음 아침해에 올라탔을 때, 마치 마법 같은 순간이었다. 그는 첫 경주를 손꼽아 기다렸다. 몇 주간의 엄격한 훈련을 통해 속도와 민첩성, 집중력이 크게 향상되었다. 연습 경주에서 다른 말들을 제치고 꾸준히 승리했고, 승리한 후 자랑스러운 듯 춤을 추며 발랄하게 움직였다.

1950년 6월 말 여름, 경마 시즌이 다가왔다. 혁문은 이 어린 암말의 데뷔를 준비하며 열정적으로 훈련에 매진했다. 아침해의 재능과 정신력을 확신했지만, 운명은 아침해를 다른 길로 이끌었다.

한국전쟁의 전조

1950년 6월 25일 일요일 새벽 4시, 북한이 남한을 침공했다. 공격은 서울에서 북쪽으로 약 48km 지점에서 시작되었다. 이 소식을 접한 남한 사람들은 또 다른 국경 분쟁일 뿐이라고 단순히 여겼다. 신설동 경마장에서는 경마가 한창이었고, 오전 11시에 첫 경주가 시작될 무렵 수천 명의 관중이 입장했다.

그날 일곱 번째 경주는 일본 식민 통치에 맞서 싸운 독립 운동가이자 대한민국 건국의 아버지로 여겨지는 신익희를 기리기 위한 경마 행사가 예정되어 있었다. 네 번째 경주가 진행되는 동안, 한 대의 비행기가 머리 위를 선회하며 수백 장의 전단지를 뿌렸다. 하늘에서 내리는 하얀 선전물은 관중들 위로 퍼져나갔다. 전단지에는 '침공', 또는 전단지의 표현을 빌리면 '해방'이 방금 시작되었다고 적혀 있었다. 군용 지프차가 경마장으로 달려와 확성기로 모든 휴가 중인 군인들에게 즉시 부대로 복귀하라는 명령을 내렸다.

그럼에도 경마는 예정대로 하루 종일 중단 없이 진행되었고, 신익희를 위한 특별 경마 행사는 예정된 시간에 열렸다. 하지만 날이 저물 무렵, 대한민국의 존립 자체가 위협받고 있음이 분명해지자 모든 경마는 중단되었다. 남한은 생존을 위해 싸워야 했으며, 수천 명의 남한 시민들이 포성이 울려 퍼지는 서울을 떠나 피란길에 올랐다. 아침해의 경주 경력은 거기서 끝나고 말았다.

혁문은 자신의 가족을 데리고 비교적 안전한 부산을 향해

320km나 되는 먼 여정을 준비했다. 그는 즉석에서 마구를 만들어 버려진 수레에 아침해를 묶었다. 서둘러 이불과 음식을 싣고, 어머니와 조카 남순, 조카 연을 쓰레기 냄새가 나는 허술한 수레 위에 태웠다. 아침해는 이 모든 상황을 담담히 받아들였고, 혁문은 고삐를 끌며 누나 정순과 함께 앞장서 걸었다.

도시를 벗어나던 중 혁문은 어릴 적부터 자신에게 심술을 부리던 맹인 할머니의 울음소리를 들었다. 혁문은 걸음을 멈추고 할머니를 어머니 옆에 태웠다. 자정이 되었을 때 그들은 한강의 나루터에 도착했지만 이미 그곳에는 수천 명의 피란민들이 기다리고 있었다.

혁문은 수레를 돌려 강 하류로 내려가 건널 수 있을 만한 장소를 찾기로 했다. 몇 시간을 헤맨 끝에 마침내 적당한 지점을 발견하고 아침해를 수레에서 풀어 강가로 이끌었다. 아침해는 혁문의 의중을 알아차린 듯 큰 콧김을 내뿜으며 차갑고 어두운 강물 속으로 천천히 걸어 들어갔다. 혁문은 아침해의 갈기를 붙잡고, 정순은 꼬리를 꼭 잡은 채 뒤를 따랐다. 무사히 강 건너편에 도착한 혁문은 야영할 장소를 정한 뒤, 아침해와 함께 다시 강을 건너 나머지 가족을 데리러 갔다.

아침해는 차례로 연과 남순, 혁문의 어머니를 한 번씩 싣고 오갔다. 이동 횟수가 늘어날수록 아침해는 점점 더 지쳐 머리를 축 늘어뜨린 채 옆구리를 들썩이며 숨을 헐떡였다. 혁문과 아침해는 마지막으로 할머니를 데리러 강을 다시 건넜다. 아침해가 강가에서 잠시 숨을 돌리는 동안, 혁문은 할머니를 찾아 나섰다.

하지만 할머니는 사라지고 없었다. 혁문은 필사적으로 할머니를 부르며 강가를 오르내렸지만 흔적조차 찾을 수 없었다. 결국 혁문은 남아 있는 쌀과 이불, 옷을 아침해에 실어 마지막으로 강을 건넜다. 아침해는 몸을 떨며 힘겹게 숨을 몰아쉬었다. 거의 탈진한 상태로 강을 건넜다.

잔인한 운명이었을까. 부산으로 가는 도중에 혁문의 어머니가 감기에 걸려 며칠 후 세상을 떠났다. 효성이 지극했던 혁문은 낙동강이 내려다보이는 언덕 위에 어머니의 시신을 묻었다.

전쟁통의 비극

부산에 도착하기까지 2주가 걸렸다. 혁문과 가족은 아침해의 아비 말이 있었던 친구의 집에서 머물렀다. 혁문과 아침해는 부두에서 미군 함선의 화물을 내리는 일을 시작했다. 군수품을 거대한 보급 창고로 나르는 일이었는데, 그 시기에 북한군은 남한 대부분을 점령하고 부산항을 포위하고 있었다.

부산 방어선 포위는 1950년 9월에 마침내 해제되었지만, 혁문과 가족이 서울로 돌아가기에 안전하다고 느끼기까지는 2년이 걸렸다.

1952년 봄, 혁문은 아침해를 수레에 묶고 가족과 함께 서울을 향해 북쪽으로 터벅터벅 걸었다. 혁문과 가족이 마주한 서울은 예전의 활기찬 모습이 아닌, 유령 도시 같았다. 도시는 폐허가 되었고, 그들의 소박한 집 역시 가까스로 서 있었지만 크게 훼손되어 있었다.

혁문은 경마장에서 일자리를 찾아보려 했지만, 경마장은 미군의 비행장으로 바뀌어 있었다. 다행히 아침해를 군용 화물을 운반하는 말들과 함께 경마장에 맡길 수 있었다.

혁문과 아침해는 논에서 정부 창고로 쌀을 운반하는 일을 시작했다. 혁문은 가족을 위해 쌀을 훔칠 수 있는 '속임수 지팡이'를 고안했다. 지팡이는 끝에 뚜껑이 달리고 속이 빈 대나무였다. 아무도 보지 않을 때 쌀 포대에 대나무 막대를 찔러 속을 채운 뒤 뚜껑을 닫곤 했다. 아침해도 먹어야 했다. 곡식이 부족했던 탓에 아이들도 나서서 며칠씩 산에서 풀을 뜯어다 아침해를 먹였다.

어느 날, 혁문의 옛 기수 친구인 창주가 경마장으로 돌아왔다. 그는 미 육군 제2사단에 배속된 한국군 부대에서 복무 중이었지만, 전투 중에 한쪽 팔을 잃으면서 군 생활이 사실상 끝난 상태였다. 창주는 절단 부위가 아물면 미군 병원에서 의수를 받을 수 있는 증서를 가지고 있었다. 그는 자신이 행운아라고 여겼다. 새로운 팔을 받을 수 있을 뿐만 아니라, 장애를 입은 참전 용사로서 정부로부터 쌀 배급도 받을 수 있어 굶주릴 염려가 없었다. 창주는 혁문의 가족이 힘겹게 살아가고 있다는 사실을 알고 가능한 한 도움을 주기로 약속했다.

정순은 논에서 일하며 꾸준한 수입을 올렸지만 지뢰가 깔려 있는 논은 늘 위험천만했다. 어느 날, 그녀 옆에서 일하던 일꾼이 지뢰를 밟아 주변의 세 명과 함께 즉사했다. 정순의 왼쪽 다리도 심하게 다치고 말았다.

집에 있던 연과 남순은 정순이 고통과 공포에 질려 비명을 지르며 집으로 실려오자 경악했다. 곧 의사가 도착하여 부상이 너무 심각해 다리를 절단해야 한다고 했다. 연은 울부짖으며 혁문을 찾으러 뛰쳐나갔다.

혁문, 창주, 그리고 아침해는 일을 마치고 돌아오는 길에 길 한가운데서 울며 달려오는 연을 발견했다. 혁문은 당황한 어린 연을 들어 수레에 태운 뒤 급히 집으로 달려갔다. 집에 도착한 혁문은 바닥에 깔린 이불 위에서 고통에 몸부림치는 누나를 발견했다. 다리 한쪽은 이미 잘려 나간 상태였다. 의사는 혁문에게 통증을 줄이고 감염을 막아줄 약이 필요하지만 현재 가지고 있지 않다고 말했다. 창주는 의사에게 필요한 약을 적어달라고 요청한 뒤 자신이 어떻게든 구해 오겠다고 했다.

혁문은 정순의 축축한 이마를 쓰다듬으며 그녀가 잠들기를 기다렸다. 그러고는 밖으로 나갔는데, 충격적인 광경이 펼쳐지고 있었다. 창주가 자신의 절단된 팔 부위를 막대기로 때리고 있었던 것이다. 혁문은 친구에게 멈추라고 간청했지만, 창주는 말했다.

"이렇게 해야 내가 병원에서 치료를 받을 수 있고, 누나를 위한 약도 구할 수 있어."

혁문은 친구의 자기희생에 깊이 감동했다.

다음 날, 병원에서 혁문은 놀라운 광경을 목격했다. 한국 군인들이 새로 받은 의족을 착용하고 걷고 있었다. 혁문은 어떻게든 누나에게 의족을 구해 주어야겠다고 다짐했다. 창주는 정순에게 필요한 약을 혁문에게 몰래 전해주었다.

며칠 후, 창주는 병원을 나와 혁문과 정순을 찾아왔다. 1년 전 원주 전투에서 자신의 팔을 절단했던 미국인 의사와 함께였다. 의사는 정순을 위해 약과 목발을 가져왔고, 가족을 위해 음식도 전해주었다.

의사가 떠난 뒤, 감격한 혁문은 창주에게 결심을 드러냈다.

"누나에겐 의족이 필요해. 어떤 방법이든 찾아낼 거야."

창주는 민간인이 의족을 구하려면 엄청난 비용이 든다는 것을 잘 알고 있었다.

* * *

몇 주가 지나갔다. 1952년 10월의 선선한 어느 날, 혁문과 창주는 일을 일찍 마친 뒤 경마장에 가서 아침해를 뛰게 해주었다. 그때가 아침해에게는 가장 즐거운 시간이었다. 자유롭게 달리며 근심 없이 기쁨을 만끽할 수 있는 순간이었기 때문이다. 미군 병사들이 모여들어 아침해가 달리는 모습을 구경하기 시작했다. 아침해는 그들을 보자, 활기차게 뛰어오르며 빙글빙글 돌고, 관중 앞에서 애

교를 부리기 시작했다. 혁문은 아침해의 그런 모습을 사랑하지 않을 수 없었다. 혁문은 아직도 수천 명의 관중 앞에서 아침해가 경주하는 꿈을 품고 있었다. 혁문과 창주가 마구간을 떠나려 할 때, 네 명의 미군들이 트레일러가 달린 지프차를 타고 다가왔다. 아침해의 운명이 바뀌는 순간이었다.

2장
미 해병대 무반동총 소대와 레클리스

"무반동총은 총구를 빠져나가는 포탄의 속도와 뒤쪽에서 발생하는
폭발력 때문에……
절대로 뒤에 서 있으면 안 돼요.
그 열기가 살을 태워버릴 정도였으니까요."

—

존 뉴섬(미 해병대 제5사단 무반동총 소대 일병)

 '사랑과 전쟁'에서는 모든 것이 정당화된다고 종종 말하지만, 한국전쟁에서는 나름의 '규칙'이 존재했다. 유엔 정전 회담 장소로 판문점이 선정되었을 때, 협상 당사자들은 '휴전 협정 구역' 주위에 원을 그렸다. 이것이 비무장 지대였다. 비무장 지대에는 회담에 참석하는 유엔 관계자들이 이동할 수 있도록 '자유의 길'이라는 도로를 만들었다. 앤드루 기어 중령은 이렇게 기록했다.

 "반경 약 3.2km의 더 큰 원을 설정해 이 지역 상공에서는 항공기 비행이 금지되었다. 이외에도 '사격 금지선', '방송 금지선', '항공기 비행 금지선', 그리고 '전단 살포 금지선'이 여러 곳에 설정되었다. 이러한 금지선들은 적의 분노를 유발할 수 있는 공공연한 행위를 방지하자는 목적으로 유엔군 사령부에서 일종의 안전장치로 지정한 것이었다."

중공군의 땅파기 작전

전초기지 제2초소에는 300여 명의 해병대원들이 배치되어 있었는데, 판문점에서 동쪽으로 약 1km 떨어진 지점에 위치했다. 공산군은 이 초소를 점령하면 유엔군의 주저항선을 위협할 수 있었기에 주요 표적이 되었다.

미 해병들은 자신들이 점령한 여러 언덕과 초소에 별명을 붙이곤 했다. 별명들은 유명 영화배우를 암시하는 경우가 많았고, 때로는 지도상에 나타난 땅 모양에 따라 이름을 붙였다. 예를 들어, '헤디', '잉그리드', 그리고 '진저'라는 언덕이 있었다. 근처에는 '케이트'도 있었는데, 영화배우 캐서린 햅번을 뜻하는 이름이 아니라 한 병사의 여자 친구 이름이었다. '마릴린'이라는 이름도 있었다. 마릴린은 높은 지대에 있어서 필요하면 동쪽의 케이트 초소와 서쪽의 제2초소를 모두 지원할 수 있었.

그 외에도 제2초소와 판문점 비무장 지역 사이의 언덕에 '치통'과 '어금니'라는 별명을 붙였다. 두 가지 별명을 혼용하기도 했는데, 지도에서 보면 정말로 뽑힌 어금니처럼 생겼다. 어금니 언덕은 위치상의 문제를 잘 일으켰기에 '치통'이라고도 불렸다. 이 언덕은 제2초소와 판문점 비무장 지대 사이의 중심에 있었다.

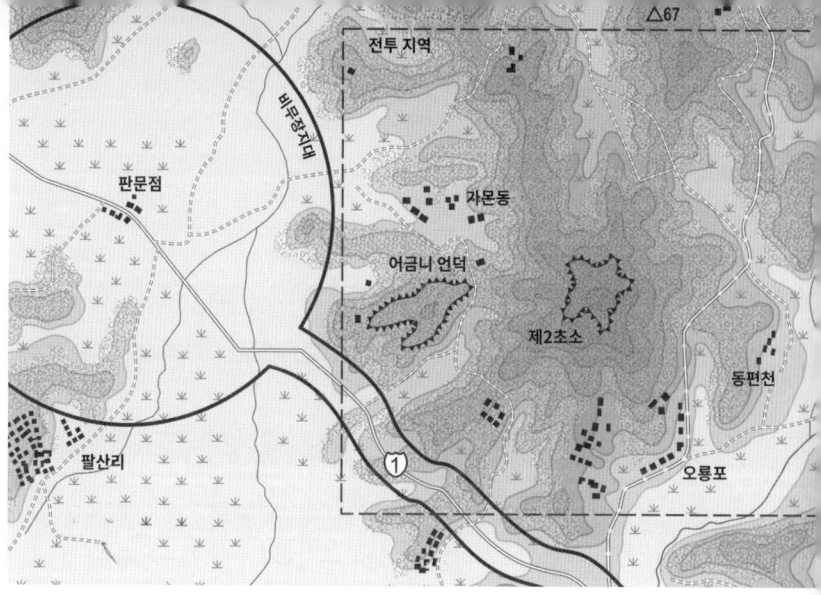

중공군이 땅파기 작전을 감행하며 장악하려 했던 제2초소 지역

    중공군은 제2초소를 고립시키는 땅파기 작전을 개시했다. 이른바 '은밀한 공세'라 불린 이 작전에서 중공군은 초소 주변 땅을 파내어 초소와 비무장 지대를 잇는 길을 차단하려 했다. 도로가 막혀 미 해병들이 식량과 물, 탄약을 보급받지 못하면, 초소는 중공군의 손에 넘어갈 수밖에 없었다.

    중공군은 판문점 비무장 지대 경계선 근처의 작은 마을 가몬동 남쪽에서 참호를 파내기 시작했다. 여기서 제2초소를 빈번하게 공격했다. 마을이 비무장 지대와 가까워서 잘못하면 제한 구역에 포탄이 떨어질 위험이 있었기 때문에 미 해병들이 일반 포병이나 박격포로 반격하기를 꺼린다는 걸 알고 있었다.

    중공군이 판문점 경계선을 교묘히 방패로 활용하자, 해병대 제

5사단 무반동총 소대가 투입되어 특수 무기를 사용할 준비를 했다. 적절한 위치를 확보하는 것이 관건이었다.

윌리엄 E. 라일리 주니어 중위는 연인인 패티 오리어리에게 편지를 써 대전차 중대와 무반동총 소대의 역할에 대해 언급했다.

"우리 소대에는 탱크 다섯 대와 75mm 무반동총 여섯 대가 있어. 원래 우리는 대전차 중대지만 한국군과 중공군은 몇 년간 탱크를 사용한 적이 없고, 앞으로 사용할 일도 없을 거야. 우리의 주된 임무는 적의 벙커와 무기, 병력을 무력화하는 거지. 무반동총이라는 이름은 거창해 보이지만 후방에서 사용하는 큰 무기가 아니야. 75mm 무반동총은 최전선에서 보병 소대를 지원하기 위해 설계된 강력한 무기야. 우리는 가끔 정찰이나 급습 작전에 투입되어 부대에 추가 화력을 지원하고 있어."

무반동총은 바퀴가 없고 삼각대 위에 장착되기에 들고 이동하기가 매우 어렵다. 야전에서 들고 이동하려면 보통 세 명이나 네 명이 필요했지만, 간혹 두 명이 간신히 옮기는 경우도 있었다. 무반동총은 75mm 포탄으로 2~3km 밖에 있는 표적을 정확히 맞힐 수 있었다.

캘리포니아주 우드랜드 출신으로 무반동총 소대에서 복무했던 해병 존 뉴섬 일병은 이렇게 회상했다.

"무반동총의 길이는 약 208cm였고 무게는 52kg에 달했어요. 격발 장치가 달린 관 모양의 포신이 삼각대 위에 거치된 단순한 형태였어요. 총구를 빠져나가는 포탄의 속도와 뒤쪽에서 발생하는 폭

1951년 6월 9일, 제31연대 전투단의 사수 로먼 프라우티 일병이 사격 지원팀의 도움으로 75mm 무반동총을 발사하고 있다.(코르비스 사진 제공)

발력 때문에 총은 발사될 때 그 자리에 고정되어 있어요. 발사할 때는 반드시 총 옆에 무릎을 꿇고 있어야 하고, 절대로 뒤에 서 있어선 안 돼요. 그 열기가 살을 태워버릴 정도였으니까요."

뉴섬은 표적 연습 중에 해병들이 무기 뒤쪽으로 약 3m 지점에 오래된 나무 상자와 박스를 쌓아놓곤 했다고 말하며, 다음과 같이 덧붙였다.

"총을 발사하면 상자들이 산산조각 났어요. 사람이 거기 있었다면 무슨 일이 일어날지 상상할 수 있죠. 한 병사가 총에 포탄을 장전한 뒤 뒤를 돌아보고 아무도 없다는 것을 확인해요. '쏴!'라고 외치면 사수가 방아쇠를 당겼고, 포탄이 날아갔어요.…… 무시무시한 굉음으로 뒤덮였죠."

무반동총을 발사하면 강력한 후폭풍 때문에 발사 위치가 적에게 쉽게 노출되었다. 한 장소에서 최대 4~5발 정도만 발사한 뒤, 적이 발사 지점을 파악해 반격하지 못하도록 무반동총을 다른 위치로 옮겨야 했다.

목숨을 건 탄약 운반 작전

미주리주 헤이즐우드 출신의 윌러드 베리 중사는 무반동총 소대의 정찰병이었다. 베리는 여러 무반동총 부대가 서로를 지원하며 전투를 이어가는 전략을 설명했다.

"75mm 무반동총으로 작전을 할 때는 작전 규모에 따라 두 개 이상의 총을 배치합니다. 각 총에는 1차 위치와 2차 위치가 있어요. 1번 총이 몇 발을 발사한 뒤, 총을 분해하고 옮겨서 2차 위치로 이동합니다. 발사 시 발생하는 엄청난 폭풍 때문에 적에게 발사 위치가 노출되면 박격포, 직사포 등의 온갖 공격을 받아내야 해요."

베리 중사는 무반동총에 대해 자세히 설명했다.

"1번 총이 이동할 때는 적의 주의를 분산시키기 위해 2번 총이 다른 위치에서 발사합니다. 이것을 '뜀뛰기 전략'이라고 불러요. 이후 1번 총이 2차 위치에 가서 다시 발사합니다. 이런 전술을 구사하면 적의 사격 범위가 넓어지므로 한 지점에 집중 공격하기가 어려워지죠. 두 총 사이가 450m나 떨어져 있을 수도 있거든요."

사랑과 전쟁에서는 모든 것이 정당화된다고는 하지만, '젠틀맨'이라는 이름을 가진 사람이라면 전쟁터에 어울리지 않을 것처럼 보인다. 그러나 알렉산더 젠틀맨 중령은 그 이름과 달리, 수많은 전투를 겪으며 단련된 강인한 군인이었다. 제5연대 제1대대 지휘관이었던 젠틀맨 중령의 임무는 중공군의 은밀한 공세를 저지하는 것이었다. 그는 제2초소에 배치되어 무반동총 작전을 지시하고, 한 달 전 무반동총 소대 지휘를 맡은 에릭 피더슨 중위의 도움을 구했다. 피더슨과 베리는 무반동총을 배치할 장소를 찾기 위해 정찰 임무에 나섰다.

"피더슨 중위님과 나는 한 몸처럼 함께 행동했어요."

베리는 회상했다.

"중위님과 같은 벙커에 지내면서 총을 어디에 배치할지 정찰 임무를 모두 수행했어요.…… 우리가 발사할 위치를 탐색하고 배치한 후 신속히 빠져나오곤 했어요."

"가능한 한 판문점 비무장 지대와 가까운 위치를 잡으려 했어요. '자유의 길'이라고 불리는 도로가 있었는데, 도로 양쪽 100m 이내에서는 발사할 수 없었죠. 그래서 그 선 근처까지 접근해 발사 위치를 잡으려고 했어요. 왜냐하면 그곳에서는 적들이 우리에게 반격할 수 없었거든요."

베리와 피더슨은 어금니 언덕 정상에서 적합한 장소를 발견했다. 그곳은 해병들이 가몬동을 정조준할 수 있는 위치였고, 중공군이 판문점 비무장 지대를 공격할 수 없었기에 반격할 수 없는 지점이었다. 만약 중공군이 무반동총 소대를 강제 점령하려 한다면, 우리 소대는 몇 미터 떨어지지 않은 비무장 지대로 쉽게 후퇴할 수 있었다. 그러나 정찰 임무 중 예상치 못한 일이 벌어졌다.

"정찰 중에 들켜버리고 말았어요. 무전기로 연락이 왔죠."

베리가 기억을 떠올렸다.

"'당장 철수할 것, 적 소대가 너희를 쫓고 있다'라는 메시지였어요. 우리는 본대로 발길을 돌렸어요. 언덕 하나를 통과해야 했지요. 그때 적군이 총격을 가했어요. 총알이 휙휙 지나가는 소리를 들었어요. 우리는 언덕 위로 뛰어 올라갔어요. 그러다 피더슨 중위님이 쓰러졌지요. 나는 중사였으니까 항상 그를 '미스터 피더슨'이나 '중위님'이라고 불렀어요. 항상 중위님과 함께 작전에 투입되었어요. 고위 지휘관들이 어떤 임무를 정찰하라고 지시할 때면 늘 중위님과 함께 했지요. 지휘관들은 그를 '피트'라고 불렀어요. 그의 별명이었죠."

"그가 언덕을 뛰어오르다가 쓰러졌을 때, 나는 그의 옆쪽 뒤편에 있었어요. '피트, 맞았어요?'라고 물었죠. 그때는 '피더슨 중위님'이라고 부를 여유가 없었어요. 우리는 계속 언덕을 뛰어올라 꼭대기에 도달했는데, 저격수의 총알이 아슬아슬하게 날아들더군요. 곧이어 꼭대기에 도착하자마자 박격포가 쏟아지기 시작해서 우리는 몸을 바닥에 납작 엎드렸어요."

"아, 이건 진짜 사실입니다. 중위님이 기어와서는 자기 몸을 내 몸 위에 덮었어요. 내가 '뭐 하는 겁니까?'라고 물으며 농담으로 '이

미군 제2보병사단 병사들과 한국군 노무자들이 한국의 고지대에서 75mm 무반동총을 사격 지점으로 옮기기 위해 고군분투하고 있다.

거 뭐, 연애라도 하자는 거예요?'라고 했죠. 그러자 그는 '아니야, 젠장. 내가 저격수에게 들켰어. 내 잘못이야. 누가 맞아야 한다면 그건 내가 되어야 해'라고 말했어요. 중위님은 그런 사람이었어요. 두려움이 없는 사람이었죠."

기지로 돌아온 피더슨 중위와 베리 중사는 즉시 분대를 사격 임무에 대비시켰다. 피더슨 중위는 부하들의 요구를 최우선으로 여기는 강직한 인물로 알려져 있었고, 이는 부하들에게 충성심을 불러일으켰다. 그의 지휘 아래 있던 병사들은 그를 위해서라면 무슨 일이든 기꺼이 했다.

당면 과제는 제한 구역을 우회하면서 무반동총과 탄약을 옮기는 것이었다. 제한 구역에서는 무기 운반이 금지되었다. 언덕이 많

에릭 피더슨 중위와 두 명의 무반동총
소대원들이 무반동총의 운반, 사용 방법,
분해 방법을 시험하는 모습(샌디에이고
해병대 신병훈련소 지휘박물관 사진 제공)

한국에서 머물렀던 돈 릭스가 그린 그림. 왼쪽은 해병들이 무반동총과 탄약을 운반하는 장면, 오른쪽은 무반동총을 발사하는 장면을 묘사했다.(제러미 C. 매커믹 사진 제공)

은 지형은 문제를 복잡하게 만들었다. 탄약 보급 지점에서 어금니 언덕까지의 경로는 지프 차량으로 통과할 수 없었기에 결국 무반동총과 탄약을 도보로 옮겨야 했다. 탄약을 보충하기 위해 보급소와 사격 위치를 반복적으로 오가는 위험천만한 일은 피할 수 없는 현실이었다.

　무반동총을 옮기는 가장 효율적인 방법은 두 사람이 나란히 걷고, 세 번째 사람이 삼각대를 운반하는 것이었다. 하지만 좁은 논둑을 건널 때는 공간이 협소해 평소의 자세로 지나갈 수 없어서 한 사람이 총 전체를 짊어져야 했다. 탄약 자체는 크기가 적당했지만, 장

거리를 이동할 때는 무게가 큰 부담이었다.

    작전의 규모와 사용될 무반동총의 수에 따라 달라지긴 하지만, 보통 두 명 이상의 해병이 탄약을 운반했다. 각 탄약은 포장된 종이 용기를 포함하면 11kg이 넘었다. 탄약 종류는 다음과 같다.

    WP(백린 연막탄): 적의 시야를 교란하거나 아군의 움직임을 숨길 때 사용하는 연기 나는 탄약.
    HEAT(고폭 대전차탄): 탱크 같은 장갑 차량을 파괴하는 탄약으로 6.4km까지 날아가며, 10cm 두께의 강철 장갑도 뚫는다.
    HE(고폭탄): 차량이나 적군을 공격할 때 사용하는 폭발력이 강한 탄약.

    탄약통의 크기는 직경 12cm, 길이 74cm였다. 보통 병사들은 팩보드라 불리는 플라스틱판에 두 발의 탄약을 수평으로 묶어 등짐으로 운반했다. 팩보드는 탄약통을 고정할 수 있는 홈이 있고 배낭처럼 어깨에 멜 수 있었다. 일반적으로 두 발을 운반했지만, 작전상 필요와 병사의 체력, 긴급한 상황에 따라 추가 장비와 함께 세 발을 운반하기도 했다. 이는 특히 적의 사격을 피해가며 좁은 논둑을 건너가거나 가파른 언덕을 오를 때 매우 무겁고 위험한 짐이 되었다.

    "이 탄약들은 즉시 발사가 가능한 실탄이에요."
    해군 전문 잡지 〈레더넥(Leatherneck)〉지의 발행인이자 편집자인 월트 포드 대령이 말했다.

"탄약 자체에는 격침이 없고, 격침은 무반동총의 일부로 구성되어 있어요. 무반동총은 탄약 하단에 발화 플러그가 있는 고정식 탄약을 발사하며, 이 플러그를 통해 점화 폭약이 채워진 뇌관봉이 탄약통 내부를 관통하도록 연결되어 있지요. 이 뇌관봉은 탄약통 내부의 추가 추진 폭약으로 둘러싸여 있고요."

"탄약은 무반동총의 약실 끝부분에 삽입되고, 환기구가 있는 '덮개'가 약실 위로 닫히면서 탄약의 밑부분을 덮게 되어 있어요. 이를 '약실 닫기'라고 합니다. 격침이 탄약의 밑부분에 있는 발사 플러그를 강하게 때리면 뇌관봉이 발사되면서 추진 화약에 불을 붙입니다. 탄약을 다룰 때는 발사 플러그가 뇌관봉을 조기 점화하지 않도록 떨어뜨리지 않게 주의해야 합니다."

탄약 보급소에서 사격 지점까지의 거리는 800m가 조금 넘었다. 이 위험한 경로는 철조망 아래를 지나고 논둑을 건너며, 2m 깊이의 도랑을 넘은 후 가파른 능선을 올라가야 했다. 이 모든 과정이 적의 시야에 완전히 노출되었다. 피더슨 중위는 이 임무를 위해 윌리엄 콕스 하사의 무반동총 부대를 선택했다. 보통 한 팀에 다섯 명이 배정되었다. 두세 명은 무반동총을 운반하고, 그중 한 명이 전방 관측병으로 사격을 지휘했다. 두 명은 탄약 운반 담당이었다. 무반동총이 발사되면 탄약 운반병들은 탄약 보급소와 사격 지점 사이를 끊임없이 오가야 했다.

콕스 하사는 즉시 무반동총을 작동시켜 500m 정도 떨어진 가몬동을 향해 분당 최대 세 발을 발사했다. 그는 시야 안의 흙집들을 오른쪽에서 왼쪽 방향으로 하나씩 파괴하여, 마침내 적의 탄약고를 명중시켰다. 거대한 폭발이 일어나 마을 전체가 연기와 잔해로 뒤덮였다.

흙먼지가 사라지기 전에 부대원들은 무반동총을 분해하고 보호 구역으로 철수했다. 적의 보급 기지 한 곳을 초토화하는 임무를 완수했다. 장단 마을 외곽의 기지로 돌아가는 길에 대원들은 녹초가 되어 있었다. 특히 탄약 운반병인 먼로 콜먼 일병과 호세 코르도바 이병은 탄약 보급소와 사격 지점을 여러 번 왕복하느라 더욱 지쳐 있었다. 부대원들이 지친 모습을 보고 피더슨 중위는 새로운 아이디어를 떠올렸다. 말이나 노새를 이용해 탄약을 운반하면 어떨까? 병사가 두세 발을 운반할 때, 말이라면 여섯에서 여덟 발을 더 빨리 운반할 수 있을 것 같았다.

피더슨 중위는 이런 제안을 작전본부에 건의했고, 연대장 유스테이스 P. 스모크 대령이 최종 승인했다. 젠틀맨 중령은 피더슨에게 말을 운송할 수 있는 1톤짜리 트레일러를 빌려주겠다고 했다. 이후 피더슨 중위는 탄약 운반용 말을 찾기 위한 작전에 착수했다.

"피더슨 중위의 제안은 일반인들이 상상하기 어려운 것이었어요."

베리 중사는 회상했다.

"그는 병사들을 위험에 빠뜨리지 않으면서 말이 더 많은 탄약을 훨씬 빨리 운반할 수 있다는 점을 간파한 거예요."

운명처럼 만난 한국 군마

1952년 10월 26일은 평범한 일요일처럼 보였다. 그날 오후, 뉴욕의 46번가 극장에서 한 뚱뚱한 남자가 우스꽝스러운 옷을 입고 무대에 올랐다. 이 남자는 뮤지컬 배우 스터비 케이였다. 그는 토니상을 수상한 뮤지컬 <아가씨와 건달들>의 '틴혼스를 위한 푸가(Fugue for Tinhorns)'를 불렀는데, 2년 동안 600번이나 이 노래를 불렀다. 관객들은 경쾌한 가사를 잘 알고 있었다.

> 내가 여기 그 말을 데리고 있어요.
> 그 말의 이름은 폴 리비어!
> 그리고 저기에 날씨가 맑다고 말하는 사람이 있어요.
> 그 사람이 '그럼 할 수 있어, 할 수 있고말고'라며 나의 말이 이길 수 있다네요.
> 그가 이길 수 있다고 말한다면, 분명 나의 말은 할 수 있어요,
> 할 수 있어요.

약 11,000km 떨어진 곳에서 에릭 피더슨 중위도 '할 수 있다'를 증명할 수 있는 말을 찾고 있었다. 그러나 <아가씨와 건달들>에 등장하는 나이슬리처럼 도박하듯 아무 말이나 선택할 수는 없었다. 피더슨 중위는 정확하게 임무에 적합한 동물이 필요하다는 것을 알고 있었다.

필립 카터 상병은 피더슨 중위와 정찰병 베리 중사를 서울로 데려가기 위해 1톤 트레일러를 지프차에 연결해 운전했다.

"우리는 트레일러 측면에 말뚝을 여럿 세워 말이 바깥으로 넘어지지 않도록 준비했어요. 트레일러 벽이 좀 낮았거든요."

베리가 설명했다.

그들은 해병대를 위해 험난한 지형을 넘어, 심지어 적의 포탄을 뚫고 탄약 운반 임무를 '할 수 있는' 말을 찾고 있었다.

1952년 10월 28일, J. C. 리냐크가 J. H. 매커믹에게 보낸 편지에는 피더슨 중위와 두 명의 부대원이 해병대 제7연대 기지에 와서 말 구매 계획을 알렸다는 내용이 담겨 있다.

"내 친구 베리 중사와 제5연대 대전차 중대의 피더슨 중위님이 서울로 가는 길에 이곳에 잠시 들렀어요. 그들은 75mm 무반동총을 논밭이나 장애물을 넘어 운반할 수 있는 짐말을 구하려고 하더군요. 그 아이디어, 꽤 괜찮아 보였어요. 내가 호기심을 크게 보이니까 베리 중사가 그 결과를 알려주기로 했지요."

리냐크는 편지에 이렇게 썼다.

"피더슨 중위님이 말 구매 계획을 언급했다고 하던데, 중위님이 어떻게 생각하는지 궁금해요. 그것의 장단점에 대해 알려주세요."

매커믹 중위는 답신 편지를 가지고 있지는 않았지만, 부대에서 이 문제를 논의한 적이 있다고 회상했다.

"그 자리에서 웃음이 터져 나왔지요. 이런 질문들이 나왔어요.

'소대마다 말 한 마리씩 여섯 마리를 받을 건가요? 아니면 한 마리만 공유할 건가요?', '누가 동물을 돌보죠?', '누가 먹이를 주고, 몸을 씻기고, 발굽을 관리할 건데요?' 그리고 재미있는 답변들이 쏟아졌어요. '그건 모이어스 하사가 하기로 하죠. 그는 물자 조달책이자 전방 관측병이잖아요.', '나우 일병이 하게 하죠. 지프 운전병이니까요.' 결국 우리는 논이 사용되지 않고 있는 데다 말라 있는 상태라 말을 활용하는 것이 그다지 가치가 없다고 결론 내렸어요. 우리가 보유한 무기 운반 차량들이 제 임무를 충분히 잘 해내고 있으니까요."

세 명의 해병은 육군 구매본부로 발걸음을 옮겼다. 그곳에서 말이나 노새를 살 수는 없었고, 담당 중위는 마을 건너편에 있는 경마장에 가보라고 조언했다. 베리에 따르면, 경마장으로 출발하기 전에 그들은 군매점 PX에서 통역사를 데려와 말 거래를 중재하는 데 도움을 주었다.

* * *

혁문과 창주는 잡초로 뒤덮인 경마장 트랙에서 신나게 달린 아침해의 몸을 닦아주고 먹이를 주고 있었다. 그때 피더슨 중위, 카터 상병, 베리 중사, 그리고 통역사가 다가와 탄약 운반 임무를 맡을 말을 찾고 있다고 말했다. 창주는 영어를 알아들었고, 통역사는 혁문에게 내용을 전달했다. 혁문은 본능적으로 아침해를 숨겨야겠다고 생각했지만, 이미 늦었다. 창주는 미국인들을 마구간으로 안내하며 말을 보여주었다. 피더슨 중위는 말을 현금으로 구매하겠다고 밝혔다.

에릭 피더슨은 말을 사랑했다. 그는 와이오밍주 잭슨홀과 애리조나주 프레스콧에서 성장하며 평생 말과 가까이 지냈다. 말을 보는 안목이 뛰어났고, 자신이 염두에 둔 특수 임무에 적합한 말의 특성을 본능적으로 알고 있었다. 첫 번째 마구간에서 피더슨은 마구로 상처를 입어 피부가 벗겨지고 마른 말 한 마리를 보았다. 그다음 세 마리는 상태가 좋았지만, 그가 찾는 말은 아니었다. 마지막으로 본 다섯 번째 말이 눈에 들어왔다. 잘 관리된 암말은 "영리해 보이는 눈빛과 균형 잡힌 머리 모양"을 하고 있었다. 피더슨이 어린 시절 애리조나에서 키웠던 말을 떠올리게 했다. 아니, 이 말은 그보다 훨씬 더 인상적이었다.

피더슨은 말을 향해 다가가 손을 내밀었다. 놀랍게도 아침해는 겁먹지 않았고, 오히려 그에게 다가오기 시작했다. 피더슨은 말의 치아 상태를 확인하며 문제가 없는지 확인한 뒤 나이를 물었다. 창주는 '4년 3개월'이라고 답했다.

피더슨 중위는 자신이 원하는 말을 찾았다고 생각했다. 이제 남은 문제는 가격이었다. 해병대 중위가 가격을 묻자 창주는 되물었다.

"얼마까지 지불할 생각이십니까?"

피더슨 중위는 검지를 들어 올리며 굽혔다.

"150달러."

창주는 모욕감을 느끼며 불쾌하다는 기색을 드러냈다. 그는 아침해를 "조선에서 최고의 말"이라며 말의 훌륭한 혈통과 역사에 대해 열변을 토했다. 피더슨은 흥정할 생각이 없었다.

베리는 이렇게 회상했다.

"피더슨 중위님이 말했어요. '내가 가진 예산이 한정되어 있어서 이게 지불할 수 있는 전부입니다.'"

결국 피더슨은 250달러를 최종 제안이라고 선언했다. 그 금액을 듣자 창주의 표정이 밝아졌다.

혁문은 아침해를 잃게 된다는 생각에 속이 메슥거릴 정도로 괴로웠고, 이 사람들이 떠나기만을 바랐다. 하지만 창주가 혁문에게 미국인이 250달러를 지불할 거라고 전하자, 혁문은 도저히 말을 잇지 못했다. 그는 간신히 떨리는 목소리로 물었다.

"그 돈이면 누나를 위한 의족을 살 수 있을까?"

창주는 그렇다고 답했다. 250달러면 누나를 위한 훌륭한 의족을 살 수 있다고 말했다. 혁문은 아침해를 파는 것에 동의했지만, 마지막으로 작별 인사를 할 시간을 달라고 청했다.

혁문은 마구간으로 들어가 문을 닫았다. 아침해가 그의 가슴에 머리를 밀어 넣었다. 혁문은 아침해를 꼭 끌어안으며 마지막 인사를 나눴다. 혁문은 눈물을 참으려 애썼다. 그는 사랑하는 말을 트레일러에 싣는 것을 도왔고, 아침해가 멀어져 가는 모습을 지켜봤다. 그러고는 아침해가 없는 빈 마구간으로 걸어 들어가 눈물을 터뜨리며 주저앉았다.

3장
내 이름은 레클리스

"레이섬 중사는 간단한 수신호만으로도 레클리스가 무릎을 꿇을 정도로 교육시켰어요. 박격포 소리가 들리면 레클리스의 작은 귀가 움직이는 걸 볼 수 있었어요. 레클리스는 신속하게 몸을 엎드리고, 박격포가 터진 뒤에는 벙커로 피신했어요. 정말 놀라운 광경이었죠."

―

윌러드 베리(해병대 제1사단 무반동총 소대 중사)

    몇 시간 만에 아침해는 이전 삶을 뒤로하고, '레클리스'라는 이름으로 새로운 삶을 시작했다.
    "우리가 기지에 들어설 때 헌병들이 묻더군요. '그 말로 뭐 하려는 거야, 잡아먹으려고?' 그들은 우리가 말을 데리고 온 이유를 전혀 이해하지 못했어요."
    베리 중사가 회상했다.
    "그들은 우리가 말을 잡아먹을 거라고 생각했나 봐요!"
    척 배더슨 하사는 소프트볼 경기를 하고 있다가 소대에 새 신병이 도착하자 모두가 환호성을 지르는 모습을 지켜보았다.
    "도대체 여기에 왜 말이 있는 건지 모두가 궁금해했죠. 우리는 곧 알게 되었어요. 지금도 그들이 기지에 들어오는 모습을 생생히 기억해요."

"말을 샀다는 것을 알았을 때, 모두들 '피더슨 중위님이 괜찮은 건가?' 하고 의구심을 품었어요."

소대의 사격팀장 중 한 명인 랠프 셔먼 하사가 회상했다.

"우리가 하고 있는 일과 말이 어떻게 연결되는지 상상할 수 없었거든요. 하지만 말이 탄약을 운반할 수 있고, 우리가 운반하는 것보다 훨씬 많이, 훨씬 빨리 나를 수 있다고 중위님이 설명했을 때 그제야 모든 것이 이해가 되었어요."

레클리스는 적뿐만 아니라 새로운 미국인 동료들에게도 비밀로 해야 할 군사적 기밀이었다.

"처음에는 레클리스를 숨겨야 했어요."

베리는 말했다.

"왜냐하면 다들 무슨 일인지 알았지만, 아직 제대로 허가가 나지 않은 상황이었거든요. 우리 부대에서는 레클리스에 대해 관심이 많았지만, 다른 부대에는 알리지 않았어요.…… 피더슨 중위님은 상부에서 승인을 받았지만, 모든 것이 제대로 준비될 때까지 조용히 있으라고 했어요."

기지로 돌아오는 동안, 피더슨 중위는 레클리스의 관리자를 누구로 할지 고민했다. 그는 유타주에 있는 목장에서 자란 데다 말을 사랑했던 먼로 콜먼 일병을 적임자로 지목했다. 또한 기술중사 조셉 레이섬에게 레클리스가 기지에 적응할 수 있도록 도와달라고 요청했다.

피더슨은 아무도 레클리스에 올라타서는 안 된다고 명했고, 레클리스를 위한 벙커를 짓고 사료를 준비하라는 지시를 내렸다. 또한 말 조련 경험이 있는 레이섬 중사와 콜먼 일병에게 레클리스를 돌보는 임무를 맡겼다. 레이섬은 레클리스의 교관이 되어야 했다. 피더슨은 그에게 말을 신병 훈련소에서 하듯 훈련시키라고 말했다.

레이섬은 곧바로 농담을 던졌다.

"중위님, 신병 훈련소가 아니라 '말병 훈련소'여야 하지 않을까요?"

부대원들이 만장일치로 '레클리스'라는 이름을 지어주었다. 그들은 레클리스를 부대의 취사장 막사로 데려가 해병대원이 된 후의 첫 식사를 대접했다. 빵 한 덩이와 익히지 않은 오트밀이 전부였다.

레클리스는 기지 생활을 만족스러워했다.

기지에서 말을 돌보는 것을 반기지 않는 병사들도 있었다.

"나는 그저 살아남기 위해 애쓰고 있는데, 말까지 돌보는 일은 정말 싫었어요."

당시 병장이었던 줄리언 키트럴이 회상했다.

하지만 대부분의 해병대원들은 레클리스를 훌륭한 마스코트로 여겼다.

다음 날 해병대원들은 신병인 레클리스가 부대 생활에 익숙해지고 필요한 것들을 챙기는 일에 동원되었다.

배더슨은 말했다.

"대원들이 사료와 필요한 물품을 사기 위해 돈을 모았어요. 나도 5달러에서 10달러 정도 냈던 기억이 나요."

피더슨 중위는 가죽과 군화를 수리하는 부대를 찾아가 자신이 설계한 사양에 맞추어 운반용 말안장을 제작해 달라고 요청했다.

대원들은 레클리스를 위한 벙커와 작은 방목장을 만들었다. 레클리스의 새 집은 표준 벙커 사양에 맞추어 십자형 지지대가 받치는 지붕 위에 최소 1.2m 높이의 모래주머니를 쌓아 올렸다. 사단 공병들은 이 설계가 중공군의 포화로부터 최상의 안전을 지킬 수 있으리라고 믿었다.

레이섬이 사료를 구하기 위해 외출해 있는 동안, 콜먼은 기지에 남아 낡은 구둣솔로 레클리스의 털을 손질했다. 마구간용 빗이나 털 손질용 솔이 없어 그나마 비슷한 게 그것뿐이었다. 손질을 마친 후 콜먼은 뒤로 물러서서 레클리스의 반짝이는 자태를 감상했다. 완벽하게 광을 낸 부츠처럼 윤이 났다.

레클리스는 새로운 삶에 활기차게 적응했다. 레클리스는 해병 대원들의 관심을 즐겼고, 병사들이 걸핏하면 조롱하곤 하는 군대 급식을 무척이나 좋아했다. 레클리스의 식단은 놀라울 정도로 다양했다. 처음으로 사과, 당근, 허쉬 초콜릿 바를 맛보았고, 새 방목장에서 자라는 풀까지 먹었다. 마치 쇼를 하는 말처럼 방목장에서 뛰어다니는 모습은 대원들에게 큰 즐거움을 주었다. 개 두 마리가 무심코 방목장에 들어오자 레클리스는 귀를 뒤로 젖히고 돌진해 쫓아내기도 했다.

의무병 조지 미첼은 레클리스의 행동에 대해 말했다.

"어릴 때 개에게 겁을 먹은 적이 있는 것 같아요. 아마도 일종의 트라우마겠죠."

그 후로 레클리스 근처에 개가 접근하지 못하도록 지시가 내려졌다. 이는 개들을 위한 조치였다.

레이섬은 보리, 수수, 볏짚으로 가득 찬 트레일러를 가지고 돌아왔다. 모든 비용은 소대원들의 기부로 충당되었다.

"나는 근처의 한국인 농민들에게서 사료를 샀어요. 대원들은 여유가 될 때마다 돈을 모아주었습니다."

레이섬이 회상했다.

레이섬은 레클리스를 위해 부드러운 볏짚 침대를 마련하고, 밤새 따스하게 해줄 녹색 군인 담요를 덮어주었다. 레클리스는 이렇게 편안한 환경을 경험한 적이 없었다. 심지어 레이섬은 한파가 닥친 밤에는 레클리스를 자기 막사로 데리고 와 난로 옆에서 재우겠다고 자원하기도 했다.

12월에서 2월까지 한국의 겨울은 매우 혹독했다. 밤 기온은 영하 18도 밑으로 자주 떨어졌다.

"혹한기 훈련도 받지 않고 '얼어붙은 장진호'에서 첫 겨울을 보낸 해병대원들은 극심한 고통을 겪었어요."

와들리 하사는 회상했다.

해병대는 이러한 문제에 대처하기 위해 1951년, 한국전쟁의 첫 겨울을 겪은 후 시에라네바다산맥의 타호 호수 남쪽에 있는 피클 메도우스 산악 훈련소에서 혹한기 대비 훈련을 시작했다. 3,353m에 이르는 험준한 지형에서 훈련하는 것은 큰 도움이 되었지만, 한반도의 기후는 이보다 바람이 더 세고, 기온도 훨씬 낮았다.

와들리 하사는 이렇게 표현했다.

"맑고 별이 빛나는 겨울밤이 인상적이었어요. 영하 20도로 기온이 내려가면, 별들이 마치 얼음 조각처럼 딸깍거리는 소리를 낼 것 같았어요. 고요한 밤에는 소리가 멀리까지 퍼지니까 멀리서 얼어붙은 땅 위를 밟는 발자국 소리가 마치 바로 옆에서 나는 것처럼 느껴졌어요.…… 모든 무기의 노리쇠는 발사할 때 제대로 작동하도록 수시로 점검해야 했어요.…… 한번은 매복 중에 세 시간 동안 진흙에 누워 있다가 전투복이 진흙에 얼어붙어서 옴짝달싹도 못 했어요. 동료들이 나를 잡아당겨 빼내주었지요. 그때는 정말 무서웠어요."

해병대원들은 한국의 추위가 어떤지 잘 알고 있었기에 혹한으로부터 레클리스를 보호하기 위해 각별히 신경 썼다.

레클리스는 새로운 환경에 잘 적응했지만, 처음에 사고를 몇 번 겪었다.

"가시에 많이 긁혔어요."

베리는 회상했다.

"레클리스는 철조망에 익숙하지 않았어요. 처음에 레클리스를 가둬두기 위해 철조망을 둘렀어요. 작은 울타리를 만들어줬는데,

레이섬 중사가 레클리스에게 먹이를 주는 모습. 추운 밤에는 레클리스가 레이섬의 막사에서 잠을 잤다.(낸시 레이섬 파킨 사진 제공)

그 안으로 달려들면서 여기저기에 상처를 입었어요. 뭔지 몰랐던 거죠. 미첼 의무병이 와서 레클리스의 상처를 치료해 줬어요.…… 처음에는 모든 사람들을 꽤 무서워했어요."

그 두려움은 오래가지 않았다. 레클리스는 곧 새로운 삶을 즐기며 방목장의 구석구석을 탐험했고, 심심할 때면 스스로 기지를 돌아다니기 시작했다. 다른 병사들처럼 레클리스 역시 기지에서 자유롭게 돌아다닐 수 있었다.

레클리스가 가장 좋아하는 곳은 취사장 막사였다. 어느 날 아침, 신병 빌리 존스 일병이 스크램블드에그를 나눠주기로 했다. 레클리스는 존스가 준 스크램블드에그를 순식간에 먹어 치운 뒤, 커피로 입가심을 해서 젊은 병사들을 깜짝 놀라게 했다.

"네가 가루 달걀을 먹였다는 걸 레클리스가 알면 어쩌려고 그래? 아마 레클리스가 개를 쫓던 것처럼 너를 언덕 너머까지 쫓겨낼걸."

코르도바가 존스를 놀려댔다. 군대용 건조 분말로 만든 스크램블드에그라는 걸 레클리스가 알게 되면 혼날 것이라는 의미였다.

피더슨 중위는 군화 담당 부대에서 제작한 말안장을 넘겨받았다.

"별로 쓸모가 없었어요."

베리는 말했다.

"안장이 자꾸 미끄러졌어요. 중위님은 그걸 보더니, '이건 애들 장난감 수준이잖아. 절대 쓸 수 없어'라고 했어요. 그가 아내에게 연락을 했어요. 원하는 설계도를 그려서 아내에게 보내고는 말안장을 만들어 보내달라고 요청했지요. 이렇게 해서 우리가 사용할 운반용 도구가 완성되었어요."

레클리스는 새로운 친구들 곁에 머무는 시간이 점점 늘어났다. 병사들은 레클리스의 무리가 되어가고 있었다. 60년이 지난 후, 말 행동학 분야의 전문가인 로버트 M. 밀러 박사는 이러한 유대 관계가 완전히 자연스러운 것이라고 설명했다. 그는 캘리포니아주 사우전드 오크스에서 활동하는 수의사이며, 새로운 망아지 훈련 기법인 '각인 훈련(imprint training)'의 창시자다.

"레클리스와 해병대원들과의 관계는 레클리스가 무리 짓는 동물이라는 점을 이해하면 자연스러운 일입니다. 말은 무리를 이루는 동물이에요. 고양이 같은 예외가 있지만 야생 동물들 대부분은 항상 무리를 지어 생활합니다. 번식하거나 새끼를 낳았을 때뿐만 아니라 늘 무리를 지어요. 양, 염소, 소, 그리고 사람도 마찬가지예요. 인간은 본래 집단생활을 하는 동물이니까요."

밀러는 무리 짓는 동물이 특수한 상황에서 무리와 떨어지게 되면, 어떻게 되는지 설명했다.

"대체 동물을 빠르게 받아들이는 '대리 유대(surrogate bonding)'를 형성하게 됩니다. 경마장에 가면 말 옆에 염소, 조랑말, 노새, 심지어 닭을 울타리에 넣어둔 모습을 자주 볼 수 있어요. 그들은 함께 살아갈 동료가 필요해요. 그렇지 않으면 극심한 외로움을 느끼게 되죠. 혼자 살아갈 수 없도록 설계된 존재들이니까요."

밀러는 말이 없는 해병대 소대에 레클리스가 합류했을 때를 추론했다.

"그곳에는 레클리스에게 소박한 간식을 주고, 쓰다듬어 주며, 애정을 주는 사람들이 많았어요. 레클리스는 그런 관계에 완전히 만족했을 거예요. 레클리스에게는 굉장히 큰 의미가 있었던 거죠."

실제로 레클리스에게 그런 일이 일어났다. 추운 밤이나 비 오는 밤, 혹은 혼자 자고 싶지 않을 때 레클리스는 친구들의 막사로 들어갔다. 대원들은 늘 레클리스를 받아주었고, 주로 따뜻한 난로 옆에 레클리스가 머물 수 있도록 자리를 내주었다.

말병 훈련을 시작하다

말병 훈련(hoof camp, '신병 훈련'을 뜻하는 boot camp에 '말굽'을 의미하는 hoof를 넣어 만든 조어)을 앞두고 젠틀맨 중령은 대대 군의관에게 레클리스의 건강 상태를 점검하라고 지시했다. 군의관은 레클리스가 '나이와 계급에 맞는 해병의 임무를 수행할 신체적 능력을 갖추고 있다'라고 인증했다.

레이섬은 매일 레클리스와 함께 훈련하며 '군마 훈련소'를 담당했다. 휘파람 소리로 레클리스를 불렀고, 트레일러에 올라타고 내리는 방법도 가르쳤다. 트레일러는 가로 91cm, 세로 183cm로 좁았기 때문에 레클리스는 공간에 맞게 몸을 움직이는 법을 익혀야 했다.

"트레일러에 작은 발 받침대를 만들어주었어요. 레클리스가 받침대를 딛고 트레일러 안으로 들어갈 수 있게요."

베리가 설명했다.

"처음에 레클리스는 트레일러뿐만 아니라 모든 것을 거부했어요. 레이섬은 레클리스가 적응하도록 반복 훈련을 시켰지요."

결국 레이섬의 훈련은 큰 성과를 거두었다.

"레클리스는 트레일러 안으로 뛰어 들어가 대각선으로 몸을 위치시키곤 했어요. 그러면 레클리스를 묶어 고정할 수 있었죠."

레이섬이 말했다.

그는 레클리스를 데리고 언덕을 따라 산책하며 철조망 넘는 법

레클리스는 레이섬과 함께 트레일러를 타고 내리는 훈련을 반복했다.
(미국 국립 기록보관소 사진 제공)

미첼 의무병이 레클리스에게 트레일러에 적응하는 훈련을 시키고 있다.(버지니아주 콴티코 미 해병대 역사부 사진 제공)

사진 왼쪽. 레이섬과 군마 훈련 중인 레클리스. 레클리스는 철조망 통과하는 방법을 배웠다.(《레더넥》 매거진 사진 제공) / 사진 오른쪽. 레이섬은 레클리스에게 적의 사격이 있을 때 바닥에 엎드리는 방법을 가르쳤다.(낸시 레이섬 파킨 사진 제공)

도 가르쳤다. 그랬더니 보안용 철조망 주변에서는 매우 조심스럽게 움직였다. 레클리스는 긴장하면 콧구멍에서 날카로운 휘파람 같은 소리가 나곤 했다. 이는 마치 '위험을 냄새로 감지하려는 듯한' 행동이었다.

　새로운 도전에 직면했을 때, 레클리스는 고개를 숙여 신중하게 상황을 살피는 듯한 행동을 보였고, 편안하다고 느끼면 앞으로 나아갔다. 레클리스는 신뢰하는 사람과 함께라면 어디든 갈 준비가 되어 있었다.

　레이섬과 레클리스 사이에 끈끈한 유대감과 신뢰가 형성되자 훈련은 더욱 본격적으로 진행되었다. 특히 실전에 필요한 무반동총 훈련이 중요했다.

"레클리스를 진정시키는 법을 가르쳐야 했어요."

레이섬은 회상했다.

"무반동총 뒤쪽으로 가는 일이 없도록 훈련해야 했지요. 총의 앞뒤에서 일어나는 폭발력 때문에 다칠 수 있었으니까요."

그는 레클리스에게 몸을 낮게 하거나 무릎 꿇는 방법도 가르쳤다. 이는 적의 포격이 있을 때 엄폐물이 없는 상황에서 얕은 벙커에 몸을 숨기는 법을 익히는 것이었다.

"몸을 낮추고 엎드리는 법을 가르쳤어요. 앞다리를 살짝 건드리면 레클리스는 즉시 엎드렸어요. 이걸 익히는 데 정말 많은 시간이 걸렸어요."

또한 기지 근처에 포탄이 떨어지면 벙커로 피신하는 방법을 훈련시켰다.

"레클리스는 바보가 아니었어요. 자기만의 벙커가 있을 정도였지요. 적이 포격을 해오면, 우리는 우리의 벙커로 뛰어 들어갔고, 레클리스는 자기 벙커로 피신했어요. 가끔은 우리의 벙커가 더 좋다고 생각했는지 우리한테로 왔어요. 그럴 때면 그 누구도 레클리스한테 뭐라고 하지 않았어요."

레이섬이 다시 말했다.

"내가 '포탄 날아온다! 날아와!'라고 외치기만 하면, 레클리스는 즉각 움직였어요."

베리는 레이섬의 말대로 레클리스가 뛰어난 지능과 대처 능력을 가진 보병이었다고 증언했다.

"레이섬 중사는 간단한 수신호만으로도 레클리스가 무릎을 꿇을 정도로 교육시켰어요. 박격포 소리가 들리면 레클리스의 작은 귀가 움직이는 걸 볼 수 있었어요. 레클리스는 신속하게 몸을 엎드리고, 박격포가 터진 뒤에는 벙커로 피신했어요. 정말 놀라운 광경이었죠."

랠프 셔먼 하사는 적의 포격에 대해 흥미로운 관점을 이야기했다.

"우리가 말을 데리고 있을 때면 으레 북한군의 관심을 끌게 마련이었어요. 그들은 말을 죽이기 위해 기회를 노렸던 것 같아요. 다행히 그런 일은 일어나지 않았지만요. 북한군과 중공군이 우리를 감시한 만큼 우리도 그들을 감시했어요. 그들은 말을 보면 죽이거나 해치려 했어요. 그래서 예상치 못한 포격이 가끔 발생했어요. 아마도 말을 죽이면 식량을 얻을 수 있다고 생각했겠죠. 그들은 말고기를 먹었으니까요."

장난기가 많은 레이섬은 레클리스에게 소대원들과 미첼 의무병을 골탕 먹이는 장난을 가르쳤다. 레이섬이 작은 가지로 레클리스의 오른쪽 앞다리를 살짝 건드리면, 레클리스는 갑자기 아픈 듯 다리를 절뚝거리기 시작했다. 미첼 의무병은 레클리스를 병원선 USS 리포즈로 보내 엑스레이 검사를 찍을 뻔했다. 나중에 이 장난은 들통 났다.

레이섬 중사가 가장 아끼는 신병이었던 레클리스에 올라타고 있다.
(낸시 레이섬 파킨 사진 제공)

    레이섬이 말하길, 레클리스는 사람들이 자신을 놀리는 것을 싫어했다고 한다. 자신을 자극하면 공격적으로 변했다. 한번은 한 해병을 울타리 철조망에 처박아버리려고 했다. 하지만 레클리스는 자기만의 장난도 몇 가지 개발했다. 주로 레이섬에게 그랬다. 레클리스는 가끔 먹는 척하며 레이섬이 다가오는 것을 모른 체했다. 레이섬이 가까이 오면, 레클리스는 장난치듯 도망가곤 했다. 그러고 나서 한 포병 주위를 빙빙 돌며 춤추듯 움직였다. 그리고 이내 귀를 뒤로 젖히고 이빨을 드러내며 치명적인 위협을 가하는 것처럼 레이섬에게 돌진했다. 마지막 순간에는 멈춰서 앞발을 들고 서다가 반대 방향으로 달아났다. 이런 장난에 질리면, 레클리스는 아무렇지도 않게 레이섬에게 다가와서는 사탕을 달라고 머리를 비비

3장 내 이름은 레클리스   99

곤 했다. 레이섬이 레클리스를 위해 사탕을 늘 가지고 다녔기 때문이다.

어느 날 레이섬은 피더슨 중위에게 자랑스럽게 말했다.

"레클리스에게 원하는 걸 말하고 맡겨보세요. 레클리스는 신뢰하는 사람과 함께 있을 때면 반드시 그걸 해낼 거예요."

레이섬은 해병대에서 14년을 복무하면서 이렇게 열심히 가르치고 자랑스러웠던 신병은 없었다고 말했다.

네 발 달린 신병에 대한 소문은 전선을 따라 타 부대에 빠르게 퍼져나갔다. 어떤 부대는 레클리스 같은 말을 갖지 못한 것을 질투했고, 또 어떤 부대는 레클리스가 실전에 투입되기도 전에 흠집을 내려 했다.

해병대 제1사단의 지휘관 에드윈 폴록 소장의 부관들 중 일부는 레클리스가 무반동총의 강렬한 후폭풍에 제대로 대처하지 못할까 봐 걱정이 많았다. 이 무기는 워낙 후폭풍이 강해서 숙련된 해병들도 자주 놀랄 정도였다. 더구나 말은 대개 큰 소음과 혼란을 싫어하기 마련이었다. 폴록의 부관들은 포탄이 발사되면 레클리스가 놀라 도망칠 것이라고 우려했다. 레이섬은 레클리스가 다른 말들과는 다르다고 안심시키려 했지만, 한 장교는 비웃으며 레이섬 중사를 나무랐다.

"언젠가 전선에서 중공군이 포격을 시작하면 그때 보자고. 자네 말은 달아나고 말 테니까."

이런 비난은 레클리스의 소대 안에서는 일축되었지만, 레이섬은 실전에 투입하기 전에 레클리스를 최대한 무반동총에 익숙해지도록 훈련시켜야 했다.

폴록 소장은 레클리스를 직접 보기로 했다. 모두에게 화젯거리였던 유명한 신병을 만나고 싶었다. 폴록 소장의 방문에 앞서 소대는 레클리스를 각별히 준비시켰다. 콜먼이 레클리스에게 빗질을 해주자 갓 나온 동전처럼 광채가 났다.

폴록 소장은 경험이 많은 승마인이었다. 꼼꼼히 레클리스를 살펴보더니 새 편자가 필요하다는 것 말고는 전투에 나설 체력과 준비가 훌륭하다고 평가했다. 폴록은 편자를 만들 대장장이를 찾을 수 있도록 도와주겠다고 했고, 피더슨은 그 제안을 받아들였다.

다음 날, 레클리스는 무거운 발걸음으로 트레일러에 올랐다. 레이섬은 전선 근처 한국 마을에 있는 대장간으로 데리고 갔다. 트레일러에서 레클리스가 내리자 대장장이가 한국어로 말을 걸었다. 레클리스는 한국말을 알아듣는 듯했지만 거칠고 무뚝뚝한 남자의 태도를 마음에 들어 하지 않았다. 대장장이는 레클리스를 끌어당기며 레이섬과 함께 오두막으로 들어갔다.

남자가 레클리스의 머리를 기둥에 묶고 발굽을 살피려 하자 레클리스는 전혀 협조하려 들지 않았다. 남자가 레클리스의 머리를 거칠게 잡아당기자, 레이섬은 조심해 달라고 소리쳤다. 이내 대장장이가 쇠사슬을 가져와 결박하려는 순간 레클리스는 더 이상 참을 수 없었다. 레클리스는 앞발을 들어 올려 발길질을 하며 남자를 오두막 밖으로 내쫓아버렸다. 레이섬은 레클리스를 진정시키려 오두막으로 달려갔으나, 오두막을 받치던 중앙 기둥이 쓰러지면서 그를 넘어뜨렸다. 레클리스는 묶인 줄을 끊고 밖으로 뛰쳐나갔다.

레이섬이 무너진 오두막에서 기어 나와 보니 대장장이가 몸에 입은 상처를 살피고 있었다. 레클리스는 레이섬을 보자 다가가서는 떠날 준비가 되었다는 듯 행동했다. 레이섬은 레클리스를 트레일러에 태워 기지로 돌아왔다.

기지로 돌아온 후, 대원들은 레클리스가 대장장이를 그의 오두막에서 내쫓았다는 이야기를 듣고 폭소를 터뜨렸다. 대원들은 레클리스의 독립적인 성격을 사랑했고, 전투 중에도 그 같은 결단력을 보여주기를 바랐다. 편자 교체 계획은 실패했지만, 레이섬은 레클리스의 발굽을 직접 손질하고 기존의 편자를 최대한 단단히 고정했다. 서울 경마장에 다시 데려가 레클리스가 신뢰하는 사람에게 편자를 맡길 때까지 버텨야 했다.

험난한 산악에서의 군마 훈련

케이 피더슨이 보내준 말안장이 도착하자 본격적인 훈련이 시작되었다. 수의사이자 케이의 오랜 친구인 A.P. 이멘슈 박사가 설계하여 기부한 말안장이었고, 케이가 해군을 통해 보내주었다. 우체국에서 18kg이나 되는 소포를 한국으로 운송해 줄 수 없었기 때문이었다.

75mm 무반동총과 말안장을 착용한 레클리스, 총기팀과 함께한 레클리스(버지니아주 콴티코 미 해병대 역사부 사진 제공)

사진 왼쪽. 무반동총 탄약을 짊어진 레클리스. 탄약 한 발의 무게는 11kg이나 나갔고, 레클리스는 8발을 싣고 달렸다.(《레더넥》 매거진 사진 제공) / 사진 오른쪽. 해병대원들이 레클리스의 말안장에 탄약통을 묶고 있다.(샌디에이고 해병대 신병훈련소 지휘박물관 사진 제공)

레이섬 중사가 레클리스와 팀을 이끌고 야전으로 나서고 있다. 탄약통에서 꺼낸 탄약이 안장에서 튀어나와 있는 모습을 볼 수 있다.(낸시 레이섬 파킨 사진 제공)

레클리스가 한국 산악 지형에 익숙해지도록 에릭 피더슨 중위가 언덕을 오르내리는 훈련을 시키고 있다.(펜들턴 기지 기록보관소 사진 제공)

해럴드 와들리 하사가 레클리스를 처음 본 것은 바로 이 말안장들과 함께였다고 한다.

"처음에는 '대체 어디서 저런 말을 데려왔지?'라고 생각했어요."

와들리는 회상했다.

"대원들이 가장 먼저 한 일은 말안장과 마구를 레클리스에 맞추는 것이었어요. 나는 어린 시절을 목장에서 자라서 사진만 봐도 알아요. 그렇게 엉망으로 맞춘 말안장은 처음 봐요. 대원들이 레클리스에 얹은 건 X자형 안장이었는데, 모든 게 너무 헐렁하게 걸쳐져 있었어요. 가죽 펀치조차 없으니 벨트를 조정할 방법이 없었어요. 처음 봤을 때는 뒷다리와 벨트 사이에 건초 한 더미를 끼워 넣을 수 있을 정도였어요. 하지만 대원들은 정말 진지했어요. 나는 '말이 서두르기라도 하면 짊어진 물건들이 우르르 떨어져 나갈 거야'라고 한마디 했죠."

여러 번의 시행착오 끝에 소대는 레클리스가 무반동총 탄약 6발을 안전하게 싣고 나를 수 있다는 사실을 깨달았다. 전투 중에는 필요에 따라 8발에서 10발까지도 운반할 수 있었다.

남아 있는 많은 사진에서는 레클리스가 4발의 탄약을 싣고 있는 모습이 보인다.

와들리 하사는 이렇게 회상했다.

"사진에서 4발만 싣고 있는 걸 보면, 굉장히 높게 실었죠. 최소한 포병대원 중 누군가는 무게를 갈비뼈의 윗부분, 즉 힘을 받칠 수 있는 곳에 실어야 한다는 걸 알고 있었던 겁니다. 갈비뼈 아래쪽에 무거운 짐을 싣는다면 숨이 턱 막힐 테니까요."

때로는 탄약을 운반통에서 꺼내 말안장에 넣기도 했는데, 이는 매우 위험한 방법이었다. 탄약은 어마어마한 폭발력을 갖고 있기 때문이다.

레이섬과 콜먼은 레클리스를 데리고 언덕을 걸으며 등짐에 익숙해지도록 훈련시켰다. 가끔 피더슨도 함께 걸었다. 레클리스는 친구들과 함께 산책하는 것을 즐겼고, 친구들도 그걸 느낄 수 있었다. 보통 동물이 사람을 바라볼 때, 단지 동물의 시선일 뿐이라고 하지만, 무반동총 소대원들은 레클리스의 눈에서 단순한 동물이 아니라 사람 같은 영혼이 있다고 느꼈다.

레이섬의 군마 훈련에는 자기방어 훈련도 포함되었다. 레이섬은 훈련 중에 있었던 일을 다음과 같이 기록했다.

"레클리스가 베가스, 카슨, 리노 전초기지 근처 76번 전투지에서 야생 고양이를 맞닥뜨렸는데, 갑자기 앞발을 들어 올리더니 우렁찬 소리를 내지르며 강하게 내리찍어 고양이의 숨을 끊었다."

어느 날, 훈련을 마친 레이섬은 자신의 철모에 콜라를 따라 레클리스에게 주었다. 레클리스는 콜라를 빨아 마시더니 더 마시고 싶어 했다. 그때부터 레클리스는 거의 매일 친구들과 콜라를 나눠 마셨다.(미첼 의무병은 탄산수가 신장에 나쁜 영향을 줄 수 있다며 하루에 두 병 이상은 주지 말라고 조언했다.)

레클리스가 좋아한 음료가 콜라만은 아니었다. 어느 날 밤, 레

웨인 가우티 중위(왼쪽)가 레클리스에게 처음으로 맥주를 주고 있다. 가운데는 윌리엄 호프먼 중위, 오른쪽은 앤드루 기어 중령이다.《레더넥》매거진 사진 제공)

클리스는 장교 식당이 있는 막사로 천천히 걸어갔다. 마치 존 웨인처럼 당당히 들어가더니 막사 뒤편에 있는 작은 바 앞으로 걸어갔다. 그곳에서는 또 다른 웨인, 웨인 가우티 중위가 바텐더 역할을 하고 있었다. 그는 장난삼아 네 발 달린 손님에게 맥주를 권했다. 가우티는 맥주 한 캔을 양동이에 따랐고, 레클리스는 그걸 열심히 들이켰다. 놀란 중위는 말했다.

"여기서 처음으로 말을 접대해 보네."

그 후로 레클리스는 종종 술을 즐기는 말로 알려지게 되었다.

전쟁의 포화 속으로

1952년 11월 말, 마침내 레클리스가 기다리던 '실전의 날'이 왔다. 목표 지점은 잉그리드 전초기지(남쪽)와 헤디 전초기지(북쪽) 사이의 계곡으로, '헤디의 골반'이라는 별명이 붙어 있었다. 이곳은 제임스타운 라인의 중앙 구역에 위치했다[제임스타운 라인은 문산리 인근 임진강에서 금화(지금의 김화군) 동쪽까지 약 56km에 걸쳐 있는 유엔군 방어선이다]. 기지에서 사격 지점까지의 거리는 4km 정도였다. 일부 구역은 지프차로 이동할 수 있었지만, 마지막 500m 거리는 능선을 따라 가파른 언덕을 올라야 했다.

세 대의 트럭이 10분 간격으로 출발했다. 피더슨 중위와 셔먼 하사가 이끄는 소대와 무기가 먼저 출발했고, 레클리스는 트레일러에 실려 그 뒤를 따랐다. 마지막으로 탄약을 실은 차량이 뒤따랐다. 능선 기슭에 도착했을 때, 레클리스는 뭔가 이상한 낌새를 느꼈다. 레클리스는 트레일러에서 내려 레이섬의 주머니로 곧장 다가가 초콜릿 냄새를 맡았다. 레이섬은 레클리스를 막았다.

"임무가 끝날 때까지 퍼기 베이트(pogey bait)는 없어!"

레이섬은 레클리스에게 고폭탄 6발이 담긴 탄약통을 장착하고, 격려의 의미로 엉덩이를 가볍게 두드려주었다.('pogey bait'는 미 해병대 속어로 군에서 지급되지 않는 식품, 특히 단것을 의미한다.)

콜먼은 레클리스의 말고삐를 잡고 가파른 언덕을 오르기 시작했다. 그들이 포병대원들을 지나자, 셔먼 하사는 콜먼에게 레클리스의 짐을 내리고 더 많은 탄약을 가져오라고 말했다. 피더슨과 정찰병 베리는 이미 목표물을 찾고 있었다.

피더슨과 베리는 첫 번째 사격 지점에 있었다. 무반동총은 발사되면 위치가 쉽게 노출되는 무기였다. 따라서 위험을 최소화하기 위해 목표물을 확보하면 최대한 빨리 4~5발만 발사한 뒤, 적이 반격하기 전에 다른 위치로 옮겨야 했다. 이는 소대가 사격 지점을 바꾸기 위해 능선을 따라 이동하는 고된 작전을 수행해야 한다는 의미였다. 보병들은 무반동총 부대를 좋아하지 않았다. 그들이 사격을 시작하면 적군도 즉시 대응 사격을 시작했기 때문이다.

무반동총 소대가 여기저기 이동하지 않아도 되는 유일한 경로는 판문점과 그 통로를 방패 삼아 가몬동을 포격할 때처럼 제한 구역에서 사격을 가할 때였다.

성공적인 작전의 핵심은 속도와 팀워크였다. 이제 대원들은 새로 영입된 말병이 전투의 압박을 어떻게 견디는지 지켜볼 순간을 맞이했다. 레클리스와 콜먼이 두 번째 탄약을 싣고 사격 지점으로 돌아오자마자 셔먼이 발사를 시작했다.

포탄의 굉음이 언덕 전체에 울려 퍼졌고, 총구 뒤로 먼지가 폭발하듯 솟구쳤다. 레클리스는 66kg에 달하는 고폭탄 6발을 짊어지고 있었지만, 폭발의 충격에 놀라서 공중으로 뛰어올랐다. 콜먼은 레클리스의 눈에 흰자위가 드러나는 것을 보고 재빨리 진정시키려 했다.

사진 왼쪽. 전장에서의 레클리스.(《레더넥》 매거진 사진 제공) / 사진 오른쪽. 레클리스는 전투의 굉음에 점차 익숙해졌지만, 처음에는 놀라서 네 발을 들어 공중에 뛰어오르기도 했다.(샌디에이고 해병대 신병훈련소 지휘박물관 사진 제공)

    두 번째 발사도 역시 굉음으로 사방을 뒤덮었다. 레클리스는 다시 네 발을 들어 공중으로 뛰어올랐지만, 처음보다는 덜 높았다. 콜먼은 레클리스를 진정시키기 위해 말을 걸었다. 레클리스는 귀에서 울리는 소리를 멈추려는 듯 고개를 흔들었고, 세 번째 포탄이 발사되었다. 이번에는 레클리스가 콜먼 가까이에 서서 폭발의 충격으로 몸을 떨었지만 뛰지는 않았다. 세 번째 발사부터 신병 레클리스는 안정감을 찾았다. 더 이상 뛰어오르지 않았고 호흡도 한결 편안해졌다.
    네 번째 발사가 이루어졌을 때, 레클리스는 머리도 거의 움직이지 않았다. 포병대원들이 사격하는 모습을 그냥 지켜보았다.
    셔먼 하사는 즉시 대원들에게 무기를 다음 사격 지점으로 옮기라고 지시했고, 레클리스와 콜먼이 뒤따랐다. 레클리스가 두 번째 탄약을 전달하고 세 번째 탄약을 실으러 트럭으로 돌아가던 중, 적의 포격이 이전 사격 지점을 강타했다. 레클리스는 무거운 등짐과 험난한 지형을 오르내리는 스트레스보다 머리 위에서 터지는 끔찍한 폭발 소리에 더 많은 땀을 흘렸다. 땀은 말안장 끈 아래에 거품처럼 고여 있었다.

트럭에 도착하자, 레이섬은 레클리스의 상태를 점검하고 몸을 문질러주었다. 레클리스의 젖은 목을 만지고, 귀울림 소리를 달래주려고 쓰다듬었다. 레클리스는 레이섬에게 얼굴을 비비며 다소 진정된 모습을 보였다. 레이섬은 레클리스에게 짐을 싣고 다음 여정을 준비했다.

열렬한 승마 애호가이자 말 훈련에 관한 책을 쓴 전문가인 와들리 하사는 이렇게 말했다.

"사람들은 단순히 레클리스가 땀을 많이 흘렸다고 말하죠. 그들은 레클리스의 두려움이 얼마나 심각했는지 몰랐을 거예요. 말은 죽음의 공포나 극심한 통증에 시달릴 때 그렇게 땀을 많이 흘려요. 무척이나 안타까운 이야기지요! 레클리스는 레이섬을 위해 스스로 극한 상황을 이겨냈던 거예요."

셔먼 하사는 레클리스의 놀라운 행동을 보고 감탄했다.

"레클리스가 해낸 모든 일이 정말 놀라웠어요. 레클리스는 대원들이 기대했던 모든 것을 해냈지요."

첫 번째 사격 임무에서 레클리스와 콜먼은 5차례나 탄약을 실어 날랐다. 임무가 끝난 후, 레클리스는 풀을 뜯으며 휴식을 취했고, 심지어 구덩이에서 발견한 낡은 헬멧 안감까지 반찬으로 먹었다.

해병들이 느낀 자부심을 표현하기에 '자랑스럽다'라는 단어로는 부족했다. 기지로 돌아온 후, 레이섬은 전우들과 함께 축하하기 위해 레클리스에게 맥주 한 캔을 건넸다. 레클리스는 갈증을 해소하듯 맥주를 꿀꺽꿀꺽 마셨고, 더 마시고 싶어 했다.

그날 밤, 비바람이 거세게 몰아치자 레클리스는 레이섬의 막사로 몸을 피했다. 레이섬은 레클리스를 따뜻하게 맞아주었다. 레이섬은 레클리스의 몸을 말려주고, 따뜻한 담요를 덮어주었다. 몇 분 만에 레클리스는 난로 옆에서 깊은 잠에 빠졌다.

레클리스는 적의 포화 속에서도 완벽하게 임무를 수행했다. 전투의 긴장 속에서도 침착함을 유지했다. 이제 레클리스는 미 해병대의 진정한 일원이 되었다.

4장

인기 스타로 떠오른 말

"레클리스는 하루에 열 명의 해병보다 더 많은 통신선을
설치하는 일을 해냈다. 또 레클리스만큼 어마어마한 무게의
75mm 탄약통을 운반할 수 있는 해병은 없었다."

—

데이비드 뎀프시(〈뉴욕 타임스〉 비평가)

1952년 11월 말, 무반동총 소대는 벙커 전초기지에서 작전을 수행했다. 이곳은 헤디 전초기지에서 북동쪽으로 약 500m 떨어진 울퉁불퉁한 언덕 위에 위치해 있었다. 벙커 전초기지는 전략적 요충지로, 앤드루 기어의 기록에 따르면, 이곳은 공산군들이 "전선의 어느 지역보다도 더 빠르고 맹렬하게 반복적으로 공격을 퍼부었던" 격전지였다.

    피더슨 중위는 이번 임무에 레클리스를 데려가지 않기로 직감적으로 판단했다. 말에게 위험한 철조망이 너무 많았기 때문이었다. 피더슨의 이런 예견은 적중했다. 이 지역은 중공군이 포격을 쏟아 부어 사정거리에 있는 모든 것이 초토화되었다. 박격포 포탄이 사방에서 쉴 새 없이 날아왔다. 피더슨은 다리에 부상을 입었지만 후송을 거부했다.

벙커 전초기지 작전으로 피더슨은 동성 훈장(Bronze Star, 용맹하고 헌신적인 군인에게 주는 훈장)과 세 번째 퍼플하트(Purple Heart, 부상을 당하거나 전사한 군인에게 주는 훈장)를 수여받았다. 사실 세 번째 퍼플하트는 피더슨에게 달가운 영예가 아니었다. 세 개의 퍼플하트를 받으면 전투 임무에서 자동으로 배제되기 때문이다.

소대원들은 존경하고 믿었던 군인 피더슨 중위를 잃게 될까 걱정했고, 사랑하는 레클리스까지 그와 함께 떠날까 두려워했다. 둘 중 하나를 잃어야 한다면, 소대원들은 레클리스의 상실을 더 큰 손실로 여겼다. 장교는 다시 올 수 있지만, 레클리스는 소대에서 매우 중요한 존재여서 그 누구도 대체할 수 없었다.

이런 상황을 논의하기 위해 하사관들은 막사에 모여 회의를 열었다. 그들은 레클리스를 피더슨에게 사기 위해 돈을 모으기로 결정했다. 한 시간도 채 되지 않아, 소대원들은 피더슨이 레클리스에 투자한 금액을 마련할 만큼 충분한 돈을 모았다.

사랑받는 해병대 말

피더슨 중위는 소대에 남기 위해 필사적으로 노력했다. 사단장인 폴록 소장에게 자신의 입장을 호소했다. 폴록은 그의 의도를 단번에 간파했다.

"혹시 레클리스 때문에 소대에 남으려고 하는가?"

피더슨은 솔직하게 답했다.

"그렇습니다, 장군님. 어느 정도는요. 제가 떠나면서 레클리스를 데려가면 소대에 큰 충격이 될 겁니다. 하지만 레클리스를 남겨두고 떠나면, 제게는 두 배로 큰 손실이 될 겁니다. 레클리스도, 소대도 잃게 되니까요."

피더슨의 호소는 설득력이 있었다. 폴록 소장은 그의 전출 명령을 취소했다. 피더슨이 떠나려는 순간, 장군은 한 가지를 더 물었다.

"들리는 말처럼, 실제로 레클리스가 전투에서 그렇게 대단한가?"

"그렇습니다, 장군님. 제가 아는 어떤 해병들보다도 빨리 적응했습니다. 첫날에는 조금 겁을 먹었는지도 모르지만, 우리가 뭘 하고 있는지 파악했고, 이제는 어떤 상황에서도 레클리스는 흔들리지 않습니다."

폴록 소장은 피더슨의 통찰력과 리더십, 특히 레클리스와 관련된 그의 능력을 높이 샀다.

폴록은 나중에 이렇게 기록했다.

"피더슨 중위는 레클리스를 구매한 공로를 전적으로 인정받아야 한다. 이 말을 구할 당시, 그는 오로지 자신의 대원들만을 생각했다. 매우 거칠고 험난한 한국의 산악 지형에서 무거운 짐으로 고생할 대원들을 해방시키고 싶었던 것이다. 탄약 운반병들의 생명을 지켜주고 싶다는 생각도 분명히 했을 것이다. 이는 훌륭한 리더십의 일부다. 레클리스도 피더슨 중위의 군인 정신에 영향을 받았음이 틀림없다. 레클리스는 진정한 해병이 되었다."

그날 밤, 기지에서 대원들은 피더슨의 소식을 축하하며 건배했다. 한편 레클리스는 딸기잼이 발린 빵 반쪽을 야식으로 즐기고 있었다. 하지만 빵은 항상 레클리스를 목마르게 만들었기에, 새로 배운 기술이 큰 도움이 되었다. 레클리스가 컵으로 물 마시는 법을 익힌 것이다. 레이섬이 콜라를 따라 주었고, 영웅적인 암말 레클리스는 축하 건배에 동참했다.

그러나 언제나 신중한 피더슨은 소대에 머물 날이 얼마 남지 않았음을 알고 있었다. 혹시 자신이 전출되거나 콜먼에게 무슨 일이 생길 경우를 대비해 레클리스에게 또 다른 동료가 필요하다고 판단했다. 피더슨은 이 임무를 맡기기 위해 아널드 베이커 일병을 선택했다.

소대는 또다시 화력 지원 명령을 받았다. 이번에는 해병대 제5연대 제2대대 소속 폭스 중대의 딕 커스 대위를 지원하는 임무였다.

"현장에서는 우리를 '말 해병대'라고 불렀어요. 레클리스와 함께 이리저리 이동하면서 그런 말을 들었지요. '오, 말 해병대군. 어서 오시게!'라고요."

랠프 셔먼 하사가 회상했다.

레클리스도 그들과 함께했지만, 이번에는 단순히 이동을 위한 동행이었다. 지프차가 사격 지점까지 접근할 수 있기 때문이었다. 114고지에 이르러 적의 시야가 가려지는 계곡에 레클리스가 안전할 수 있도록 울타리를 쳤다. 베이커는 레클리스에게 운동이 필요하다고 생각하여 "누구도 레클리스에 올라타서는 안 된다"라는 명령을 무시하기로 했다. 그는 레클리스의 등에 뛰어올랐고, 그 순간 레클리스는 마치 무반동총에서 발사된 포탄처럼 튀어나갔다. 이후 벌어진 일은 그야말로 혼란 그 자체였다. 그는 레클리스에게 멈추라고 소리쳤지만, 레클리스는 경주마답게 울타리를 벗어나 도로로 뛰쳐나갔다.

"멈춰! 레클리스, 멈춰!" 베이커는 말고삐를 잡아당기며 필사적으로 외쳤다. 뛰어내릴까도 고민했지만, 피더슨의 명령을 어기고 소중한 말을 방치한 것에 대한 레이섬의 처벌이 두려웠다. 불쌍한 베이커가 할 수 있는 일이라고는 레클리스가 주 방어선으로 향하는 도로로 방향을 틀 때 그저 온 힘을 다해 매달려 있는 것이었다.

레클리스는 초소의 문을 쏜살같이 지나쳤다. 그곳에는 야전 전화기를 든 경비병이 있었다. 순간 베이커는 공포에 휩싸였다. 초소 너머에는 과수원과 꽃으로 뒤덮인 시골 풍경이 있었지만, 과수원 북쪽에는 지뢰밭이 있었다. 레클리스가 초소를 지나치자, 경비병은 전화기에 대고 소리쳤다.

"레클리스가 풀려났어! 초소를 지나 운곡으로 가고 있어!"

운곡은 적군의 영토였다.

레클리스는 언덕을 내려와 논으로 뛰어들었다. 초소의 정찰병들이 야전 전화기를 통해 레클리스의 위치를 중계했다. 이 소식을 들은 레이섬은 지프차에 올라타 레클리스를 쫓기 시작했다. 폭스 중대의 몇몇 대원들도 뒤따랐다. 추격하던 이들은 경악하며 레클리스가 지뢰밭으로 뛰어드는 것을 보았다. 속수무책이었던 해병들이 할 수 있는 건 기도밖에 없었다. 그 기도가 효과가 있었는지, 레클리스는 방향을 틀었다. 그러더니 전속력으로 기지를 향해 달렸다.

레클리스는 지프차 옆에 서 있는 레이섬을 발견하고는 태연하게 걸어갔다. 베이커는 레클리스의 등에서 미끄러지듯 내려왔고, 땅에 풀썩 주저앉았다. 베이커는 살아남아 이야기를 전할 수 있었지만, 더 이상 레클리스를 돌볼 수는 없게 되었다.

해병 열 명 몫을 하는 군마

해병대 제5연대는 예비대로 편성되었다. 이는 전투에서 잠시 벗어나 다른 임무를 맡는다는 뜻이었다. 레클리스에게도 변화가 찾아왔다. 무반동총 탄약을 운반할 필요가 없을 때, 레클리스는 수류탄, 소형 화기 탄약, 식량, 침낭, 심지어 철조망까지 나르는 짐말이 되었다. 레클리스는 등에 짊어진 짐에서 통신선이 풀려나가도록 걸으며 통신선을 설치하는 데 도움을 주었다.

"레클리스는 하루에 해병 열 명보다 더 많은 통신선을 설치하는 일을 해냈다. 또 레클리스만큼 어마어마한 무게의 75mm 탄약

통신선 보관통을 싣고 운반하는
레클리스(낸시 레이섬 파킨 사진 제공)

통을 운반할 수 있는 해병은 없었다. 그저 놀라운 말이다."

〈뉴욕 타임스〉 비평가 뎀프시는 이렇게 레클리스에 대한 기록을 남겼다.

제5연대가 예비대로 대기 중일 때도 제1연대나 제7연대가 전선에서 호출하면 즉시 출동할 준비가 되어 있었다. 그러나 대부분은 비교적 여유로운 시간을 보냈다.

레이섬과 무반동총 소대원들은 가끔 대기하고 있던 호주 예비대와 함께 시간을 보냈다.

"호주 병사들은 레클리스를 정말 좋아했어요. 그들은 자기네들이 모여서 노는 클럽으로 레클리스를 데려가곤 했어요. 한 주임 상사는 '레클리스만큼 훌륭한 존재는 없다'라고 말할 정도였지요."

레이섬이 회상했다.

호주의 부시 모자를 쓴 레클리스와 미첼 의무병(낸시 레이섬 파킨 사진 제공)

    호주 병사들은 네 발 달린 해병대원에게 깊은 인상을 받아 자신들의 부시 모자를 선물로 주기도 했다. 레이섬은 레클리스의 귀가 들어갈 구멍을 뚫어 씌워주었는데, 꽤 잘 맞았다. 하지만 레클리스는 그 모자를 좋아하지 않았다.
    패트 오루크도 레클리스의 생각과 같았다. 그 모자가 레클리스를 우습게 만든다고 생각했다.
    "그런 건 육군 노새 프랜시스 같은 녀석이나 쓰는 거지. 그는 어릿광대잖아. 레클리스는 그런 존재가 아니야."
    그럼에도 레클리스가 모자를 쓰고 있는 사진이 여러 장 남아 있다.
    어느 날 밤, 레클리스는 더 이상 모자를 참을 수 없었다. 그래서 자신이 싫어하는 모자를 해결할 방법을 찾아냈다. 바로 먹어 치우는 것이었다. 다음 날 아침, 모자에서 남은 거라곤 땀받이와 모자의 챙, 그리고 일부뿐이었다. 문제는 그렇게 해결되었다.

포커 칩을 삼켜 버린 말

어느 추운 겨울밤, 레이섬과 노먼 멀 상사, 그리고 몇몇 병사들이 막사 안에서 몸을 녹이며 포커를 치고 있었다. 한참 아늑하게 게임을 즐기던 중, 레클리스가 막사 천막 사이로 코를 밀어 넣으며 들어왔다. 레클리스는 서리가 맺힌 콧구멍에서 차가운 숨결을 내뿜으며 병사들에게 얼마나 추운지 다시금 일깨워주었다. 레이섬은 재빨리 천막을 닫았다. 멀은 레클리스를 난로 옆으로 안내했고, 레이섬은 어깨에 담요를 덮어주었다. 병사들은 다시 카드 게임에 열중했다.

레클리스는 레이섬 뒤로 다가가 그의 어깨 너머로 포커 게임을 구경했다. 레이섬은 베팅을 했고, 멀을 제외한 모두가 패스를 했다. 멀은 레클리스에게 어떤 신호를 바라며 쳐다봤지만, 이 영리한 말은 무표정한 '포커페이스'로 대응했다. 멀은 베팅을 따라 했지만, 결국 게임에서 졌다. 게임이 계속되자 레클리스는 아무도 자기에게 관심을 보이지 않아 점점 지루해졌다. 그러다 레이섬의 담배를 가져다가 먹기 시작했다.

그때쯤 레이섬은 게임에서 잃었던 자신의 담배 몇 개라도 건지려 애쓰며 기세를 올리고 있었다. 그는 다음 세 판을 연달아 이기며 칩 더미를 쌓아갔다. 작고 동그란 파란 칩들은 레클리스의 호기심을 자극했다. 레이섬이 "내 패를 보면 못 이길걸" 하고 외치기도 전에, 이 용감한 전쟁마는 자신만의 독특한 도박 문제를 만들어냈다. 레클리스는 고개를 숙여 레이섬이 쌓아놓은 칩들을 한입 크게 물더니 우적우적 씹어 먹기 시작했다.

레이섬은 자신이 모은 플라스틱 '상금'을 말 그대로 레클리스 입 안에서 빼내기 위해 고군분투했다. 다른 병사들은 웃음을 터뜨렸고, 낙담한 레이섬은 겨우 칩 두 개와 부서진 조각 몇 개만 건질 수 있었다. 나머지 칩들은 모두 레클리스의 배 속으로 유기물들과 함께 사라졌다.

칩 사건은 레클리스가 몇 개를 삼켰는지에 대한 논쟁을 불러일으켰다. 하지만 무표정한 포커페이스의 말은 이 논쟁도 지겨웠던지, 난로 쪽으로 다시 걸어가더니 병사들이 칩 정산을 끝내기도 전에 잠들어버렸다. 레이섬은 레클리스가 적어도 30달러 이상 자신에게 빚을 졌다고 생각했다.

"레클리스는 가장 비싼 칩이 뭔지 아는구나. 노란 칩도, 빨간 칩도 아닌 파란 칩만 먹다니……."

오루크가 침낭에 들어가며 말했다.

레이섬은 불을 끄면서 한숨지었다.

1952년 크리스마스 날, 병사들은 레클리스를 위해 사탕, 사과, 당근, 케이크, 콜라, 그리고 가끔씩 맥주까지 포함된 푸짐한 성찬을

잭 레일로 중사가 레클리스를 찾아와 함께 시간을 보냈다.(제이크 디어링 사진 제공)

준비하여 레클리스를 한껏 응석받이로 만들었다. 미첼 의무병은 레클리스가 살이 찔까 봐 걱정했지만, 레이섬은 이렇게 안심시켰다,

"크리스마스는 1년에 한 번뿐이야. 곧 전선에 투입되면 다 소화시킬 거야."

레클리스 정말 그랬다. 그 이상으로.

5장

레클리스, 실력을 보여줘!

"언덕을 마지막으로 오를 때 레클리스가 해낼 거라고는
생각지 못했어요. 첫 번째 오르는 데 실패하고
두 번째 시도해야 했지만 결코 포기하지 않았어요."

―

먼로 콜먼(미 해병대 제1사단 무반동총 소대 일병)

1953년 1월, 해병대 제5연대는 30일간의 예비대를 마친 후 전선으로 복귀하면서 제7연대와 교대했다. 이스트 베를린, 베를린, 베가스, 리노, 카슨, 그리고 아바 전초기지를 지원하라는 명령을 받았다. 이곳에서 레클리스는 자신의 가치를 입증한다.

레클리스가 가는 곳마다 새로운 숙소를 마련해야 했다. 전투가 격렬해지면 대원들은 자신들의 방탄복을 벗어 머리부터 꼬리까지 레클리스를 덮어 보호하려 했다. 작전본부는 이러한 행동이 달갑지 않았지만, 이를 제지하지는 않았다.

캔자스주 포트 스콧 출신으로 브라우닝 자동소총을 다루던 찰리 중대의 케네스 런트 하사는 레클리스가 대원들에게 얼마나 소중한 존재였는지 회상했다.

"레클리스의 눈은 특별했어요. 마치 상대와 상대의 마음을 꿰뚫어보는 것 같았지요. 그래서 나는 좋은 생각을 하려고 노력했답니다."

그는 웃음 지으며 말했다.

"레클리스는 온순했고 빗질 받는 것을 좋아했어요. 무반동총 소대원들에게 매우 각별하게 보호받고 있었어요."

1989년 한 신문 기자와의 인터뷰에서 런트는 자신의 감정을 다음과 같이 묘사했다.

"레클리스를 결코 잊을 수 없어요. 설명하기 어렵지만, 정말 신기하게도 레클리스와 함께 있다는 것만으로도 우리에게 도움이 되었어요."

레클리스는 가는 곳마다 친구를 사귀었다. 지금까지 레클리스는 주로 해병대 제5연대 제1대대와 함께 일했지만, 이번에는 제5연대 제2대대 대원들과 함께 전투에 나가게 되었다. 피더슨 중위는 이제 레클리스가 더 이상 자신의 소유가 아니며, 완전한 해병이 되었음을 깨달았다. 결국 그는 불가피한 전출을 앞두고 레클리스를 소대에 남겨두어야 한다는 것을 알았다.

피더슨은 무반동총 소대를 세 구역 단위로 나누어 각 단위를 분대나 포대로 배치했다. 레클리스는 가장 필요한 곳에 배치되었지만, 제1구역 제2소대에 소속되어 주로 존 리센비 중사의 소대와 함께 120고지에서 일했다. 먼로 콜먼 일병이 여전히 레클리스의 주 관리자였다. 리센비의 소대는 이스트 베를린과 베를린 전초기지를 지원했다. 그리고 적의 주요 거점인 디트로이트와 프리스코, 그리고 베가스 전초기지와 마주 보고 있는 153고지와 190고지에 포격을 가할 수 있었다.

소대의 제2구역과 제3구역은 주요 전선에서 서쪽으로 더 떨어진 지점에 위치해 있었고, 지프차로 접근할 수 있었다. 리온 드부아 하사가 카슨 근처에 있는 제2구역을 이끌었고, 해리 볼린 중사가 서쪽 아바 근처에 있는 제3구역을 책임졌다. 차량이 리센비의 120고지에는 도달할 수 없었기 때문에 그의 소대는 사실상 레클리스를 독점적으로 데리고 있을 수 있었다. 120고지는 험준한 고지였기 때문에, 일반 해병들이 포진지까지 무거운 탄약을 운반하는 것이 불가능했다.

한국의 겨울은 해병들에게 특히 가혹했고, 적들은 공격을 멈추지 않고 혹독한 한파에도 끊임없이 괴롭혔다. 병사들은 판기동이라는 불에 탄 작은 마을 근처에 레클리스를 위한 목초지를 확보했다. 적들은 120고지 언덕에 가려진 레클리스의 목초지를 직접 볼 수는 없었지만, 종종 목초지 방향으로 탐색용 사격을 시도했다. 해병들은 포격이 거세질 경우를 대비해 레클리스를 보호할 벙커를 만들어주었다.

또 다른 문제가 발생했는데, 목초지에 겨울용 사료가 충분하지 않다는 것이었다. 해병들이 전투에 계속 투입되고 있었기 때문에 건초와 곡식을 가져올 시간이 거의 없었다. 레클리스는 비상식량을 먹고는 있었지만(특히 딱딱한 캔디를 가장 좋아했다) 점점 체중이 줄고 상태가 나빠지고 있었다.

레클리스 급식 작전: 풀 뽑기

걱정이 된 레이섬은 120고지의 사격 지점으로 가서 분대장 리센비와 이야기를 나누었다. 리센비는 병사들에게 풀을 뜯어오라는 명령을 내렸다. 계획은 병사들이 매일 한 무더기씩 풀을 모아 굶주린 레클리스에게 충분한 양이 될 때까지 실행하자는 것이었다. 추가로 레이섬은 미첼 의무병에게서 얻은 비타민도 가져왔다. 하지만 레클리스는 이 알약을 싫어했고, 레이섬은 억지로 먹여야 했다. 그러던 중 레이섬은 레클리스의 혀가 부어 있다는 것을 발견하게 되었다. 미첼은 레클리스의 혀가 감염되었을 가능성을 고려해 항생제인 테라마이신을 처방했다. 일주일도 지나지 않아 레클리스는 정상으로 돌아왔다.

제5연대의 새로운 지휘관인 루 월트 대령은 폭스 중대 구역에서 병사들을 순시하던 중 흥미로운 광경을 목격했다. 해병들이 120고지 경사면에서 네 발로 기어 다니며 풀을 뜯고 있었던 것이다. 그 이유를 알게 된 월트 대령은 임진강 이남에서 올라오는 다음 트럭이 레클리스의 사료를 반드시 실어 오도록 조치했다.

한국전쟁 참전 용사이자 작가인 앤드루 기어는 월트 대령의 심정을 기록했다.

"이 작은 붉은 조랑말이 특별한 존재라는 것을 느꼈다. 그는 레클리스가 짐을 가득 싣고 트레일러를 타고 내리는 모습을 보았고, 포격이 거세지자 해병들이 방탄복을 벗어 레클리스를 덮어주었다

목초지에서 풀을 뜯고 있는
레클리스(존 메이어스 사진 제공)

는 이야기도 들었다. 이 작은 말은 남북전쟁에서 활약했던 로버트 E. 리 장군의 전쟁마 트래블러가 남부군 병사들에게 중요했던 것처럼, 제5연대의 병사들에게도 중요한 존재가 되어가고 있었다."

혹독한 겨울 동안 레클리스는 부커 T. 크루 일병이 가져온 특별한 아침 식사를 맛보게 되어 감사했을 것이다. 소대에 새로 합류한 크루 일병은 연대 작전본부에서 위티스 시리얼과 다른 음식들을 담은 상자를 가져왔다. 시리얼과 레클리스가 좋아하는 그레이엄 크래커는 풀과 비상식량, 비타민으로 구성된 레클리스의 기초 식단을 보완하는 좋은 식단이 되었다. 레클리스는 점차 기력을 되찾고 체중도 다시 늘어나기 시작했다.

레클리스의 건강이 좋아지고 있다는 것이 매우 중요했다. 레클리스는 월트 대령이 계획한 일련의 주간 공습 작전에서 중요한 역할을 맡게 되었기 때문이다. 대령은 해병대 진지를 향해 침투하는 적의 '은밀한 공세'를 저지하면서 동시에 포로를 잡아 심문할 계획이었다.

월트 대령은 주간 공습이 야간 공습보다 몇 가지 이점이 있다고 보았다. 가장 중요한 것은 근접 항공 지원과 함께 수행될 수 있다는 것이었다. 또한 포병, 박격포, 무반동총, 화염 방사 전차의 지원을 받을 수 있었고, 보병의 진격을 위장하기 위해 항공기, 포병, 박격포로 연막작전을 펼 수 있었다. 레클리스는 이러한 작전의 엄호 사격을 지원하는 병사들에게 충분한 탄약을 공급하는 데 큰 역할을 했다.

1953년 1월 24일, 레클리스와 레클리스가 속한 포대는 해병대 제5연대 제2대대를 지원하기 위해 120고지에 배치되었다. 이틀 뒤, 그들은 적의 기관총 벙커를 파괴하는 사격 임무를 수행했다. 그리고 닷새 뒤에는 '텍스 작전(Raid Tex)'에 투입되었다.

1953년 1월 31일, 텍스 작전

텍스 작전은 레클리스가 이제껏 경험한 전투 중 가장 어려운 도전이었다. 무겁고 다루기 힘든 탄약을 등에 지고 새벽부터 해가 질 때까지 고지를 이동해야 했기 때문이다.

레클리스와 리센비의 포대는 120고지에서 전진 병력을 지원하기 위해 중요한 연막작전을 폈다.

레클리스의 목초지에서 탄약 보급소까지는 남동쪽으로 320m 거리였다. 버려진 논을 지나 막다른 협곡으로 이어지는 비교적 쉬운 길이었다. 탄약 보급소에 도착하면 66kg의 탄약 6발을 레클리스 등에 싣고, 콜먼이 리센비가 위치한 사격 지점으로 인도했다.

사격 지점은 목초지의 동쪽과 북쪽, 주저항선이 내려다보이는 120고지 능선에 자리 잡고 있었다. 탄약 보급소까지 가는 길은 비교적 쉬웠지만, 포대가 있는 사격 지점으로 가는 길은 험난했다. 콜먼이 레클리스를 이끌고 오르내리는 것은 쉽지 않았다. 가장 까다로운 구간은 120고지 첫 번째 능선까지 가는 비탈길로, 45도 각도로 이어지는 좁고 구불구불한 길이었다. 이곳에서 레클리스는 영웅적 본성을 보여주었다. 이 고약한 비탈길을 전속력으로 돌진하는 편을 더 선호했기 때문이다.

탄약통이 위태롭게 흔들리는 상황에서도 레클리스는 가파르고 바위투성이인 언덕을 계속해서 달려 올라갔다. 콜먼은 레클리스를 억지로 이끌려고 하지 않았다. 그는 말고삐를 놓고 레클리스가 스스로 방법을 찾도록 내버려두었다. 레클리스는 마지막 순간에는 온 힘을 다해 몸을 던져 힘차게 도약하며 정상에 올라섰다.

매번 등반은 레클리스를 숨 가쁘고 지치게 했지만, 레클리스는 항상 승리자처럼 우뚝 서 있었다. 레클리스는 콜먼을 기다린 후, 그의 안내 없이도 스스로 사격 지점까지 길을 찾아갔다.

"포대원들은 레클리스가 가까이 다가오는 것을 보면 '레클리스!' 하고 이름을 반갑게 불렀다."

기어는 당시 상황을 이렇게 기록했다.

그날 레클리스는 약 15번의 위험천만한 탄약 운반 임무를 완수했다.

미 해병대 작전 일지에는 이날 작전에서 고폭탄(HE) 8발과 연막탄(WP) 90발이 사용되었다고 기록되어 있다. 총 1톤 이상의 폭발물을 레클리스가 등에 지고 운반한 것이다.

텍스 작전은 제5연대 제1대대 도그 중대 소속 톰 벌저 중위가 지휘했다. 공격은 베를린 전초기지 바로 북쪽에 위치한 139고지를 목표로 했다. 이 작전으로 적군 포로를 잡고, 가동 중인 기관총 두 대를 파괴했다. 작전은 대성공으로 평가되었다. 이후 한 달 동안 레클리스는 전선에서 10번의 크고 작은 위험한 사격 임무에 투입되었다.

1953년 2월 25일, 찰리 작전

레클리스의 다음 임무는 '찰리 작전(Operation Charlie)'이었다. 이 작전은 매우 격렬하고 치밀한 계획이 필요했기 때문에 다섯 차례나 예행연습이 필요했다. 찰리 작전은 레클리스가 지금까지 해왔던 임무 가운데 가장 어려운 도전이었다. 리센비의 포대가 끊임없이 사격을 가하는 동안, 엄청난 양의 탄약을 운반해야 했기 때문이다. 레클리스는 동이 틀 무렵부터 해가 질 때까지 탄약을 운반했다.

피더슨과 미 해병대 작전 일지에 따르면, 레클리스는 찰리 작전 수행 중에 사격 지점까지 24번이나 탄약을 운반했다. 피더슨 중위는 레클리스가 32km 이상을 이동하며 총 1,590kg의 폭발물을 운반했다고 추산했다. 레클리스는 한 번에 6발의 탄약을 지고 하루 총 144발의 탄약을 실어 날랐다.

콜먼은 나중에 레이섬에게 말했다.

"언덕을 마지막으로 오를 때 레클리스가 해낼 거라고 생각지 못했어요. 첫 번째 오르는 데 실패하고 두 번째 시도해야 했지만 결코 포기하지 않았어요."

딕 커스 대위가 이끄는 제5연대 제2대대 폭스 중대는 1952년 10월, 적에게 빼앗겼던 디트로이트 전초기지를 목표로 급습 작전을 실행했다. 해병대는 그 고지를 점령할 계획은 없었다. 단지 고지에 올라 적군 몇 명을 죽이고, 가능하면 포로를 잡고, 적의 시설물을 파괴한 뒤 철수하는 것이 목적이었다. 작전 결과, 적의 벙커 8개를 파괴하고, 동굴 3개를 소각했으며, 기관총 5정을 파괴하고 1정을 포획하는 등 성공을 거두었다.

켄 레이섬 중사는 작전 중에 멀리 있는 레클리스를 보고는 처음에 무엇을 하는지 파악하지 못했다.

"레클리스는 벙커 속에 있는 것처럼 보였어요. 말의 몸 일부만 보였기에 내가 도대체 뭘 보고 있는 건지 정말 알 수가 없었지요. 그곳에 말이 있을 거라고는 상상도 못 했거든요. 그래서 '대체 내가 뭘 보고 있는 거지?'라고 중얼거렸어요. 그 모습이 정말 섬뜩했어요."

그는 무전기로 상황을 파악하려 했다.

"이 상황이 함정은 아닌지 의심했어요. 등에 많은 폭발물을 싣고 있어서 적군의 말일지도 모른다고 생각했거든요. 마치 자폭 공격용 동물처럼 보였어요. 참으로, 제일 무서운 순간이었어요. 그런데 '그 말은 우리 해병이야'라는 말을 듣고는 얼마나 안심했는지 몰라요. '우리 해병'이라는 말이 무슨 뜻인지는 알 수 없었지만, 말이 우리 편이라는 사실에 크게 안도했어요."

그날 밤, 마지막으로 언덕에서 내려왔을 때 레클리스는 고개를 푹 숙인 채 벙커로 걸어 들어왔다. 콜먼은 레클리스가 너무나 지쳐서 평소 좋아하던 간식에도 관심을 보이지 않는 것을 보고 완전히 기진맥진했음을 알 수 있었다. 피더슨은 그날 밤 레클리스가 가장 좋아하는 음식 중 하나인 따뜻한 밀기울 죽을 가져왔다. 레클리스는 따뜻한 음식 냄새를 맡고 기운을 차렸지만, 그날은 유난히 천천히 먹었다. 피더슨, 레이섬, 그리고 콜먼은 레클리스를 꼼꼼히 빗질해 주고 담요를 덮어주었다. 레클리스는 훌륭한 해병대원이 되어 임무를 완수했으며, 진정한 해병대의 정신을 보여주었다. 그러나 레클리스의 가장 위대한 순간은 아직 오지 않았다.

***

　산과 논이 싱그러운 풀과 다채로운 꽃들로 뒤덮이기 시작하면서 병사들은 드디어 봄이 왔음을 느낄 수 있었다. 레클리스는 식단에 추가된 신선한 풀을 무척 좋아했다.
　탄약이나 보급품을 운반하지 않을 때면 레클리스는 자신의 그림자를 쫓으며 에너지를 발산했다. 지켜보는 관객이 있으면 특유의 걸음걸이를 선보이며 뽐내곤 했다.
　따뜻한 봄날의 기분 좋은 변화와 함께, 미국 본토에서 교대 병력이 들어오면서 많은 친구들과 작별해야 하는 슬픔도 찾아왔다. 작별 인사를 하러 온 많은 대원들 중 멀 상사와 해리 볼린 중사도 있었다. 새로운 친구들도 찾아왔는데, 그중에는 리센비 소대에 합류한 엘머 라이블리 하사가 있었다. 그는 레클리스와 오랫동안 우정을 쌓았다.
　이 무렵, 윌리엄 라일리 주니어 중위가 대전차 중대에 자원했다. 1953년 3월 14일, 라일리는 고향에 있는 연인에게 보낸 편지에 이렇게 썼다.
　"나는 제5연대에 배치되었어.…… 장교 면담이 있었는데, 그중 한 명이 75mm 무반동총 소대에 자원할 사람을 찾는다고 해서 가겠다고 했지. 지금은 대전차 중대의 부중대장으로 임명되었어. (주 저항선에 올라가기까지 5일이 걸리거든.) 현장에서 일을 배우면서 익히고 있어. 다음 주에는 소대장이랑 같이 일하면서 3주 후에 인수

받을 예정이야. 우리 대대는 연대 소속이라 이동이 많을 것 같아. 주저항선에서 문제를 겪고 있는 어떤 소대라도 지원해야 하거든. 대령님은 아주 엄격한 분이라 항상 단정해야 한다고 하더라. 우리 중대장 이름은 샤인인데[그런데 이름 철자는 Schoen(쇤)이라고 쓰더라고], 밀워키 대학이랑 마르케트 대학 출신이래."

피더슨을 만난 라일리는 레클리스에 대해 듣고는 깜짝 놀랐다.

"정말 깜짝 놀랐어. 누구도 미리 레클리스에 대해 말해주지 않았거든. 연대에서 내려올 때는 그냥 평범한 소대라고 생각했는데, 갑자기 피더슨 중위가 나를 말한테 소개하더라고. 그래서 물어봤지. '그 말도 같이 가는 거야?' 그랬더니 피터슨 중위가 말하더라고. '아니, 이제 그 말은 네 거야.'"

나중에 라일리는 레클리스에 대한 이야기를 편지에 써서 집으로 보냈다.

"내가 배치받은 무반동총 소대랑 같이 나가서 병사들을 만나고 산악 지형을 익혔어. 아마도 내가 말했을 텐데, 우리 소대는 미 해병대 제1사단에서 유일하게 말을 갖고 있어. 인수인계하는 소대장이 탄약을 운반하려고 말을 샀다고 하더라고. 이름은…… 레클리스야. 이 이름은 연대에서 75mm 무반동총 소대에게 붙여준 이름이기도 해. 레클리스는 꽤 괜찮은 녀석이야. 그래서 지금 나는 병사 60명이랑 말 한 마리를 책임지고 있어. 우리 소대는 대단히 훌륭한 팀이야. 열정이 넘쳐."

3월이 깊어갈수록 레클리스가 주둔한 지역에서 포격이 점점

심해졌다. 어느 날 오후, 레클리스가 목초지에 있을 때 박격포 세 발이 레클리스 가까이에 떨어졌다. 레클리스는 누구의 지시도 필요 없었다. 스스로 벙커로 몸을 피했다. 레이섬은 이 장면을 목격하고 레클리스가 괜찮은지 확인하러 뛰어갔다. 나중에 그는 피더슨에게 말했다.

"레클리스는 포격이 뭔지 알고, 벙커가 왜 필요한지를 알아요. 박격포가 터지자 레클리스는 서둘러 벙커로 이동하긴 했지만 허둥대며 급히 달리지는 않더라고요."

이렇듯 흥미로운 사건이 자주 일어나지는 않았지만, 레클리스는 일이 없거나 누군가 돌봐주지 않으면 쉽게 지루해하곤 했다.

레클리스 탈영 사건

어느 날 밤, 레클리스가 목초지에서 벗어나 혼자서 떠났다. 친구들을 만나러 기지로 간 것이 아니라, 기지를 벗어나 치열한 전투가 이어지던 주저항선을 향해 걸어갔다. '빅 독' 영('Big Dog' Young) 대위가 이끄는 C 중대원들은 레클리스가 전선으로 들어오자 깜짝 놀랐다. 이내 병사들은 이 지역 영웅을 열렬히 환영하며 편안히 쉴 수 있도록 배려해 주었다.

전선에 레클리스가 있다는 소식이 야전 전화망을 통해 빠르게 퍼졌다. 그런데 레클리스는 거기서 뭘 하고 있었을까? 물론, 전투 식량을 먹고 있었다.

C 중대원들은 무반동총 소대에 그들의 비밀 무기가 왔다는 사실을 알리지 않기로 했다. 레클리스를 잃어버린 그들이 '어쩔 줄 몰라 하는 모습을 지켜보자'는 농담이 오갔다. 하지만 이내 적군이 가장 강력한 포격을 퍼붓는 그날까지 피더슨 중위에게 알리지 않은 것을 후회했다. C 중대원들은 혹시라도 레클리스에게 무슨 일이 생길까 봐 전투보다도 레클리스를 보호하는 데 더 많은 신경을 쓰게 되었다.

벙커가 레클리스가 들어가기에는 너무 작았기 때문에, 레클리스를 참호의 가장 깊은 곳으로 옮겼다. 그런데 C 중대원들은 깜짝 놀랐다. 벙커 안에 들어간 레클리스가 무릎을 꿇고 앉은 것이다. C 중대원들은 방탄복을 벗어 레클리스를 덮어주었지만, 레클리스는 머리를 덮었던 방탄복을 귀찮다는 듯 떨구었다. 포탄 몇 발이 레클리스 가까이에 떨어져 흙과 파편이 튀자, C 중대원들은 레클리스가 자신들의 기지에 있다는 것이 그다지 재미있게 느껴지지 않았다.

날이 밝아지면서 포격이 멈추자, 피더슨 중위는 연락을 받을 수 있었다. 그날 이후로 레클리스는 그런 대담한 모험을 홀로 떠나는 일이 없었다. 레클리스에게는 해야 할 일이 많았다. 1953년 3월 작전 일지에는 레클리스와 레클리스의 소대가 13일 동안 총 18회의 사격 작전에 참여했다고 기록되어 있다. 특히 3월 말, 베가스 전투는 레클리스를 전설로 만들었다.

6장

네바다 전초 전투

베가스 전투, 1953년 3월 26~30일

"레클리스의 고독과 충성심은, 위험 속에서도 빛나는 경이로운
모습이었어요. 고통 속에서도 결연했고, 홀로 외롭게 싸워냈지요.……
그 모습은 평생 잊을 수 없을 겁니다.
레클리스는 나의 머리와 가슴에 영원히 깊이 새겨져 있어요."

―

해럴드 와들리(미 해병대 제1사단 하사)

네바다 전초 전투는 미 해병대 역사상 가장 치열한 전투 중 하나였다. 앤드루 기어 중령은 나중에 "네바다 구역을 둘러싼 전투의 잔혹함은 해병대 역사상 그 유례를 찾아볼 수 없을 만큼 격렬했다"라고 기록했다.

    이 중요한 전투에서 뜨거운 쟁점은 '아이언 트라이앵글(Iron Triangle)', 즉 '철의 삼각지'라고 불리는 전략적 요충지였다. 세 개의 꼭짓점은 각각 베가스(Vegas), 리노(Reno), 카슨(Carson) 전초기지였다. 중공군은 유엔 휴전 회담에서 우위를 점하기 위해 네바다 구역의 탈환을 주요 목표로 세웠다. 그들에게 이곳의 탈환은 유엔군에게 큰 치욕을 안길 뿐 아니라 서울을 위협할 수 있는 발판을 마련할 수 있는 기회였다.

네바다 구역은 적군이 점령한 더 높은 지대에 둘러싸여 있었기에 각 전초기지들은 서로를 측면에서 방어해 주어야만 했다. 리노는 약간 기울어진 삼각형의 꼭대기에 위치해 있었고, 주저항선에서 약 1.6km 북쪽에 있었다. 카슨은 주저항선에서 리노의 남서쪽으로 약 800m 떨어져 있었다. 베가스는 주저항선에서 리노의 남동쪽으로 약 1.2km 떨어져 있었다.

대대장 토니 카푸토 중령은 이 언덕들의 이름을 카지노로 유명한 네바다주 도시에서 따온 연유를 다음과 같이 말했다.

"이 언덕들을 지킬 수 있을지는 도박이었기 때문이야."

카슨과 베가스 사이에는 비교적 작은 지역인 리노가 있었고, 적은 인원의 해병들이 이곳을 지키며 적이 삼각지 안으로 침투하지 못하도록 방어했다. 만약 네바다 구역 가운데 하나라도 함락된다면, 나머지 기지들도 연쇄적으로 함락될 가능성이 높았다. 그렇다면 공산군은 판문점에서 열리는 휴전 회담에서 협상을 철회하거나 지연시킬 수도 있었다.

1953년 3월 26일 목요일, 베가스 전투

그날 아침은 레클리스와 소대원들에게 평범하게 시작되었다. 레클리스에게 예정된 사격 지원 임무는 없었다. 한 달 동안 네바다 구역 주변 전선에서 임무를 수행했던 레클리스는 추운 겨울을 보

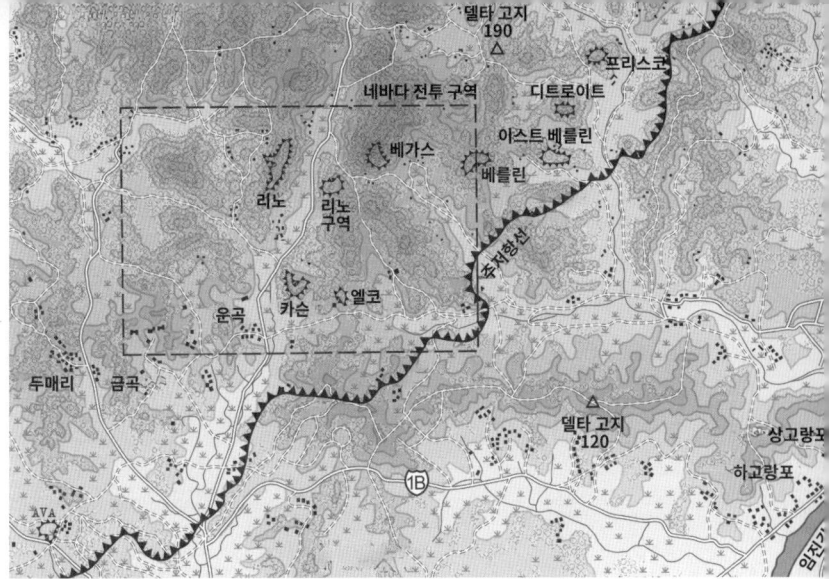

미 해병대 역사상 그 유례를 찾아볼 수 없을 만큼 잔혹한 전쟁이 벌어졌던 네바다 전투 구역

낸 후 한국의 산악 지역에서 온화하고 시원한 봄기운을 만끽하고 있었다. 가끔 비가 내리긴 했지만, 계절의 변화는 쾌적했다.

레클리스는 이런 날씨를 무척 좋아했다. 목초지에 풀도 자라기 시작해서 먹을 것이 충분했다. 레클리스의 세상은 평온해 보였다. 하지만 이 평화는 곧 깨질 것이었다. 레클리스는 자기도 모르게, 한국전쟁의 한 결정적인 전투에서 중심에 서게 될 것이었다.

"그날은 전선에 있는 동안에는 매일 그렇듯 동틀 무렵, 전 병력이 백 퍼센트 경계 태세로 시작했다."

해병대 제5연대 제1대대 찰리 중대의 소대 인솔병이었던 윌리엄 H. 젠슨 하사가 이렇게 기록했다.

그는 리노 전초기지에 주둔 중이었다.

"그날은 평범했고, 별다른 일이 없었다. 방한 장비를 모두 반납한 상태였고, 스웨터나 야전 상의 하나만 입어도 괜찮았다. 그런데 무언가 불길한 기운이 감돌았다."

젠슨 하사는 이 불길함이 3일간 계속된 적의 총격과 박격포 공격 때문이라고 해석했다.

"우리의 전초기지와 전초기지로 가는 지뢰밭 길, 주저항선, 그리고 주요 보급로, 대대와 중대 작전본부로 의심되거나 알려진 모든 곳에 사정없이 탄환이 날아왔다. 그럼에도 우리는 평소대로 준비 태세를 유지했다. 그날 밤과 이후 5일 동안 무슨 일이 일어날지는 전혀 예상할 수 없었다."

뉴저지 윌링보로 출신의 조지 요하네스 하사는 포격을 유도하는 관측병으로, 하우 중대 소속이었다. 그는 동료 두 명과 함께 베가스 전초기지로 올라가 관측병 교대 임무를 수행하려 했다. 그때 그들은 레클리스를 발견했다.

"기지로 올라가기 전에 내가 레클리스의 머리를 쓰다듬어 주었어요."

요하네스는 회상했다.

"그런데 함께 있던 병사가 농담으로 '야, 요하네스, 저거 꽤 괜찮은 소네!'라고 말하며 비웃더라고요. 그래서 내가 말했지요. '올리, 너 농부 출신 아니었어? 눈이 있으면 제대로 좀 봐.' 우리 셋은 크게 웃고는 기지로 올라갔어요."

해병대 폭파병 해럴드 와들리 하사는 앨런 켈리 병장과 밀턴 드러먼드 중위와 함께 리노와 베가스 언덕에서 폭발물을 터트려 부상병들을 위한 동굴 피난처를 마련했다. 곧 베가스 전초기지에서 지옥이 펼쳐질 참이었다.

60년이 지났는데도 와들리는 그날을 생생히 기억했다.

"나는 그때 보급품을 가지러 갔었어요. 지원 병력이 전초기지로 올라올 때 우편물 절반이랑 전투 식량 중 가장 좋은 것, 그러니까 감초로 만든 빨간색과 검은색 젤리 바를 빼놓고 왔거든요. 그래서 '망할, 좋은 건 다 빼놓고 왔구먼' 하고 한숨지었어요. 나는 특정 임무에 배치되지 않은 상태라서, 우리 부대 담당 켄 태프트 중위님에게 가서 빠진 물품을 가져오겠다고 했어요. 중위님이 동의하시고는 주저항선 전투 작전본부에 해병 한 명이 갈 거라고 연락을 넣었어요. 그래서 내가 전투 지역에 없었던 거예요. 중위님에게 보급품을 싣고 바로 돌아오겠다고 말했어요."

와들리는 그 길을 여러 번 다녔지만, 그날 밤은 달랐다.

"마른 하천을 따라 내려가면서 길 양쪽에서 희미하고 낮은 기침 소리를 들었어요."

태프트 중위는 그날 밤 와들리를 안심시키기 위해 해병대 정찰대는 없다고 말했다. 정찰병이 있다면 와들리를 적으로 오인할 수도 있었으니까. 그런데 대체 누가 기침을 하고 있었을까?

"포문 아래쪽의 하천을 벗어나자마자 '해병이 들어간다!'라며 외쳤어요. A4 출입구 쪽에서 내가 올 것을 알고 있었어요. 작전본부로 뛰어가서 길에서 들었던 소리에 대해 보고했어요. 벙커에는 이미 긴장감이 감돌고 있었어요. 이미 알고 있었던 거지요. 청음 초소에서 같은 내용을 보고했거든요. 뒤돌아보니 베가스가 갑자기 크리스마스트리처럼 밝아졌어요! 베가스는 백린탄 연기로 뒤덮였고, 붉고 하얀 뜨거운 파편들이 흩날리는 가운데, 중공군의 흰색과 녹색 조명탄이 아군이 쏜 빨간 조명탄과 뒤섞였어요."

요하네스 하사는 전초기지에서 부상당한 해병을 옮기던 중 상황이 더 심각해졌다고 회상했다.

"총을 쏘면서 내려가야 했어요. 언덕 중턱에 도달했을 때, 벙커에서 6m 떨어진 곳에서 한 중공군이 기관단총을 들고 나타났어요. 나는 카빈 총으로 대여섯 발을 쏘아 그를 바로 쓰러뜨렸어요."

계속해서 적이 사격을 퍼부었다. 그들은 겨우 기지로 내려올 수 있었다. 뒤를 돌아보니 베가스는 와들리가 묘사한 대로 "크리스마스트리처럼 환하게" 빛나고 있었다.

오후 7시가 되자, 베가스, 카슨, 리노에서 동시에 기습 공격이 시작되었다. 적군은 분당 180발의 보병 포탄과 박격포 포탄을 발사하며 해병대 방어선을 집중적으로 공격했다. 이때 미 해병대는 "신호를 기다리는 중이다"라는 적군의 무전 교신을 가로챘다. 10분 후 중공군 병력은 운곡, 애로헤드, 25A고지, 190고지에서 물밀듯이 쏟아져 내려와 세 전초기지를 동시에 공격했다.

한 역사가는 네바다 전초 전투를 이렇게 묘사했다.

"포병, 박격포, 기관총과 정교하게 조율된 중공군 2개 대대 3,500명이 세 전초기지를 방어하는 소수의 미 해병대를 맹렬하게 공격했다."

각 전초기지에는 40~50명의 해병대원만 주둔하고 있었다. 압도적인 적군을 맞닥뜨리면서 각 전초기지는 서로를 지원하기보다는 자신의 방어에 집중할 수밖에 없었다. 적군은 네바다 구역 서쪽에 위치한 올드 볼디, 벙커, 다그마, 헤디, 에스터, 그리고 동쪽에 있는 베를린과 이스트 베를린을 포함해 제1사단이 방어하던, 약 8.9km 전선에 걸쳐 있는 7개 전초기지에 교란 공격을 감행했다.

기어는 나중에 이 전투가 "72시간 동안 이어진 참혹한 피의 절정"이었다고 기록했다.

14000발의 포탄을 뚫고 전진하다

베가스 기지 정상에 총 14,000발의 포탄이 쏟아졌다. 포격이 시작되자, 레이섬은 레클리스가 있는 목초지로 달려갔다. 레클리스는 땀을 흘리며 긴장한 채 벙커에 몸을 숨기고 있었다. 레이섬이 가까이 다가가 살펴보자 레클리스는 기뻐하며 그에게 몸을 비벼댔다. 어둠이 깔리면서 조명탄이 하늘을 밝혔다. 레이섬은 레클리스에게 곡물과 물을 주었지만, 긴박한 전투 상황을 인지한 탓인지 먹지 않았다. 레이섬은 레클리스를 두고 명령을 받으러 갔다.

공격이 시작된 지 40분이 지났을 때 베가스의 해병들은 전초기지를 지키는 유일한 방법이 근접 신관(Variable Time, 목표물 근처에 도달했을 때 자동으로 폭발하도록 설계된 기술)을 장착한 포탄을 사용하는 것이라고 판단했다. 전초기지가 점령당했을 때, 해병들은 동굴과 벙커로 몸을 숨기며 근접 신관 포탄을 요청하기로 했다. 우리 진지 상공에서 폭발한다는 것은 사실상 자폭 행위에 가까웠지만, 대개는 효과적인 수단이었다. 해병들은 전초기지 뒤쪽 경사면에 있는 큰 동굴로 이동해 대기했다.

그때 지상에서 이루어졌던 베가스와의 통신이 모두 끊겼다. 적의 포격으로 전초기지와 대대 작전본부를 연결하는 지상 전화선이 파괴되었기 때문이다. 작전본부는 무전을 통해 연결을 시도했지만, 베가스의 누구와도 연락할 수 없었다. 통신이 두절되면서 전초기지가 적의 손에 넘어갔는지 여부도 명확히 알 수 없었다.

밤 10시 5분, 제5연대 제2대대 도그 중대는 전초기지에서 무슨 일이 일어나고 있는지 알아보기 위해 42명으로 구성된 소대를 보냈다. 하지만 리노 구역에 접근했을 때, 적의 박격포 공격을 받았다. 또한 베가스 기지 정상에 적군이 침투한 걸 목격했다.

이지 중대(Easy Company)에서 추가 소대를 지원받았는데도 진격할 수 없었고, 결국 주저항선으로 후퇴할 수밖에 없었다. 이들은 전초기지에 남아 있는 해병들의 운명을 알지 못한 채 철수해야 했다.

자정 무렵에는 끔찍한 현실이 점차 분명해졌다. 베가스 전초기지에 있던 모든 해병이 사망했거나 포로로 잡혔을 가능성이 높았다. 첫 번째 전투는 적의 승리로 끝난 듯 보였다.

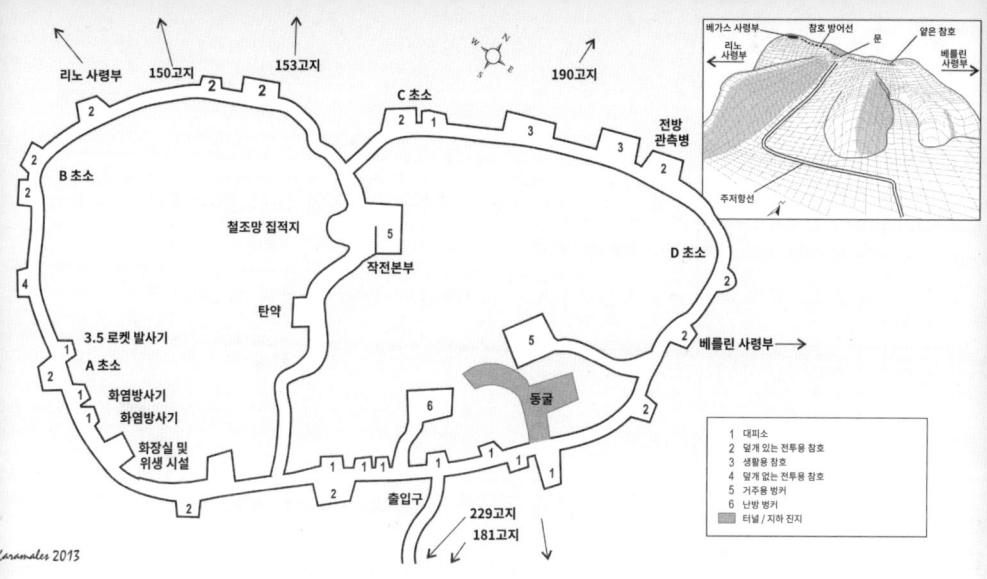

한국전쟁 당시 중공군의 집중 포격을 받았던 베가스 전초기지 사령부, 1953년 3월

1953년 3월 27일 금요일, 고지 탈환 작전

새벽 2시, 월트 대령은 무반동총 소대장 피더슨 중위를 비롯해 대대장들과 참모 장교들을 소집하여 병력을 재편했다. 그는 낮 시간에 리노와 베가스를 탈환하기 위한 협동 공격을 계획했다. 나머지 밤 시간에는 부상자와 전사자를 대피시키고, 카슨 전초기지에서 수비 강화에 집중하기로 했다.

밤새 레이섬 중사와 무반동총 소대원들은 무전으로 상황 보고를 들으며 대기했다. 레이섬과 콜먼은 가끔 레클리스의 상태를 확인하기 위해 자리를 비웠다. 레클리스는 긴장한 상태였지만 대체로 무사했다.

새벽 일찍 작전본부에서 돌아온 제5연대 제2대대 도그 중대의 존 B. 멜빈 대위는 병사들을 이끌고 공격에 나섰다.

"중공군의 공격이 시작되었을 때, 우리는 후방에 배치된 지 불과 2~3일밖에 되지 않았어요. 그런데 바로 다시 돌아와야 했지요. 베가스 기지는 알아볼 수조차 없을 정도로 초토화되어 있었어요."

멜빈은 회고했다.

리노와 베가스 탈환을 위한 반격을 지원하기 위해 해병대 제7연대 제2대대 병력이 추가로 투입되었다. 피더슨 중위는 소대원들에게 반격 전략을 간략히 설명했다. 반격은 그날 아침 9시 30분에 시작될 예정이었다.

날이 밝기 전, 콜먼은 레클리스의 목초지로 갔다. 레클리스는 조금 진정된 상태였다. 적의 포격은 잠시 멈췄다. 곧 재개할 반격에 대비해 탄약을 아끼고 있었기 때문이었다.

콜먼은 레클리스에게 보리를 먹이려 했지만, 입을 조금 댈 뿐이었다. 레클리스가 벙커로 돌아가려 했지만, 그럴 틈이 없었다. 콜먼은 레클리스의 짐에 곡물 자루와 자신의 전투 식량을 묶고 떠날 준비를 했다. 레클리스는 잠시 머뭇거렸지만, 곧 일할 시간임을 깨닫고 천천히 콜먼을 따라 어둠 속으로 걸어갔다.

탄약 보급소로 가는 길은 쉽지 않았다. 콜먼은 방탄복 아래로 땀이 흐르는 것을 느꼈다. 그들은 가파른 언덕을 넘어야 했고, 능선 정상에 도달한 후 반대쪽으로 내려가기 전에 잠시 멈춰야 했다. 콜먼은 말고삐를 짐에 더 단단히 고정시켰다. 내리막길에서는 애를 먹었다. 미끄러지면서 바위에 긁혀 바지가 찢어지고 무릎에 상처가 났다. 레클리스는 네 다리를 사용해 속도를 조절하며 안전하게 언덕 아래까지 도달했다. 거기서 레이섬 중사가 그들을 기다리고 있었다.

레이섬은 레클리스의 짐에 8개의 탄약통을 묶어 무게를 견딜 수 있는지 시험했다.

와들리가 회상했다.

"레클리스는 양쪽에 3개씩, 위쪽에 2개를 실었어요. 무게가 88kg이었어요. 무거운 탄약들을 지고 가파른 산비탈을 오르내려야 했죠."

레이섬이 레클리스의 엉덩이를 살짝 두드리며 격려하자 곧 언덕을 향해 돌진했다. 레이섬과 콜먼은 레클리스를 뒤따랐다. 짐은 무거웠지만, 레클리스는 흔들림 없이 나아갔다.

레이섬은 그때를 회상했다.

"난 레클리스를 무반동총 근처로 데리고 갔어요. 짐 끈이 탄약을 단단히 고정하고 있는지 확인하고, 무반동총이 있는 방향을 가리켰어요. 그때부터 레클리스는 정말 기계처럼 일했어요."

네 다리로 더 빠르게 이동할 수 있었던 레클리스는 레이섬과 콜먼을 기다리지 않고, 혼자 리센비의 120고지 사격 지점으로 걸어갔다. 그 고지는 특히 짐을 가득 실은 말에게는 매우 가파르고 힘든 경사였다.

레클리스는 즉시 자신이 해야 할 일을 깨달았다. 천천히 뛰기 시작하다가 이내 전력 질주를 했다. 언덕을 치고 올라갈 때 탄약통들이 위태롭게 흔들리면 레이섬은 짐 끈이 끊어질까 봐 두려웠다. 레클리스는 45도에 가까운 급경사를 균형을 잡으며 힘겹게 올라 결국 능선 정상에 도달했다. 이후 76m에 달하는 구불구불한 길을 따라 사격 지점까지 무사히 도착했다. 그 어떤 것도 레클리스를 멈추게 할 수 없었다.

"가파른 경사를 그 무거운 등짐과 흔들리는 안장을 메고 뛰어 올라갔다니 믿을 수 없는 일이지요."

와들리는 당시의 상황을 설명하며, 60년이 지난 일인데도 감탄을 감추지 않았다.

"짐을 실은 채 가파른 경사를 뛰어오르는 것은 절대 해서는 안 되는 일이었어요. 그런데도 레클리스가 등에 상처를 입거나 더 심각한 일을 겪지 않은 것은 그야말로 기적이에요. 레클리스는 지구상에서 가장 똑똑하고 믿음직한 말인 게 확실해요."(여기서 말이 입는 '상처'는 마찰로 생기는 통증이나 심각한 쓸림을 뜻한다.)

리센비의 120고지에 위치한 무반동총 바로 아래에 주저항선이 있었다. 그 선의 반대편에는 적의 고지로 이어지는 논과 360m에 이르는 치명적인 지뢰밭이 있었다. 그 선은 매우 구불구불했으며, 아군 부대의 남동쪽에는 베가스와 리노가 자리 잡고 있었다. 리센비의 무반동총은 190고지, 150고지(25A), 그리고 153고지의 적군 진지를 타격할 수 있었다.

처절한 사투를 벌인 레클리스

베가스 전초기지 정상에서는 여전히 적의 움직임이 보이지 않았다. 피더슨 중위는 쌍안경을 통해 목표물을 찾으며 날이 밝아오는 것을 지켜보고 있었다. 탱크들은 능선 뒤로 자리를 잡고 사격을 시작했다. 피더슨 중위는 진격하는 해병대를 연막으로 엄호하라는 명령을 기다리고 있었다. 그 명령은 아군의 포격으로 전달되었다. 적의 190고지를 향해 로켓 144발이 날아갔다.

앤드루 기어는 당시 상황을 이렇게 기록했다.

"로켓 소리가 들리자, 주저항선 구역에 있던 해병들이 북쪽을 주시했다. 190고지 전방 경사면에서 수십 개의 오렌지색 불빛이 반짝이더니 곧 노란 연기와 먼지로 이루어진 버섯구름에 덮여 사라졌다. 몇 초 뒤 천둥 같은 굉음이 울려 퍼졌다."

마침내 전투가 시작되었다.

포격이 시작되었을 때, 레클리스는 탄약을 운반하고 있었다. 처음에는 포병들이 갖고 있는 소량의 탄약으로 공격을 시작했는데, 한 곳에서 5발을 발사한 후 적의 반격을 피하기 위해 곧바로 무반동총을 옮겼다.

그날 레클리스의 이동 경로는 다양했다. 가장 먼 사격 지점까지 640m를 이동했고, 가장 가까운 이동 거리는 탄약 보급소에서 500m 정도였다. 레클리스는 가장 먼 거리를 왕복하는 데 20분, 가까운 거리는 12분 만에 도착했다. 병사들도 각자 세 발의 탄약을 날랐는데,

가파른 지형에서는 금세 지치게 마련이었다. 레클리스는 병사들이 한 번 운반하는 동안 두 번을 오가며 8발씩 나르고 있었다.

오전 11시, 리노 탈환을 일시적으로 중단하고, 모든 병력을 베가스에 집중하기로 결정했다. 20분 후, 해병대 제5연대 제2대대 도그 중대의 멜빈 대위는 베가스로 향하는 공격을 개시했다. 베가스와 그 주변 지역은 연기로 뒤덮였다. 공격 시작 한 시간 만에 첫 번째 소대 42명 중 9명만이 남았지만 그들은 용감하게 베가스 기지를 향해 나아갔다.

피더슨 중위는 적의 화기와 박격포 진지를 타격하기 위해 무반동총으로 정조준하려고 애썼다. 무반동총과 탱크는 관측병의 지시 없이도 사수가 직접 목표물을 볼 수 있는 유일한 무기였다. 피더슨은 무반동총을 병사들 앞에 배치하고 직접 조준할 수 있었다. 목표물은 많았다. 무반동총 탄약이 부족해지자 포병들은 레클리스의 짐에서 곧바로 탄약을 꺼내 장전하기 시작했다. 피더슨은 진격하는 해병대를 지원하기 위해 사격 지점을 전방으로 이동시켰다. 그러자 레클리스의 이동 거리가 더 길어졌다. 새로운 위치가 노출되어 레클리스와 탄약을 나르는 병사들이 적의 공격을 받았다. 적군이 디트로이트와 프리스코 전초기지에서 그들을 향해 사격할 수 있는 위치였다.

어느 순간, 피더슨은 중공군의 대규모 돌격에 직면했지만 발사와 진지 이동을 위한 시간적 여유가 없었다. 그는 적의 목표물이 될 수밖에 없는 상황에서 포대를 유지해야 했다. 하지만 그와 그의 부대는 정확하고 신속한 사격으로 적의 지원 병력이 베가스에 도달하는 것을 저지했다.

레클리스는 높은 언덕을 만날 때마다 전력으로 달려 올랐고, 능선에 도달하면 잠시 숨을 고르고 다시 나아갔다. 병사들에게 탄약을 공급하기 위해 끊임없이 움직였다.

제임스 보빗 상사는 그 상황을 이렇게 설명했다.

"그 작은 흰 얼굴의 암말이 산을 오르며 우리에게 절실히 필요한 탄약을 적의 눈을 피해가며 가져다줄 때, 해병대원들에게 안겨준 사기와 기쁨은 말로 표현하기가 정말 어려웠어요."

21번째 탄약 운반 중, 레클리스와 병사들이 얕은 벙커에서 짐을 내리고 있을 때, 적의 박격포 3발이 근처에 떨어졌다. 박격포에서 터진 백린탄이 불타며 레클리스와 병사들을 휩쓸었다. 병사들은 모두 레클리스를 엄폐했고, 레이섬은 자신의 방탄복을 벗어 레클리스의 눈을 가리고 목을 쓰다듬으며 레클리스를 안정시켰다. 레클리스는 곧 괜찮아졌다. 레이섬이 엉덩이를 살짝 두드리자 레클리스는 얕은 참호에서 다시 뛰어나갔다.

척 배더슨 하사는 가끔 쌍안경으로 레클리스의 움직임을 관찰하곤 했다. 그는 말했다.

"우리가 온갖 지옥 같은 상황을 겪는 동안, 레클리스는 수많은 위험 속에서도 여기저기를 뛰어다니고 있었어요."

레클리스는 탄약 운반을 멈추는 법이 없었다.

매커믹 중위는 이렇게 묘사했다.

"적의 사격은 폭우가 쏟아지는 것 같았어요. 포탄이 사나운 빗줄기처럼 맹렬히 떨어졌죠."

해럴드 와들리는 이렇게 다시 회고했다.

"베가스 전투는 설명이 불가능할 만큼 끔찍했어요. 어떻게 레클리스가 살아남을 수 있었는지, 지금도 믿기지 않아요."

한번은 탄약 보급소로 돌아오는 길에 레이섬이 안전한 장소를 찾아 레클리스의 말안장을 풀어주고 물과 음식을 주었다. 레클리스가 먹는 동안, 레이섬은 꼼꼼히 마사지를 해주었고, 특히 다리와 발굽에 각별한 주의를 기울였다. 30분간 휴식을 취한 후, 레이섬이 말안장에 등짐을 지어주자 레클리스는 주저 없이 다시 전장으로 복귀했다.

레클리스는 하루 종일 한 번에 8발씩 탄약을 나르는 영웅적인 임무를 계속 수행했다. 귀청이 터질 듯한 소음과 눈을 뜰 수도 없는 자욱한 연기 속에서도 흔들림이 없었다.

와들리는 회고했다.

"90mm 전차포가 리노와 베가스를 타격하며 내뿜는 굉음은 온몸을 마비시켰어요. 114mm 로켓포가 연달아 머리 위를 지나가는 소리는 복수를 부르짖는 맹금류의 외침 같았어요. 깜빡이는 불빛 사이로 저 멀리 능선을 바라보았는데, 놀라운 광경이 펼쳐졌어요. 쏟아지는 포화 속에서, 혼돈의 한가운데에서, 레클리스가 고군분투하며 75mm 무반동총 포탄 88kg을 짊어지고 능선을 오르기 위해 안간힘을 쓰는 모습…… 도저히 믿기지 않았어요."

레클리스는 때로는 콜먼과, 때로는 다른 해병들과 함께 이동했지만, 매우 뛰어난 직관력을 가지고 있어서 대부분은 혼자 임무를 수행했다. 병사들은 레클리스에게 탄약을 실어 보내면, 스스로 판단하여 일을 처리한다는 것을 알았다.

와들리는 다음과 같이 말했다.

"레클리스가 가파른 경사를 어떻게 올라가는지 도저히 이해할 수 없었어요. 사방에서 날아드는 포격이 지상을 온통 먼지로 만들어버리는 상황에서도 어떻게 그렇게 나아갈 수 있었는지 이해하기 힘들었어요."

와들리는 계속 덧붙였다.

"나는 오클라호마에서 소와 말을 타며 자랐기 때문에, 내가 가진 최고의 말이라 해도 레클리스가 했던 일을 하지 못했거나, 또 하려고도 하지 않았을 거예요. 그런데 레클리스는 그 모든 일을 혼자 해냈어요! 처음에는 분명 해병들이 앞장서서 레클리스를 이끌어갈 거라고 생각했지만, 조명탄 불빛 속에서 레클리스가 혼자 해내고 있다는 걸 깨달았어요. 레클리스는 머리와 목을 쭉 뻗어 75mm 포탄의 무게 중심을 잡으며 자신이 어디로 가야 하는지 알고 있는 듯 걸어갔어요. 레클리스는 정말 자신의 임무를 알고 있었어요."

와들리는 또한 레클리스가 부상당한 병사들을 전장에서 실어 나르던 모습을 기억했다.

"병사들이 부상당한 동료를 말안장에 묶어주면, 레클리스는 포격과 박격포가 날아드는 포화를 뚫고 친구들을 이송했어요. 아래에서 대기하던 의무병들이 부상자를 내리고 탄약을 다시 말안장에 적재하면, 레클리스는 스스로 방향을 틀어 사격 진지로 향했어요. 레클리스는 쉬지 않고 이동했어요. 조명탄 불빛 아래 비친 레클리스의 모습을 결코 잊을 수 없어요."

어느 한 번의 임무에서는, 레클리스가 전선으로 향하는 네 명의 해병을 보호했다. 그러자 해병들은 보답하듯 자신의 생명을 걸고서라도 레클리스를 포화로부터 보호하기 위해 자신들의 방탄복을 레클리스의 몸에 덮어씌웠다. 레클리스는 "거대한 비늘로 덮인 선사 시대의 흑등 괴물"처럼 보였지만, 그만큼 해병들에게는 소중한 전우였다.

책임감을 가진 놀라운 동물

한번은 탄약을 운반하던 도중, 레클리스가 왼쪽 눈 위에 파편을 맞아 상처를 입었다. 피가 얼굴의 흰색 줄무늬에 흘러내렸지만, 레클리스는 멈추지 않고 계속 나아갔다. 무반동총 구역에 도착하자 피더슨은 레클리스의 상태를 확인한 후 요오드로 상처를 소독하고 다시 임무를 수행하도록 내보냈다.

그날 늦게, 뜨겁고 날카로운 또 다른 파편이 레클리스의 왼쪽 옆구리, 갈비뼈 뒤쪽과 뒷다리 앞쪽을 찔러 두 번째 상처를 입었다. 이번에도 상처를 치료한 뒤 레클리스는 다시 임무에 복귀했다.

베가스 전투 중 동료 해병들이 씌워준 방탄복으로 무장한 레클리스 하사(부츠 레이놀즈의 허가를 받아 재인쇄함. © 2003, Boots Reynolds)

두 번의 상처는 레클리스의 발걸음을 늦추지 못했다.

레클리스의 결연한 모습을 본 앤드루 기어는 다음과 같이 기록했다.

"피로가 레클리스를 압도하면서 긴장감은 사라졌지만, 그들이 레클리스에게 짐을 싣고 내리기만 하면, 멈추지 않고 임무를 수행했다. 더는 논바닥으로부터 솟아오른 언덕을 향해 전력 질주하지는 않고…… 구불구불한 길을 따라 천천히 올라가며 도중에 두세 번씩 쉬어가곤 했다."

그러나 레클리스는 결코 오래 멈추지 않았다. 아무리 지쳐도, 이해할 수 없을 정도로 강한 책임감을 보여주며 계속해서 임무를 수행했다.

레이섬은 레클리스를 세심하게 보살폈다. 자신도 물이 부족했지만 헬멧에 남아 있던 물을 탈진한 레클리스에게 먹여주며 수분을 보충해 주었다. 그는 결국 레클리스의 짐을 줄이기 위해 탄약을 6발로 제한하기로 하고, 20분간 휴식을 주었다. 심지어 자신의 전투 식량에서 레클리스가 가장 좋아하는 간식 중 하나인 초콜릿을 꺼내 레클리스의 원기를 회복해 주었다.

참혹한 피의 전장

해병대 제5연대 제2대대 도그 중대와 이지 중대가 베가스 기지를 탈환하기 위해 영웅적으로 싸웠지만, 첫 시도에서 얻은 성과는 거의 없었다.

멜빈 대위는 적군의 포격을 다음과 같이 묘사했다.

"말 그대로 탄환이 우박처럼 쏟아졌어요.…… 너무 격렬하게 쏟아져서 전진도 후퇴도 할 수 없는 상황이 되었지요. 적군은 가능한 모든 방향에서 박격포를 퍼부었어요. 단지 우리는 다음 번 포탄이 우리 부대원들을 맞히지 않기만을 바랐죠."

적군 포병의 공격과 박격포 포격은 분당 500발, 초당 8발씩 공기를 가르며 아군 병사들을 덮쳤다.

와들리는 그 당시를 회상했다.

"7월 4일을 떠올려보세요. 독립기념일만 되면 격렬하게 타는 불꽃놀이를요. 격전지에서 날아 들어오는 포탄과 적을 향해 쏴대는 포탄의 육중함은 믿을 수 없을 정도였어요. 폭발 이후의 충격파가 우리 몸의 모든 신경을 때렸어요. 사방으로 오가는 포탄들이 공중에서 서로 충돌하는 경우도 많았어요. 그럴 때면 공중 폭발을 일으켰죠. 적의 포탄을 추적해 발사 지점을 타격하는 박격포 레이더 팀이 있었는데, 들어오는 포탄이 너무 많아 화면이 뿌연 안개처럼 보였대요. 모든 게 자신들을 향해 돌진하고 있다는 것 외에는 아무것도 알 수 없었다고 하더라고요."

당시를 생생하게 기억하는 와들리가 이어 말했다.

"포격으로 인한 충격파만으로도 우리는 망치로 얻어맞은 것처럼 온몸이 쑤셨어요. 어마어마한 충격파를 견디며 레클리스가 계속 임무를 수행하는 모습을 보고 믿을 수가 없었지요."

와들리는 레클리스가 굳건히 버텼다고 말했다.

"레클리스가 조명탄 불빛 속에서 혼자 언덕을 올라 포대로 향하는 모습을 아직도 생생히 기억해요. 양쪽에 75mm 탄환을 세 개씩, 그리고 무게 균형을 맞추기 위해 위에 두 개를 더 실은 채 아슬아슬하게 올라갔어요. 멀리서는 레클리스의 상태를 정확히 볼 수 없었지만, 걸음걸이만 봐도 매우 지쳐 있다는 걸 알 수 있었어요."

와들리가 말을 이어갔다.

"나는 말을 많이 타봤기 때문에 지친 말을 알 수 있어요. 레클리스는 분명 지쳐 있었어요. 하지만 힘겨운 짐 더미나 적군이 쏜 포탄의 날카로운 굉음 소리에 대해 불평하지 않았어요. 자신이 해야 할 일을 정확히 알고 있었던 것처럼."

병사들은 레클리스가 매번 출발할 때마다 돌아오지 않을 거라고 생각했다. 하지만 돌아왔고, 그 사실을 믿을 수 없었다. 자신의 의지를 밀어붙여 계속 앞으로 나아가는 레클리스는 해병대원들의 사기를 높여주었다. 레클리스가 살아남았다는 사실 자체가 기적이었다.

와들리가 다시 말을 이었다.

"전쟁 역사상 어떤 말도 레클리스와 비교할 수 없어요. 알렉산더 대왕의 전쟁마 부케팔로스도 사방에서 포격이 쏟아지는 그 언덕을 올라갈 수는 없었을 거예요. 레클리스는 무척 특별했어요. 나는 진심으로 레클리스를 아꼈어요. 레클리스의 고독과 충성심은, 위험 속에서도 빛나는 경이로운 모습이었어요. 고통 속에서도 결연했고, 홀로 외롭게 싸워냈지요…… 그 모습은 평생 잊을 수 없을 겁니다. 레클리스는 나의 머리와 가슴에 영원히 깊이 새겨져 있어요."

60년이 지났는데도 요하네스 하사의 머릿속에는 여전히 특별한 한 장면이 떠오른다.

"제5연대 제2대대가 언덕을 탈환할 준비를 하고 있었어요. 병사들이 베가스를 향해 나아가기 시작했지요. 엄청난 포격이 쏟아지고 있었어요. 나의 임무는 전방에 관측소를 설치해 포탄을 어디로 쏠지 유도하는 것이었어요. 동료 병사 두 명과 함께 행동했지요. 시야를 확보하기 위해 우리는 베가스 정상에 올라가야 했어요. 그때를 기억하면, 안개비가 내리고 있었어요. 정상까지 20~30m 정도를 남기고 내가 위를 올려다봤고, 순간 네 명의 병사가 공중으로 튀어 오르는 걸 봤어요. 모두 무기가 손에 들려 있었는데, 네 다리가 공중에 떠 있는 거예요. 120mm 박격포탄이 그들 한가운데 떨어져 폭발했고, 폭발의 충격으로 그들이 공중으로 튀어 오른 거였어요. 그 자리에 남은 건 아무것도 없었어요. 나는 고개를 돌려 두 동료의 얼굴을 번갈아 쳐다봤어요. 우리의 헬멧, 옷, 얼굴이 모두 피범벅이 되어 있었어요. 우리는 어안이 벙벙했어요. 그때 피 맛을 처음 느꼈어요. 속으로 '붉은 비구나'라고 말했지요. 그날의 짠맛이 아직도 기억나요."

그날 늦게, 제7연대 제2대대의 폭스 중대가 제5연대 제2대대의 도그 중대와 이지 중대를 지원하러 왔다. 덕분에 리틀 베가스 저지대의 참호 일부를 장악하는 데 성공했다.

레클리스와 포병 팀은 매우 효율적으로 임무를 수행했다. 레클리스는 끊임없이 탄약을 공급하며 팀을 완벽히 지원했다. 어둠이 깔리고, 무수한 포격으로 인한 극심한 열기가 라이블리 하사의 무반동총 포신을 녹여버리고 말았다. 결국 무반동총을 사용할 수 없게 되면서 포병 팀은 기지로 복귀해야 했다.

언덕을 내려오던 레클리스는 비틀거리며 완전히 지친 모습을 보였다. 기지로 돌아가는 길에 병사들은 이 전사 말에게 칭찬을 아끼지 않으며 레클리스가 얼마나 훌륭한 해병인지에 대해 이야기했다. 저 위쪽에서는 전투가 계속되고 있었지만, 레클리스와 포병들에게 그날의 임무는 끝났다. 레클리스의 머리는 땅에 닿을 정도로 축 처져 있었고, 걸음은 목초지에 가까워질수록 빨라졌다. 레이섬이 마지막으로 포대 장비를 내려놓자, 레클리스는 큰 한숨을 내쉬었다.

전투를 끝낸 한국 군마는 넉넉히 제공된 곡물을 남김없이 먹고 신선한 물을 게걸스럽게 들이켰다. 레클리스가 먹는 동안, 레이섬과 콜먼은 레클리스를 닦아주었다. 레클리스는 그들이 닦는 것을 끝내기도 전에 꾸벅꾸벅 졸기 시작했다.

레이섬은 레클리스의 막사에 새 짚을 깔아주고, 물을 더 준 뒤 레클리스를 눕게 했다. 관리자인 레이섬이 담요를 살포시 덮어주고 목초지를 살며시 빠져나갈 즈음 레클리스는 이미 깊은 잠에 빠져 있었다.

***

레클리스와 무반동총 소대의 노력 덕분에 베가스의 반대쪽 경사면을 장악할 수 있었다. 중공군은 베가스 전방 경사면을 점령했다. 정상은 어느 쪽도 장악하지 못했다. 제7연대 제2대대의 폭스 중대는 그들이 탈환한 구역을 밤새 지켰고, 나머지 중대는 철수하여 주저항선 기지로 돌아가 재정비에 들어갔다.

공산군 포대는 3월 27일 오후 6시까지 24시간 동안 연합군 진지를 향해 약 41,000발의 포탄을 발사했으며, 그중 약 36,000발이 해병대 방어선을 집중적으로 공격했다.

레이섬이 레클리스를 살펴본 후 피더슨 중위에게 보고하고 다음 날 임무를 부여받았다. 피더슨은 새로운 소식을 전달받았다. 우려가 현실이 된 것이다. 그는 무반동총 소대의 지휘를 내려놓고 전체 대전차 중대를 통솔하라는 명령을 받았다.

레클리스는 무반동총 소대에 남겨져야 했고, 그곳이 레클리스가 가장 필요한 자리였다. 레이섬은 감정이 복잡했다. 피더슨이 떠난다는 사실이 아쉬웠지만, 레클리스가 남는 것에는 안도했다. 피더슨은 또한 라이블리 하사를 위한 새로운 무반동총이 곧 도착할 것이며, 다음 날 새벽 동이 틀 때 전투태세를 갖추고 있어야 한다고 지시했다.

1953년 3월 28일 토요일, 파괴적인 대공습

이른 아침 피더슨 중위는 소대 지휘를 빌 라일리 중위에게 넘겼다. 대전차 중대 작전본부로 가기 전에, 피더슨은 라일리와 함께 레클리스를 찾아가 작별 인사를 나누었다. 공식적으로는 그가 여전히 레클리스의 주인이었지만, 더 이상 레클리스가 자신의 것이 될 수 없음을 알았다.

아직 어두운 새벽, 콜먼이 레클리스의 목초지에 도착했다. 레클리스는 야위어 있었다. 하루 만에 상당한 체중을 잃은 게 분명했다. 콜먼은 레클리스에게 보리 사료를 더 주고, 몸을 닦아준 후 상처 두 군데를 확인했다. 레클리스가 식사를 마친 후, 콜먼이 등에 포대 장비를 얹자 아무 불평 없이 받아들였다. 그러나 출발할 때 레클리스가 뻣뻣하게 걷는 것을 보았다. 몇 시간의 휴식만으로 전투에 복귀한 레클리스는 옆구리의 상처와 피로로 인해 여전히 힘겨워 보였다. 하루 종일 이어진 폭발 충격의 여파가 남아 있는 듯했다.

그들은 탄약 공급소에서 레이섬과 합류했다. 레이섬은 레클리스의 발굽과 다리를 점검한 후, 과로로 절뚝거리기는 하지만 몸이 풀리면 괜찮아질 거라고 판단했다. 그의 말대로 첫 번째 운반을 마칠 때쯤 레클리스는 다시 힘차게 걷기 시작했다.

레클리스는 이제 전투 소음에 익숙해져 있었다. 전장을 뒤흔드는 폭음을 감내한 것이다. 레클리스가 땀을 흘릴 때는 두려움 때문이 아니라 고된 운반 업무 때문이었다.

앤드루 기어는 다음과 같이 기록했다.

"베가스 탈환을 위한 둘째 날 전투에서는 전쟁에서도 결코 경험할 수 없을 것 같은 끔찍한 대포 사격과 폭격이 있었다."

레클리스는 그런 상황을 견뎌냈다.

늦은 아침 23분 동안 제1해병대 항공단이 베가스에 28톤의 폭탄을 투하해 산등성이를 완전히 초토화했다. 폭탄은 분당 1톤 이상 떨어졌다. 놀랍게도 폭탄이 해병대 진지에서 130m 앞에 떨어졌는데 단 한 명도 부상을 입지 않았다. 레클리스는 "폭발의 여파로 몸을 떨었지만, 그것은 신경이 아니라 근육 반응이었다"라고 기록되어 있었다.

그때까지 해병대는 베가스를 재탈환한 후 방어 시설을 유지해야 했기에 공중 폭격을 시도하지 않았다. 하지만 중공군이 베가스 탈환을 허용하지 않을 것이 분명해지자, 작전본부는 베가스에 대규모 폭격을 감행하기로 결정했다.

오후 1시 13분, 이지 중대가 마침내 언덕을 장악했다고 보고했지만, 전투는 여전히 격렬했다. 오후 2시 55분, 베가스 전초기지가 해병대의 손에 완전히 들어왔다.

레클리스와 소대는 언덕을 되찾기 위한 마지막 공세에서 중요한 역할을 했다. 소대는 진격하는 아군 보병 부대 앞의 참호를 직접 사격하는 임무를 수행했다. 레클리스는 소대에 탄약을 공급하는 역할을 맡았다. 이제 해병대는 되찾은 땅을 지켜야 했다.

사상자가 늘어나자 개조된 취사장 막사가 베가스 반대편 경사면에서 유일한 구호소가 되었다. M-1 소총이 혈장 팩을 걸기 위한 기둥으로 사용되었다. 밤 11시가 되자 200명이 넘는 부상병들이 이 임시 병원을 가득 메웠다. 막사 밖에는 시신이 줄지어 놓여 있었다.

때로는 전투의 굉음이 너무 커서 해병들이 서로 대화를 나눌 수도 없었다. 비명을 질러도 아무 소용이 없었다. 그들은 손짓과 메모를 통해 의사소통을 했다.

미 해병대 제1사단 대대 군의관이었던 윌리엄 E. 비븐 박사는 회상했다.

"거대한 천둥 같은 포효가 모든 일상적인 소음을 송두리째 삼

커버렸어요."

비븐이 부상병을 돌보고 있던 새벽 2시, 멜빈 대위가 막사를 찾아와 전투 상황을 전하려 했다. 하지만 폭발음이 너무나 커서 아무도 그의 말을 알아들을 수 없었다.

"멜빈 대위가 막사 반대편 출입구로 들어오며 두 팔을 공중으로 들었어요. 그것은 끊임없는 굉음 속에서 의사소통을 하려는 시도가 완전한 무의미하다는 몸짓이었어요."

결국 멜빈은 빈 종이와 검은 크레용을 찾아 메모를 갈겨썼다. 비븐의 기억에 따르면, 이렇게 쓰여 있었다.

"중공군이 베가스를 우회하고 있음. 우리 쪽 측면으로 접근 중…… 대대 규모의 병력…… 연막을 먼저 치고 있음. 철수 불가능! 걸을 수 있는 부상병들에게 수류탄을 지급하고…… 멀리 난 길로 보내서…… 연막 속으로 수류탄을 던지게 할 것!"

이 메모는 거의 100명에 달하는 부상병의 손에서 손으로 전달되었다.

비븐은 그때의 상황을 회상했다.

"잠시 정적이 흘렀어요. 그러다 자발적으로 모두가 일어나 아무 말 없이 탄약 벨트에 남아 있던 수류탄을 풀었어요. 그들은 일렬로 조심스럽게 움직였어요. 오솔길을 따라 약 50m 정도 걸어가 언덕 끝까지 조용히 이동한 후, 짙은 연막 속으로 몇 미터 들어갔어요. 중공군이 전진하면서 풍기는 강렬한 마늘 냄새가 나는 방향으로 수류탄을 던졌어요."

비븐이 말을 이어갔다.

"한 시간 넘게, 끝없는 병사들의 행렬이 폭탄을 던지러 갔다가 돌아왔어요. 전사자들에게 남아 있던 수류탄은 모두 회수되어 되돌아온 병사들에게 나눠졌어요. 병사들은 다시 연막 가장자리로 가 마지막 항전의 의미로 500개가 넘는 수류탄을 적진에 던졌어요. 이제 남아 있는 수류탄이 없었어요. 우리는 그저 다가올 최후의 순간을 기다릴 뿐이었죠."

하지만 예상했던 최후의 순간은 오지 않았다. 이틀 동안 중공군은 계속해서 반격을 시도했다. 하지만 중공군은 2개 연대, 최소 4,000명의 병력을 잃었다. 더 이상의 사상자를 감당할 수 없게 되자 포격이 잦아들기 시작했다. 연막이 걷히고, 마늘 냄새를 풍기던 중공군의 흔적도 사라졌다.

비븐은 다음과 같이 회상했다.

"그 순간, 모든 병사들이 무릎을 꿇고 주저 없이 눈물을 흘렸어요. 드디어 중공군이 물러난 것이었습니다."

1953년 3월 30일 새벽 2시 30분, 전세가 완전히 역전되었다. 해병대는 밤새 적을 향해 포격을 이어갔고, 그날 오전 11시경 네바다 전초 전투가 마침내 끝났다. 마지막 충돌은 중공군 병사 다섯 명이 항복하는 듯한 모습으로 걸어서 접근해 왔을 때 일어났다. 가까이 온 그들은 갑자기 수류탄을 던지고 무기를 발사했다. 중공군 세 명은 즉시 미군에 의해 사살되었고, 나머지 두 명은 포로로 잡혔으며, 그중 한 명은 곧 사망했다.

퍼플하트 훈장을 받은 말

라일리 중위는 당시의 승리를 다음과 같이 회상했다.

"베가스 전투는 적의 기세를 완전히 꺾어놓았어요. 우리는 레클리스 덕분에 많은 공을 세웠다고 생각해요. 우리한테는 레클리스가 베가스 전투의 영웅이었어요."

군 고위층도 같은 생각이었다. 비록 동물이었지만 레클리스의 희생이 제대로 인정받도록 힘썼다. 레클리스는 전투 중에 입은 두 차례 상처에 대한 공로로 두 개의 퍼플하트 훈장을 받았다.

레클리스는 포신을 녹여버릴 정도로 쉴 새 없이 탄약 공급만 한 것이 아니었다. 전장에서 부상자와 사망자를 후송하는 임무를 수행했을 뿐만 아니라, 함께 이동하는 병사들을 적의 포격으로부터 막아주는 방패막이 되기도 했다.

해럴드 와들리는 베가스 전초기지가 함락된 다음 날, 한 부상병을 해병대 제5연대 제3대대 하우 중대 의료 벙커로 옮긴 사건에 대해 질문을 받았다고 했다.

"오디 중령이 지게 부대였던 한국 노무단 KSC를 주둔지에서 데리고 나와 리노 구역으로 가라고 지시했어요. 그런데 가는 도중 사상자가 너무 많이 발생해서 리노 전초기지까지 올라갈 수가 없었어요. 결국 방어선으로 철수하라는 명령을 받았지요. 다음 날 사망자와 부상자를 하우 중대 작전본부로 후송하던 중 누군가가 부상병을 후송하던 말이 나와 함께 있냐고 물었어요. 나는 '레클리스는 무반동총 소대와 함께 있어. 나는 한국 지게 부대원들만 데리고 있어'라고 답했어요."

1953년 3월 말, 그 끔찍한 며칠 동안 레클리스의 헌신이 얼마나 많은 생명을 구했는지 헤아리는 것은 불가능할 정도다.

와들리는 이를 이렇게 요약했다.

"나는 레클리스가 살아남을 거라고는 생각조차 못 했어요. 레클리스는 결국 죽고 말 거라고 여겼어요. 하지만 살아남았죠. 베가스를 오르내릴 때마다 그 암말의 등에 천사가 타고 있었던 거예요. 그건 분명해요."

단 하루 동안, 레클리스는 여러 사격 지점을 51번 왕복했고, 이 중 95퍼센트는 혼자서 전투 구역을 통과했다. 총 386발의 탄약, 즉 5톤에 달하는 폭발물을 수십 번에 걸쳐 등에 싣고 치열한 전투가 벌어지는 위험한 지형을 오르내렸다.

피더슨의 추정에 따르면, 이날 레클리스는 56km 거리를 이동했고, 논밭과 가파른 산악 지형을 옮겨 다녔으며, 마지막 오르막 경사는 항상 45도 각도였다. 레클리스는 적의 포탄이 분당 500발씩 쏟아지는 '폭발 지옥' 속에서도 무거운 탄약을 안전하게 운반하는 임무를 수행했다. 이와 같은 희생과 용기를 보여준 말은 과거에도 없었고, 이후에도 없다. 레클리스는 미국 해병대의 이름에 진정으로 어울리는 말이었다.

붉게 물든 고지에 스러진 1488명

1953년 4월 4일, 터키 여단이 해병대 대신 투입되고, 해병대 제1사단은 예비대로 전환되었다. 사단 작전 일지에 따르면, 3월 한 달 동안의 사상자는 심각했다. 1,488명이 전사하거나 부상을 입거나 실종되었다. 이 중 네바다 전초 전투에서 70퍼센트에 가까운 1,015명의 사상자를 냈다. 전사자 156명, 부상자 801명(441명은 후송, 360명은 후송되지 않음), 실종자 98명 중 19명은 포로로 잡혔다.

레클리스와 레클리스의 연대는 휴식과 재정비를 위해 임진강 남쪽의 케이시 기지로 이동했다. 이제 밤에만 멀리서 희미하게 포성 소리를 들을 수 있었다. 레클리스는 신선한 풀과 다채로운 꽃이 가득한 새로운 목초지에 머무르는 걸 매우 좋아했다.

라일리 중위는 편지에 전투와 소대 지휘를 맡게 된 이야기를 써서 가족한테 보냈다.

"지난주에 비상 상황이 발생해서 계속 바쁘게 보냈어. 지금은 제5연대가 예비대로 전환되어 전선에서 물러났어."

그는 1953년 4월 5일, 자신의 경험담을 이렇게 썼다.

"일주일 전에 중공군이 제5연대 전선을 공격해서 우리의 전초 기지를 빼앗겼어. 그곳은 주저항선에서 약 1,280m 떨어진 베가스라 불리는 언덕이야. 거길 탈환하는 데 며칠이 걸렸고, 상당한 사상자를 냈어. 어마어마한 탄약을 소모한 끝에 결국 중공군은 퇴각했어. 우리 소대가 가진 75mm 포탄은 여름 내내 사용한 양보다 지난

4일 동안 더 많은 양이 발사되었지. 다행히도 우리 소대에서는 부상자가 적게 나왔어."

라일리는 4월 4일부로 소대가 예비대로 전환되었다고 말하며, "여기서 20일 동안 머문 뒤 다른 연대와 교대할 예정"이라고 덧붙였다.

"이동하면서 겪은 유일한 문제는 레클리스가 트레일러에 타기를 거부한 일이야. 45분이나 살살 달래서 태울 수 있었어. 레클리스는 대격전을 벌이는 동안 가파른 산악으로 많은 탄약을 운반해 주었어. 자신의 사료 값을 충분히 해냈다니까."

라일리는 다음과 같은 맺음말로 편지를 끝냈다.

"내일 우리 소대에서 신규 병력 10명을 받게 되었어. 이제 우리 소대는 대원 64명, 트럭 1대, 지프 2대, 75mm 무반동총 6문, 그리고 말 한 마리를 보유하게 되었어."

그는 나중에 다시 보낸 편지에서 한 가지 사항을 정정했다.

"레클리스와 관련해서, 내가 레클리스를 '그'로 표현한 것은 실수야. '그'가 아니라 '그녀'야."

네바다 전초 전투는 전쟁의 전환점이 되었다. 소규모 교전은 계속되었지만, 무반동총 소대는 베가스 전초기지에서 있었던 치열한 전투를 다시는 경험하지 않았다. 그리고 평화는 불과 4개월 앞으로 다가와 있었고, 1953년 7월 27일 휴전 협정이 체결될 예정이었다.

7장
한국전쟁의 종식

나는 소대장 퀸 중위님에게 물었어요.
"리노와 베가스는 어떻게 되는 겁니까?"
그는 고개를 저으며 말했어요.
"적군에게 넘겨줄 거야."
나는 그대로 진흙땅에 털썩 주저앉아 뜨거운 눈물을 흘렸어요.
거멓게 먼지로 뒤덮인 그의 얼굴에도 눈물이 흘러내리고 있었어요.
피로 물든 그 땅을 우리가 적군에게 돌려주다니!

—

해럴드 와들리(미 해병대 제1사단 하사)

케이시 기지에서 얻은 한가한 시간은 반가운 휴식이었지만, 무반동총 소대에는 다소 씁쓸한 소식이 전해졌다. 에릭 피더슨 중위가 대전차 중대의 지휘권을 이양한다는 것이었다. 빌 라일리 중위는 1953년 4월 12일, 집으로 보낸 편지에서 피더슨이 "3개월 연장 복무를 허락받아 파이퍼 컵(Piper Cub) 경비행기를 타고 공중 정찰 임무를 수행하게 되었다"라고 전했다. 하지만 피더슨은 더 이상 소대 근처에 머물 수 없게 되었다. 그의 자리는 곧 전투에서 뛰어난 리더십으로 동성 훈장을 받게 될 제임스 쉔 대위가 맡았다.

　조셉 레이섬은 다시 한번 모금을 제안하며 레클리스를 피더슨으로부터 구매해 소대에 있게 하자고 했다. 하지만 피더슨은 이 특별한 말과의 관계를 계속 유지하고 싶어 전액이 아닌 일부 금액만

수락했고, 결국 레클리스는 일종의 임대 형식으로 소대에 남게 되었다.

피더슨은 이 문제에 있어 돈이나 투자, 혹은 특별한 전쟁 영웅과 관련된 명예가 중요한 것이 아니었다. 사실 그는 오랫동안 전쟁이 끝나면 레클리스가 버려질까 걱정해 왔다. 그의 마음 한구석에는 언젠가 때가 되면 레클리스를 미국으로 데려가 제대로 돌볼 수 있기를 바랐다.

빌 라일리 중위는 피더슨을 목초지로 데려가, 전투에서 단련된 네 발 달린 해병대원에게 작별 인사를 할 수 있게 했다. 레클리스는 피더슨을 보자마자 먹던 것을 멈추고 울타리 쪽으로 다가왔다. 피더슨은 조심스럽게 레클리스의 목과 등을 쓰다듬었다. 레클리스는 무언가 달라진 분위기를 느낀 듯 그의 얼굴에 코를 비볐다. 피더슨은 라일리를 돌아보았다.

라일리는 회상했다.

"피더슨이 내게 레클리스를 잘 돌봐달라고 당부했어요. 내가 말했지요. '걱정 마, 피더슨 중위. 레클리스는 우리가 잘 돌보게.'"

라일리와 함께 지프차를 타고 떠나면서 피더슨은 뒤를 돌아보지 않았다.

몇 주 전의 위대한 활약 덕분에, 레클리스는 이제 케이시 기지의 영웅으로 주목을 받았다. 기자들은 레클리스의 사진을 찍으며, 병사들에게 이 유명한 동료에 대한 질문을 퍼부었다. 레클리스를 방문한 사람들 중에는 해병대 제1사단 사령관인 에드윈 폴록 소장을 포함해 해병대의 최고위급 장교들도 있었다.

휴식과 규칙적인 식사 덕분에 레클리스는 예전의 장난기 넘치는 성격을 되찾았다. 레클리스는 새로운 팬들을 위해 달리기, 점프하기, 그리고 신설동 경마장 시절의 그 유쾌한 걸음걸이를 선보이곤 했다. 심지어 레이섬을 골탕 먹이려고 그를 향해 달려드는 장난을 즐겼다. 몇 번의 아찔한 순간을 겪은 후, 라일리는 레클리스의 표적이 된 레이섬에게 농담 섞인 경고를 던졌다.

"언젠가 레클리스가 실수하면, 우리가 새로운 포병 중사를 찾아야 할지도 모르겠어."

레클리스는 주목받는 것을 좋아했지만, 여전히 해야 할 일들이 있었다. 병사들은 레클리스를 사랑하고 존중했지만, 레클리스는 일반 해병들과는 다른 문제를 안고 있었다.

레클리스는 더 많은 식량이 필요했을 뿐만 아니라, 라일리가 집으로 보낸 편지에는 이렇게 언급되었다.

"우리가 이동할 때마다 늘 같은 문제에 부딪혀. 말을 어떻게 옮길 것인가? 지금도 대원들이 레클리스를 지프차 트레일러에 태우려 하고 있지만, 진흙탕과 비 때문에 죽을 고생을 하고 있어."

레클리스, 해군 함장의 속을 뒤집어놓다

연대는 1953년 5월 8일부터 10일간 상륙 작전 훈련이 예정되어 있었다. 라일리 중위는 훈련을 위해 소대를 조직했는데, 해병대에서는 이를 '렉스 원(LEX I)'이라고 불렀다. 그는 이렇게 말했다.

"필요 물품에 '말 한 마리, 키 몇 센티미터, 트레일러 하나'를 기재했는데, 그때 재미있자고 그랬어요. 그런데 다들 그게 멋지다고 생각했는지, 결국 말을 데려가기로 결정했어요."

출발 직전인 1953년 5월 7일, 라일리는 상륙 작전 훈련에 대해 다음과 같이 편지에 담았다.

"우리 부대는 새벽 1시경 기차를 타고, 오전 10시쯤 항구에 도착할 예정이야. 배를 타고 남한 어딘가에서 상륙 작전 훈련을 할 거야. 열흘 정도 자리를 비울 거 같아. 말도 데려가는데, 그 말 때문에 여러 문제가 생겼어. 이번 훈련은 판문점 협상이 실패했을 경우를 대비하는 연습이야. 안전한 해안에서 진행될 거야."

필요 물품 목록은 해군으로 전달되었다. 대대 작전 계획에 따르면, 레클리스는 'USS LST-1084호'에 탑승하게 되어 있었다. 이 배는 탱크를 운반하는 일명 '상륙함'으로, 바다를 항해하는 평판 트럭이라고 할 수 있다. 소대원들은 'USS 탈라디가 APA-208호'에 탑승했다. 작전 목표는 '말렉스 해안에 상륙해 내륙으로 진격, 주요 해안선을 확보하고 상륙 지원 부대를 보호, 적군의 상륙을 저지하는 것'이었다.

제임스 쉔 대위와 먼로 콜먼, 이글 트레이더 일병이 레클리스를 트레일러에 태워 약 88km 떨어진 인천까지 이동했다. 나머지 소대원들은 기차로 이동했다. 레이섬은 레클리스의 발굽을 다듬을

대장장이를 찾기 위해 기지에 남았다.

라일리는 집으로 보낸 편지에 이렇게 썼다.

"우리는 레클리스를 대장간에 데려가 발굽에 편자를 박으려 했어. 그런데 레클리스의 생각은 달랐던 모양이야. 대장간을 부수고 마을의 대장장이를 쓰러뜨렸지. 결국 레클리스는 '허약한 발굽'을 가지고 여정을 떠나게 되었어. 말과 함께 사진 몇 장을 찍었는데, 현상이 되면 보내줄게. 내 얼굴을 잊었을까 봐…… 누가 말인지 표시해서 보낼게."

해군 적재 담당관은 물품 목록을 검토하던 중 "말 한 마리와 장비, 이틀 치 식량, 전체 무게 385kg"이라는 내용을 보고 놀랐다. 그는 해병들이 장난으로 맥주나 지급되지 않은 음식을 몰래 가져오려는 수작으로 의심했다. 다른 항목들은 모두 합당해 보였지만, 말 항목은 수상쩍었다.

정말 말이 실린다면 문제가 될 것이었다. 이 배는 2년 연속으로 7함대에서 가장 깨끗한 함선으로 선정되었기 때문이다. 말이 타면 배의 명성에 흠집을 낼 수 있다고 생각했다. 적재 담당관은 해병대가 장난을 치는 거라고 판단했다.

콜먼이 트레일러에서 레클리스를 내리자, 새로 도착한 육군 병사들이 이를 지켜보며 이 말의 정체나 공적을 모른 채 소리쳤다.

"안녕, 맨오워네."

"아니야, 그건 시비스킷이야."

"저건 걸어 다니는 개고기 통조림 같은데, 해병들은 어디서 저

레클리스가 상륙 작전 훈련에 앞서 배에 오를 준비를 하며 육군 교대 병사들 앞에서 행진하고 있다.(J. R. 월컷 제공)

런 말을 구했어?"

레클리스와 동료 해병대원들은 그런 어리석은 조롱들을 무시했다.

먼로 콜먼이 레클리스를 데리고 상륙함의 승선 경사로를 오르자 레클리스의 등장에 소란이 일었다. 특히 함장이 크게 당황했다. 연대의 부연대장이자, 피더슨이 세 번째 부상을 당한 이후에 제1대대장이 된 에드 휠러 중령이 회상했다.

"레클리스와 일행이 상륙함으로 다가가자 배 앞쪽에서 큰 소리로 정지 명령이 내려졌던 걸로 기억해요. 정지를 명한 사람은 해군 함장이었어요. 그는 깨끗한 탱크 갑판에 가축을 실어야 한다는 사실에 크게 당황했어요. 그런데 해병들이 그가 이미 승인한 적재 계획서를 내밀었고, 거기에는 '말 한 마리와 부속품 포함'이 명확히 기재되어 있었죠. 그때부터 이 장교는 자신이 서명하는 모든 적재 목록의 세부 사항까지 꼼꼼히 읽는 사람이 되었을 겁니다."

마침내 배에 오른 후, 콜먼은 레클리스에게 이틀 치 식량과 탱크 사이에 간이 마구간을 마련해 주었다. 나머지 식량은 상륙 후 다른 배에 실린 트럭을 통해 전달받을 예정이었다.

상륙 작전 훈련은 서해에 있는 군산 공군기지에서 남서쪽으로 약 54km 떨어진 용정리 해안(일명 '레드 비치')에 상륙한 뒤 모의 전투가 진행될 예정이었으며, 몇 천 미터를 전진한 후 그 전투에서 철수해 배로 다시 탑승하는 일정이었다.

항해 초반, 배는 악천후를 만났다. 탱크에서 나는 휘발유 냄새와 배의 흔들림이 레클리스의 속을 메슥거리게 만들었다. 콜먼은 배의 군의관을 찾아가 멀미약을 요청했지만, 군의관은 콜먼이 제정신이 아니라고 생각하고 거절했다. 상황은 더 악화되었다. 날씨 때문에 계획이 변경되어 보병만 상륙하게 되었고, 레클리스와 탱크는 배에 남아 있어야 했다.

1953년 5월, 제5연대 제2대대 작전 일지에 따르면, 13일 오전에 "렉스 원 작전에 참여한 대대원들이 계획된 상륙을 성공적으로 마치고, 목표를 달성한 뒤 참호를 파고 그곳에서 밤을 보냈다"라고 기록되어 있다.(공교롭게도 같은 날 오후 2시 7분, 나중에 레클리스의 전기 작가가 될 앤드루 기어 중령이 제5연대 제2대대의 지휘를 맡게 되었다.)

레클리스가 상륙 작전 중에 배에 남겨져 있었기 때문에, 사료를 실은 트럭과 해변에서 합류할 수 없었다. 가져온 식량은 이미 다 먹어버렸고, 인천으로 돌아가려면 4일을 기다려야 했다.

해병대 탱크 지휘관 윌리엄 크로스 중위는 레클리스를 먹일 통밀 시리얼, 옥수수 가루, 심지어 베이컨과 달걀이라도 구해달라고 요청했지만 거절당했다. 결국 베가스 전초기지의 영웅에게 줄 수 있는 음식은 오트밀과 양배추뿐이었다.

그다음에 벌어진 일은 비협조적이었던 해군들에게 당연한 결과였다. 양배추는 레클리스에게 배탈을 일으켜 배 안을 더럽혔다.

상륙함 지휘관 존 코프만 대위는 다음과 같이 불평했다.

"우리 배는 2년 연속으로 함대에서 가장 깨끗한 함선으로 선정되었는데, 레클리스가 그 명성을 끝내버릴 거라는 사실이 확실해졌네요."

레클리스는 탱크 갑판에 배탈의 흔적을 남겼을 뿐만 아니라 체중도 줄어들고 있었다. 코프만은 결국 해병대 지휘관에게 비꼬듯 전문을 보냈다.

"레클리스의 식량이 떨어졌답니다. 우리가 레클리스를 먹기 전에 레클리스가 우리를 먹어 치울지도 모릅니다."

마침내 하워드 리치 병장이 구원군처럼 보리와 건초를 작은 배에 잔뜩 싣고 와서 레클리스의 굶주림을 해결해 주었다.

이후 항해는 무사히 마무리되었지만, 해군은 다시는 레클리스를 다른 항해에 초대하지 않았다.

기지로 돌아온 라일리는 훈련에 대해 설명하는 편지를 써서 연인에게 보냈다.

"방금 서해에서 열흘간의 항해를 마치고 돌아왔어. 병사들에게는 좋은 경험이었어. 좋은 음식과 충분한 수면을 취했거든. (물론, 상륙 작전 훈련으로 한국의 언덕을 뛰어다니고 마을을 지나야 했던 사흘을 제외하고.) 조류가 너무 거세서 육중한 차량은 상륙시킬 수 없었기 때문에, 우리 말 '레클리스'도 해변에 내리지 못했어. 레클리스는 열흘을 상륙함에서 지내야 했어. 이번 여정이 전혀 마음에 들지 않았던 것 같아."

케이시 기지로 돌아온 레클리스는 새로 보살펴줄 사람을 만났다. 그는 레이섬 중사가 돌보던 한국인 고아 지미 리였다. 그는 레클리스와 금방 친해져서 봄 내내 레클리스의 곁을 지키는 동반자가 되었다.

미국 최강의 경주마에 도전장을 내다

무반동총 소대원들은 레클리스가 경주마 출신이라는 배경을 잊지 않았다.

라일리가 회상했다.

"우리는 미국의 전설적인 경주마 '네이티브 댄서'에 도전장을 냈어요. 네이티브 댄서는 당시 가장 유명한 말이었잖아요."

라일리는 집으로 보낸 편지에 소대의 홍보 전략에 대해 흥분된 어조로 썼다.

"이 편지를 받을 때쯤이면, 우리 말 레클리스가 미국 신문과 몇몇 TV 프로그램에 나올 거야. 어제는 부대 홍보 담당관이 와서 레클리스, 75mm 무반동총, 그리고 소대원 몇 명의 사진을 찍었어. 오늘은 NBC 방송 진행자가 와서 레클리스, 75mm 무반동총, 그리고 두 분대의 사진을 찍어 갔어. 이보다 더 좋은 홍보 방법이 있을까? 우리 부대는 켄터키 더비 우승마와 레클리스를 대결시키는 도전을 제안했어. 단, 경주는 한국에서 개최하고, 켄터키 더비 우승마도 탄약을 등에 실어야 한다는 조건이야. 그들이 레클리스와 '논두렁 경마 대회(The Paddy Derby)'라는 팻말을 촬영해 갔어. 이 편지가 도착할 즈음엔 '데이브 개로웨이 쇼(The Dave Garroway Show)'나 '존 캐머런 스웨이지 TV 쇼(John Cameron Swayze TV Show)'에 우리의 말이 소개될 거야."

해병대원들이 레클리스의 상대를 켄터키 더비 우승마 '다크 스타'에서 미국의 전설적인 경주마 '네이티브 댄서'로 바꾼 이유는 명확하지 않다. 하지만 1953년 6월 9일, 미국 국방신문 도쿄판 〈스타스 앤 스트라이프스(Stars & Stripes)〉는 '악몽 준비 완료: 미 해병대 암말, 댄서에게 도전'이라는 제목으로, 레클리스와 경주마 네이티브 댄서가 '논두렁 경마 대회'에서 대결한다는 뉴스를 전했다. 미국에서는 플로리다 지역 신문이 이 이야기를 다루며 '미친 해병대의 암말, 네이티브 댄서에게 도전'이라고 썼다.

레클리스와 함께한 다양한 사진들. 조셉 레이섬과 한국 소년 지미 리는 함께 레클리스를 돌보았다. 조셉 레이섬은 한국인 고아였던 지미 리를 지원하고 보살펴주었다.(낸시 레이섬 파킨 사진 제공)

레이섬과 라일리는 네이티브 댄서의 소유주인 앨프리드 밴더빌트에게 경주 조건을 담은 편지를 보냈다.

"우리는 두 가지 조건을 제시합니다. 레클리스는 매우 바쁜 말이기 때문에 네이티브 댄서가 한국으로 와야 하고, 탄약을 짊어지고 달리는 조건에 동의해야 합니다."

경주마 대회는 언덕과 논밭으로 이루어진 '굴곡 경기장(Upsan Downs, 영국의 유명한 경기장 Epsom Downs를 유머러스하게 표현한 용어)' 2.4km 코스를 달리는 것이었다. 경기 조건은 기수는 없고 75mm 탄약 4발, 총 44kg을 등에 지어야 한다는 것. 결승선에서 기다리는 무반동총 소대에 먼저 도달한 말이 우승마로 선정되는 것이었다. 레이섬이 경기 결과를 예측했다.

"레클리스를 다크호스라고 불러야 할 거예요. 어쩌면 '악몽의 말(nightmare)'이라고 할 수 있겠네요. 레클리스는 대부분 밤에 작전을 수행했으니까요."

상금은 무려 2만 5천 달러였다. 현재 금액으로 환산하면 약 29만 달러에 해당한다. 해병대 제1사단의 모든 대원이 1달러씩 기부해 상금을 마련할 예정이었다. 해병대원들은 레클리스의 우승을 확신했기 때문에 상금을 3~4배 정도는 쉽게 모을 수 있을 것이라고 추정했다.

하지만 그럴 필요가 없었다. 그들의 대담한 도전은 아무런 응답을 받지 못했다. 밴더빌트는 아무런 답도 안 했다. 네이티브 댄서는 5월 2일 켄터키 더비에서 25대 1의 배당률로 출전한 다크 스타

한국전쟁 당시 레클리스와 우정을 나눴던 미 해병대원들. 미 해병대는 미국의 전설적인 경주마 '네이티브 댄서'에게 레클리스와 경주 대회를 개최하자고 제안했다. 대회 이름은 '논두렁 경마 대회'로 포탄 약 44kg을 등에 지고 논과 언덕을 오르내리며 2.4km를 달리는 조건이었다. 네이티브 댄서 측에서는 응답을 주지 않았다.
사진 위 왼쪽부터 윌리엄 라일리 중위와 레클리스, 레이섬 중사, 미첼 의무병, 존 리센비 중사. 사진 아래 왼쪽부터 에드워드 A. 쿠자와, 조 고든 일병, 빌리 R. 존스 일병, 엘머 라이블리 하사, 먼로 콜먼 일병, 케네스 H. 슈마허 병장, 호세 B. 코르도바 일병, 부커 T. 크루 일병.
(버지니아주 콴티코 미 해병대 역사부 사진 제공)

에게 패배를 하고 말았다. 그가 출전한 22경기 중 유일한 패배였다. 프리크니스 경주 대회에서는 반격에 성공하여 우승했고, 미국 3대 경주마 대회 중 마지막 경기인 벨몬트 스테이크스 대회에 출전할 예정이었다.

　실망한 해병대원들은 네이티브 댄서가 벨몬트와 사라토가에서 열린 전통적인 트래버스 스테이크스 대회에서 우승한 이후에도 레클리스가 더 빠를 거라고 확신했다. 그해 연말, 서러브레드 경마협회는 네이티브 댄서를 1953년 3세 수말 부문 미국 챔피언으로 선정했다.

> * 트래버스 스테이크스 대회는 1864년에 시작된 미국의 권위 있는 경마 대회로, 3세가 된 경주마들이 참가한다. —옮긴이

* * *

에드윈 폴록 소장이 한국에서 임무를 마치고 본국으로 돌아가자, 그의 후임으로 랜돌프 맥콜 페이트 소장이 부임했다. 그는 나중에 해병대 제21대 사령관이 될 인물로, 레클리스를 가장 사랑했던 사람 중 한 명이었다.

페이트 소장은 레클리스와의 첫 만남을 이렇게 기록했다.

"나는 레클리스의 아름다움과 지능에 감탄했다. 이렇게 말하면 사람들이 믿기 어려울지도 모르지만, 레클리스에게는 해병대 정신이 있었다. 다른 해병들과 함께 맥주를 즐기기까지 했다. 레클리스는 부대에서 항상 관심을 독차지하고 있었고, 레클리스 스스로도 자신이 중요한 존재라는 걸 충분히 알고 있었다. 만약 관심을 받지 못한다고 느끼면, 일부러 해병들 무리 속으로 걸어 들어가, 대화에 참여하는 듯 행동했다. 해병대원들은 진정 레클리스를 사랑했다."

폴록 소장은 부대를 떠나기 전, 레클리스의 상태를 마지막으로 점검했다. 그는 형편없는 편자를 보고는 경악했다. 라일리 중위는 레이섬이 잘 해결할 거라며 그를 안심시켰다. 라일리는 장군에게 말하길, 레클리스가 지금까지 편자공들과의 인연이 좋지 않았으며,

레이섬과 레클리스가 함께한 모습들(샌디에이고 해병대 신병훈련소 지휘박물관 & 메리 앨리스 게어디스 사진 제공)

다음 날 레이섬이 서울의 경마장으로 레클리스를 데려가서 편자를 살펴줄 실력 있는 편자공을 만날 것이라고 전했다.

서울로의 여정은 뜻깊었다.

레이섬과 지미 리는 레클리스를 트레일러에 태우고 신설동 경마장으로 향했다. 레이섬은 도착한 레클리스가 흥분하는 것을 느꼈다. 레이섬은 레클리스의 한국인 주인이었던 혁문에 대해 전혀 몰랐지만, 경마장에 있던 모든 사람들은 혁문의 씩씩한 암말을 기억하고 있었다.

혁문의 외팔이 친구인 창주가 인파 속에서 나와 인사하자 레클리스는 그를 알아보고는 반가운 기색을 보였다.

레이섬이 서울에 온 이유를 설명했다. 창주는 레클리스의 목을 감싸고는 무리 속에 있는 한 한국인 청년에게 무어라고 소리쳤고, 청년은 마구간 뒤쪽으로 사라졌다.

창주는 레이섬에게 돌아와 "나는 아침해를 오래전부터 알고 지냈어요"라고 말했다. 레이섬은 아침해라는 레클리스의 한국 이름을 처음 들었다.

창주는 레클리스를 옛 마구간으로 안내했고, 또 다른 한국인 청년이 레클리스한테로 달려왔다. 청년은 다름 아닌 혁문이었다. 자신이 '아침해'라고 불렀던 사랑하는 말과 재회하는 순간이었다. 레클리스가 혁문의 가슴에 코를 부비자 혁문은 감격에 겨워 레클리스의 목을 끌어안았다.

레이섬은 혁문이 누구인지 전혀 몰랐기에 그저 편자공이라고 생각했다. 혁문이 레클리스를 잘 돌보고 있었기에 레이섬은 지미와 함께 음식을 먹고 비행기를 구경하러 갔다.

혁문이 오랜 친구와 다시 만난 순간에 느꼈을 감정을 상상해 볼 수밖에 없다. 그는 레클리스를 정성껏 돌보며 편자를 새로 고쳐 주었고, 빗질하고 마사지하며 밤마다 했던 것처럼 레클리스를 돌보았다. 혁문은 가능한 한 오랜 시간을 레클리스와 함께 있고 싶었지만, 레이섬과 지미가 마구간으로 돌아오기 전에 조용히 자리를 떠났다.

레이섬은 완벽하게 수리된 편자를 보았다. 레이섬이 감사 인사를 전하려고 했지만, 혁문은 이미 사라지고 없었다. 레이섬은 창주에게 비용을 지불하고, 레클리스를 트레일러에 태워 기지로 돌아왔다.

이것이 아름다운 아침해를 본 혁문의 마지막 순간이었다.

한국전쟁에서 철수하다

여름이 시작될 무렵, 해병대는 다시 전투에 투입되었다. 레클리스는 처음 군 생활을 시작했던 지역에서 가까운 장단군 근처에서 복무하게 되었다. 해병대는 어금니 언덕에서 무반동총으로 무장하고 헤디 전초기지를 지원하는 임무를 맡았다. 중공군이 참호를 확장하지 못하게 저지하는 임무였다. 레클리스는 전선을 돌아다니며 화력 지원 임무를 수행하느라 바쁘게 지냈고, 7월의 어느 날 전쟁이 끝났다.

1953년 7월 27일 월요일 오전 10시 1분, 유엔군 대표 윌리엄 K. 해리슨 중장과 북한 대표 남일 장군이 정전 협정 문서 18부 중 첫 번째 문서에 서명했다. 잔혹했던 전쟁은 허무하게 끝났다. 유엔은 한국전쟁을 '경찰 작전'이라 일컬으며 전쟁의 실체를 축소하려 했다. 하지만 이 참혹한 전쟁은 미국군 약 3만 7천 명의 목숨을 앗아갔고, 부상자는 그 두 배가 넘었으며, 전쟁으로 인한 전체 사망자는 300만 명 이상으로 추산된다. 정전 협정은 '휴전'일 뿐이었으며, 이는 오늘날까지 유효하다. 한국전쟁을 공식적으로 끝내는 평화 조약은 지금까지도 체결되지 않았다. 같은 날 밤 10시, 주저항선을 지키던 해병대원들은 조명탄을 발사하며 휴전을 기념했다. 일종의 전시 불꽃놀이는 휴전을 준수하겠다는 메시지를 전달하기 위한 실용적인 목적도 있었다.

해럴드 와들리가 당시를 회상했다.

"1953년 7월 27일 22시에 다그마 전초기지에 있었어요. 하늘에 조명탄이 발사되었는데, 세상에…… 우리의 포병과 적군의 포병 모두가 몹시도 요란하게 쏘아대고 있었어요. 참호에 숨어 있던 우리들은 무슨 일이 벌어지고 있는지 알 길이 없었죠. 우리는 전투가 계속되고 있는 줄 알았어요. 나중에 그 이유를 알게 되었지만요. 양측 모두 남은 탄약을 짊어지지 않으려고 몽땅 쏘아버렸던 거였어요. 우리가 그 한가운데에서 그걸 지켜보고 있었는데, 정말 굉장한 광경이었어요."

와들리는 이어서 말했다.

"우리는 무기를 정리하고 철수하라는 명령을 받았어요. 퀸 중위님과 나는 '이 지옥 같은 곳을 다시 지나가라고? 주저항선까지 700~800m나 되는데 말이야?' 이런 말을 주고받았어요. 그는 무전을 못 들은 척했어요. 우리는 혹시 모를 함정일까 봐 기다렸지요. 그다음 날, 우리는 또 철수 명령을 받았어요. 그래도 또다시 '낮에 그곳을 지나갈 수는 없어'라고 했지요. 중공군이 사방에 있었고, 너무 많아서 셀 수조차 없었거든요. 그래서 '우리는 돌아가지 않을 거야' 하며 버텼어요."

와들리는 당시의 혼란스러운 상황을 전했다.

"하지만 결국 퀸 중위님은 무전을 쳐서 응답했지요. 무전 장애가 있었지만 즉시 주저항선으로 이동해야 한다는 명령은 알아들었다고 말했어요. 그는 어두워진 후에 출발할 것이라고 전했습니다. 상부에서는 우리에게 실탄을 장전하지 말라는 명령을 내렸어요. 하지만 우리는 실탄을 장전했지요."

와들리는 당시의 심정을 떠올렸다.

"정말 끔찍했어요. 베가스, 카슨, 리노 고지가 저 너머로 보이는데, 맙소사…… 나는 소대장 퀸 중위님에게 물었어요. '리노와 베가스는 어떻게 되는 겁니까?' 그는 고개를 저으며 말했어요. '적군에게 넘겨줄 거야.' 나는 그대로 진흙땅에 털썩 주저앉아 뜨거운 눈물을 흘렸어요. 내 어깨에 큰 손의 무게가 느껴져서 고개를 들어보니 퀸 중위님이었어요. 거멓게 먼지로 뒤덮인 그의 얼굴에도 눈물이 흘러내리고 있었어요. 피로 물든 그 땅을 우리가 적군에게 돌려주다니! 나는 매년 7월 27일이 되면 밖으로 나가 북서쪽을 향해 총 한 발을 쏩니다."

모두가 전쟁이 끝나기를 바라던 순간, 어두운 한국의 언덕들이 불꽃과 소음으로 뒤덮였다. 그리고 이내 언덕은 고요해졌다. 바다에서는 미 군함들이 북한의 차가운 회색 바다에서 물러났고, 육지에서는 비행기들이 들판에 조용히 멈춰 서 있었다.

휴전이 현실이 되자, 미군 병사들은 축하 분위기에 휩싸였다. 그날 밤, 레클리스는 해병대원들과 함께 파티를 즐겼다. 무반동총 소대원들뿐 아니라 다른 부대원들과도 함께했다.

제5연대 대전차 중대의 사수 돈 멘지스 일병은 이렇게 회상했다.

"우리가 모두 모였을 때는 마치 가족 상봉 같았어요. 전선을 따라 각기 다른 소대와 중대로 흩어져 배치되어 있었는데도……."

멘지스가 레클리스를 떠올리며 말했다.

"정전 협정이 공포되던 날, 레클리스는 다른 병사들과 함께 맥주에 취했어요. 레클리스는 기지에서 비틀거리며 돌아다녔지요. 정말 잊을 수 없는 광경이었어요."

정전 협정에 따라 비무장 지대가 설정되면서 군사분계선(MDL)이 그어졌다. 양측은 각각 약 1.8km씩 후퇴해 양측 사이에 약 3.6km의 비무장 지대가 설치되었다. '비행 금지 구역'도 새롭게 설정되었

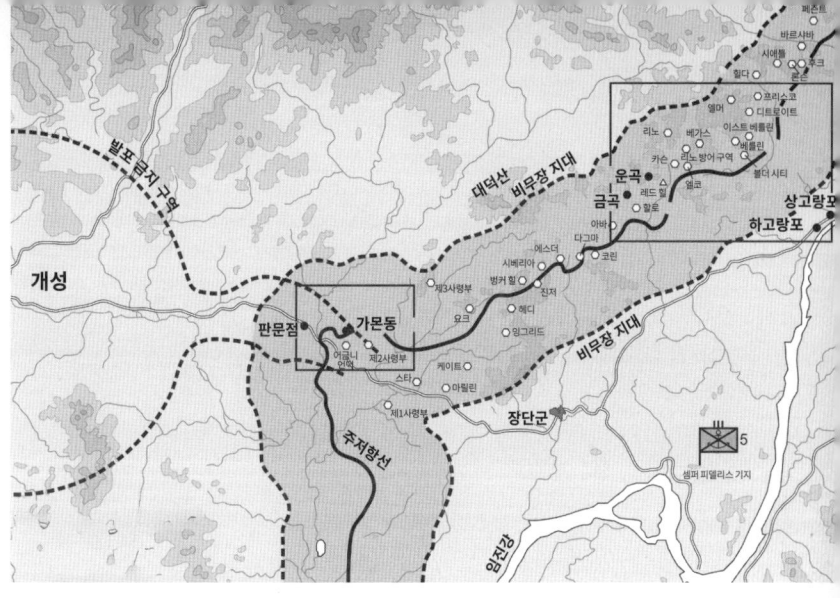

휴전 이후의 미군 전초 방어선, 1953년 9월

는데, 이 구역은 판문점 서쪽의 개성까지 이어지는 경로를 포함했다. 정전 협정 72시간 이내에 "교전 당사자는 모든 군사 병력, 물자 및 장비를 비무장 지대에서 철수한다"라는 규정도 채택되었다.

기존 방어선은 철거되었고, 1953년 9월 13일까지 45일 내에 새로운 방어선이 구축되었다. 벙커 힐, 에스더, 아바와 같은 일부 전초기지는 군사분계선 북쪽에 놓이게 되었다. 또한 협정에 따라 양측은 약 250km에 이르는 군사분계선 전역에 1,000명의 '민간 경찰'을 배치하여 완충 역할을 하도록 규정했다. 이를 위해 1953년 9월 4일 해병대 제1사단 보병연대에서 병력을 차출해 제1임시 비무장 지대 경찰 중대가 창설되었다. 각 연대는 사병 25명과 장교 1명을 파견했다. 9월 21일, 비무장 지대 경찰 중대는 제5연대에 배

당시 제1임시 비무장 지대 경찰 중대 소속 군의관 샘 사바가 당시 병장이었던 레클리스와 함께 셈퍼 피델리스 기지 입구에서 포즈를 취하고 있다.(〈레더넥〉 매거진 사진 제공)

레클리스가 셈퍼 피델리스 기지 입구에서 르네 모린과 함께한 모습(르네 모린 사진 제공)

속되었다.

　셈퍼 피델리스 기지는 제1임시 비무장 지대 경찰 중대를 수용하기 위해 특별히 세워졌다. 임진강 북쪽, 장단군 동남쪽에 있는 이 기지는 단 4일 만에 건설되었다. 경찰 중대는 약 18개월 동안 이곳에 주둔했다가 1955년 3월 17일 제24보병사단에 임무를 인계하고 미국으로 귀환했다.

　기지 입구에는 일본에서 신성한 장소로 가는 관문으로 알려진 도리이가 세워졌다. 도리이는 행운을 가져다준다고 알려져 있는데, 사진 촬영을 위한 배경이 되었다. 레클리스가 이 기지를 방문한 정확한 시점은 기록에 없지만, 해병대원들이 찍은 사진 속 말덮개로 보아, 당시 레클리스는 병장이었던 것으로 보인다.

8장

미 해병대 계급장을 받은 전쟁 영웅, 레클리스

"레클리스가 아주 점잖게 서 있었어요.
자신의 공로가 연단에서 낭독되는 동안,
레클리스는 마치 이 모든 행사의 일부인 것처럼 보였어요.
분명, 무슨 일이 일어나고 있는지 레클리스는 알고 있었어요.
레클리스는 정말 자랑스러운 해병이었어요."

―

밥 로저스(해군 의무병)

휴전 이후, 제2대대는 판문점 구역에서 임진강으로 이동해 새로운 주둔지에 자리 잡았다. 레클리스는 통신선을 설치하며 하루하루를 보냈다. 부대 생활은 괜찮았지만, 레클리스의 친구들이 하나 둘 귀향하기 시작했다.

가장 먼저 떠난 사람은 해병대 제5연대 제2대대의 지휘관이었던 앤드루 기어 중령이었다. 그는 레클리스에 대해 "그동안 어떤 동물에게서도 본 적 없는 자질과 지능을 보여주었다"라고 평가했다. 기어는 레클리스가 대단한 이야깃거리라는 것을 알고 있었고, 기자들이 레클리스에게 주목하게 만들었다. 그는 레클리스와 관련된 모든 사람들을 인터뷰하고 방대한 기록을 남겼다.

그는 또한 혁문을 찾아가 이야기를 직접 들었다.

"제5연대에 합류하여 제2대대를 지휘한 날부터, 언젠가 이 작은 붉은 말에 대해 글을 쓰게 될 거라고 확신했다."

레이섬은 기어 중령에게 모두가 집으로 돌아가면 레클리스가 어떻게 될지 걱정된다고 말했다. 레클리스의 이름은 복귀 순번 명단에 없었기 때문에 한국에 남겨질 가능성이 컸다. 레이섬은 레클리스가 낡아빠진 짐마차를 끄는 말로 전락할까 봐 우려했다. 기어는 레이섬과 라일리 중위에게 레클리스를 미국으로 데려가기 위해 모든 노력을 다하겠다고 약속했다.

기어가 떠나기 전날 밤, 레이섬과 라일리(그는 폭스 중대로 전출될 예정이었다), 그리고 레클리스는 그와 함께 각 부대를 돌며 작별 인사를 했다. 레클리스는 마치 사람처럼 행동하며 맥주를 마시고 사진을 찍었다.

레이섬이 그때를 회상했다.

"레클리스는 왼쪽 입술을 쭉 내밀었어요. 그러면 중령님이 레클리스를 위해 술을 제조해 주었죠. 술을 따라 주면 레클리스는 한 방울도 흘리지 않고 다 마셨어요. 우리는 정말 레클리스 때문에 웃을 일이 많았어요."

라일리는 기어에게 농담을 건넸다.

"중령님, 아시죠? 레클리스는 이제 자기가 말이라는 걸 잊어버린 것 같아요."

기지로 돌아왔을 때는 이미 늦은 밤이었지만, 그들은 예전의 추억을 되새기며 막사 식당을 털었다. 레클리스는 커피 한 잔을 마

앤드루 기어 중령이 부대원들에게 작별 인사를 나눈 후 레클리스에게 맥주를 먹이고 있다.(펜들턴 기지 기록보관소 사진 제공)

시고 땅콩버터 샌드위치를 먹어 치웠고, 나머지 사람들은 스팸 샌드위치로 배를 채웠다.

    레클리스는 땅콩버터가 입천장에 붙어 혀로 긁어내려고 고군분투하는 귀여운 행동으로 병사들에게 큰 웃음을 주었다. 레클리스가 입천장을 말끔히 하려고 얼굴을 더 찡그릴수록 병사들은 더 크게 웃었다. 두 번째 커피 한 잔이 조금은 도움이 되었지만, 효과는 미미했다.

    다음 날, 기어와 레클리스는 너무 과하게 축하한 대가를 치러야 했다. 둘 다 숙취를 풀기 위해 부대 의무병을 찾아야 했다.

미 해병대의 상징이 된 레클리스

10월에는 레이섬과 콜먼이 작별을 고했다. 레이섬은 한국인 고아 소년 지미 리를 미국으로 데려가고 싶어 했지만, 여러 사정으로 불가능했다. 대신 레이섬은 지미가 기지 근처 한 가정에 머물 수 있도록 도왔다. 그 덕분에 소대원들이 지미를 돌볼 수 있었고, 지미 역시 레클리스를 돌볼 수 있게 되었다. 레이섬이 레클리스에 대한 걱정을 덜 수 있었던 이유 중 하나는 랜돌프 페이트 소장이 레클리스의 복지를 최우선으로 삼았기 때문이었다.

이를 가장 잘 설명한 사람은 라일리의 후임자인 맥매너스 중위였다.

"레클리스의 막사가 지저분하거나 레클리스가 행복하지 않은 모습이 장군님 눈에 띄면, 바로 감옥행입니다."

레클리스는 새로운 친구들을 빠르게, 그리고 쉽게 사귀었다. 신병들이 들어오면서 레클리스와 관련된 많은 '규칙'들이 점차 무시되었다. 해병들은 레클리스 등에 마음대로 올라탔고, 밤에 자유롭게 돌아다니게 두지 않고 보초를 서서 레클리스를 지켰다.

제2대대 소속 뉴섬 일병이 회상했다.

"레클리스는 자신의 공간이 있었어요. 작은 울타리가 세워진 작은 창고였죠. 밤에는 무척 추웠어요. 섭씨 영하 30~35도 정도 되는 것 같았어요. 우리는 레클리스가 납치될 가능성이 있다는 말을 들었어요. 누가 레클리스를 납치하려 했는지는 몰랐지만, 그런 일이 일어날 수도 있다고 했지요. 그리고 레클리스가 해온 모든 일을 생각하면, 우리가 레클리스를 지키지 않을 수 없었어요. 그래서 매일 밤 보초를 섰어요. 각 병사가 네 시간씩 레클리스를 지켰어요. 레클리스는 우리 막사에서 30m 이내에 있었지만, 우리는 계속 보초를 섰어요. 레클리스에게 담요를 덮어주면, 담요에 푹 싸여 있었죠. 낮에는 자유롭게 돌아다녔지만, 밤에는 반드시 레클리스를 지켜야 했어요."

폴 해머슬리와 쿠엔틴 사이덜 병장은 소대에 합류하면서 레클리스를 사실상 입양했다. 두 사람 모두 농장과 목장에서 자라 말을 잘 다룰 줄 알았다. 레클리스는 특히 해머슬리를 좋아했.

해머슬리가 보초 설 때의 상황을 이야기했다.

"보초를 서는 건 때로는 외로웠어요. 작전본부를 지키기 위해 근무를 서야 했고, 위험하기도 했어요. 적이 불과 수백 미터 떨어진 전초기지에 있었기 때문에 귀를 기울이지 않을 수 없었죠. 우리는 레클리스가 귀가 매우 밝다는 걸 알고 있었어요. 그래서 가끔은 레클리스에게 간식을 주며 나를 따라오도록 했지요. 레클리스는 한밤중에 나와 함께 보초를 서는 것을 아주 좋아했어요. 레클리스 같은 동료가 함께 있다는 건 큰 위안이었어요. 레클리스는 정말 깔끔한 친구였어요. 막사 안팎을 오가도 절대 어지럽히지 않았죠. 참으로 사랑스러운 말이었어요. 개나 고양이처럼 쓰다듬어 주는 걸 좋아했어요. 레클리스는 한 번도 거부하지 않았어요. 그런데 더 재미있는 점은, 언제든지 레클리스 등에 올라탈 수 있었다는 거예요."

폴 해머슬리 병장이 레클리스 등에 올라탄 모습. 오래 지켜진 규칙이 바뀌었다. 한 병사가 다른 병사 등에 타고 있는 것이다. 얼마 전까지만 해도 상상할 수 없던 일이었다.
(폴 해머슬리 사진 제공)

쿠엔틴 사이덜 병장은 철조망에 머리와 귀를 다친 레클리스를 치료한 이야기를 전해주었다.

"레클리스가 어떻게 다쳤는지, 어디에서 다쳤는지는 확실하지 않지만, 봉합이 필요했어요. 레클리스를 돌봐야 했지요. 레클리스가 다쳤을 때, 병사들 중 목장에서 자란 사람은 나뿐이었어요. 나는 해야 할 일이 무엇인지 알고 있었죠. 그래서 응급처치실로 가서 집에서 가축을 치료할 때 사용했던 항생제 설파 가루를 요청했어요. 군의관이 왜 그걸 찾느냐며 의아해했어요. 그래서 레클리스가 다쳐서 치료가 필요하다고 말했지요."

사이덜은 군의관이 화를 냈다고 말했다.

"'나는 사람 의사지, 말 의사가 아니야'라고 군의관이 말하더군요. 그럼 내가 직접 하겠다고 말하자, 그제야 군의관은 설파제 알

폴 해머슬리(등을 돌리고 있는 사람)가 레클리스를 트럭 뒤에서 끄집어내어 봉합수술을 받게 했다.(쿠엔틴 사이덜 사진 제공)

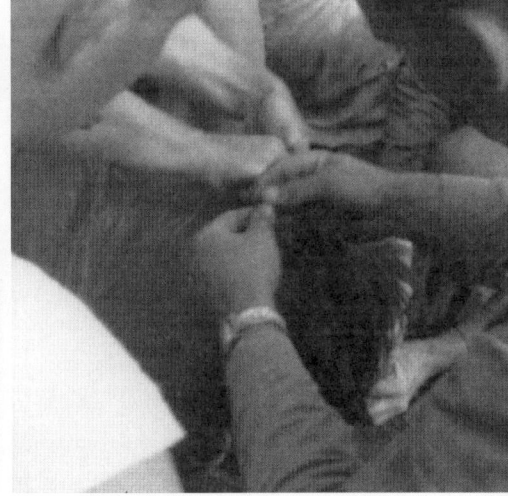

쿠엔틴 사이덜이 다친 레클리스의 귀를 꿰매고 있는 동안 레클리스는 꼼짝 않고 있어야 했다.(폴 해머슬리 사진 제공)

약 한 병을 통째로 주면서 수술에 쓰는 바늘과 실, 그 밖에 필요한 여러 도구들을 챙겨주었어요. 레클리스를 봉합하는 데 필요한 모든 것을 주더군요."

사이덜은 레클리스를 직접 치료한 과정을 설명했다.

"나는 설파제 알약을 막사로 가져가서 가루가 되도록 으깼어요. 그런 다음 레클리스를 붙잡아 움직이지 못하게 묶어두고 귀를 꿰매기 시작했죠. 귀 전체를 꿰매고 실 끝을 묶은 다음, 사진에 보이는 것처럼 붕대로 감싸주었어요. 한동안 레클리스는 귀와 머리에 붕대를 감은 채로 여기저기 돌아다녔어요. 이 사람 저 사람한테 가서 동정심을 얻어내곤 했죠. 마치 응석받이 아이처럼 말이에요. 자연스럽게 녹는 종류의 실이어서, 상처가 아물고 나서는 붕대만 풀어주었어요. 그런데 귀 끝부분에 작은 홈이 생겼는데, 한 바늘만 더 꿰맸더라면 귀가 완벽했을 거예요. 결국 한쪽 귀 끝에 상처가 남게 되었어요."

레이섬과 지미가 레클리스를 데리고 편자를 맞추러 간 지 몇 달 만에, 다시 새 편자가 필요해졌다. 발굽도 다듬어야 했다. 소대장에게 허락을 받은 쿠엔틴 사이덜과 폴 해머슬리 병장이 이번 임무를 맡았다.

해머슬리가 그때 이야기를 해주었다.

"우리는 레클리스를 트레일러에 태웠어요. 트레일러는 높이가 낮고 측면 보호대도 없었죠. 우리는 레클리스를 서울로 데려가서 편자를 고쳐줄 사람을 찾았어요. 한국인 대장장이를 찾긴 했는

쿠엔틴 사이덜 병장은 의학(심지어 수의학) 학위가 없었지만, 철조망에 걸려 심하게 찢긴 레클리스 하사의 머리와 귀를 성공적으로 꿰매주고 무사히 마무리했다.
(쿠엔틴 사이덜 사진 제공)

데, 레클리스가 좋아하지 않았지요. 정말 조금도요. 귀를 완전히 뒤로 젖히고 이를 드러내며 물어뜯거나 차버리겠다는 태세였어요. 레클리스를 만지려 하는 걸 절대 허락하지 않았어요. 그 대장장이와 이야기를 나눴는데, 그는 영어를 못 했고 우리도 한국어를 못 했어요. 하지만 레클리스를 다른 곳으로 데려가야 한다는 것은 서로 이해할 수 있었어요. 대장장이는 레클리스가 간다고 하니 기뻐하더군요."

그들은 두 번째 대장장이를 찾았지만, 레클리스는 그도 별로 좋아하지 않았다.

해머슬리는 레클리스의 머리를 잡고 계속 쓰다듬으며 안심을 시켰고, 그 사이 대장장이가 발굽을 다듬고 편자를 새로 맞출 수 있었다. 어쩌면 레클리스는 두 번째 대장장이에게는 마음을 바꾼 모양이었다. 아니면 작업이 끝나서 기뻤을지도 모른다. 왜냐하면 작업이 끝난 후 트레일러로 돌아오자, 레클리스는 본래의 모습을 되찾았기 때문이었다.

"레클리스는 그냥 트레일러 위에 뛰어올랐고, 바람에 갈기를 휘날리며 머리를 높이 쳐들고 강아지처럼 타고 있었어요. 우리가 기지에 돌아왔을 때 레클리스는 트레일러에서 폴짝 뛰어내렸어요. 솔직히 말해, 우리가 레클리스에게 굴레를 씌웠는지조차 기억이 나질 않더라고요. 레클리스는 정말 특별한 말이었어요."

병사들과 함께한 소중한 순간들

1954년 봄, 해병대 제5연대 제1대대 베이커 중대의 해군 의무병 밥 로저스는 대전차 소대에서 임시 의무병으로 복무했다. 그는 레클리스가 얼마나 특별한 말인지, 그리고 소대원들이 레클리스와 얼마나 즐거운 시간을 보냈는지 곧 알게 되었다.

"해병들이 외출을 나가 술에 취해 돌아와서는 '레클리스를 풀어주자'라고 말하곤 했어요. 그러고는 진짜 그렇게 했지요. 레클리스가 어떤 말썽을 부릴지 보려고 말이에요."

하지만 로저스에게 가장 애틋한 기억으로 남은 것은, 레클리스가 소대원들과 얼마나 잘 어울렸는지, 그리고 소대원들이 레클리스

폴 해머슬리는 레클리스와 특별한 유대감을 나눈 병사였다.(폴 해머슬리 사진 제공)

를 지키기 위해 얼마나 많은 노력을 기울였는지였다.

"가끔 병사들이 모여서 이야기를 나누고 있으면, 레클리스가 슬그머니 다가와 우리 옆에 서 있곤 했어요. 누군가가 말을 하면 레클리스가 그쪽을 바라봤어요. 또 다른 누군가가 말을 하면 다시 그쪽을 쳐다봤고요. 또 어떤 사람이 대화에 끼어들면 그 사람 쪽으로 고개를 돌리곤 했어요."

로저스는 레클리스의 행동에 대해 설명했다.

"마치 '이봐요, 나는 해병이에요. 나도 당신들 중 한 명이라고요'라고 말하는 것 같았어요. 레클리스는 기지 안에서 특권을 가지고 있었고, 스스로도 그걸 알고 있었어요."

"어느 날 밤, 우리 대원 몇 명이 빙 둘러 앉아 이야기를 나누고

르로이 스트러블이 레클리스와 교감을 나누고 있다.(폴 해머슬리 사진 제공)

있었어요. 루이 중위도 있었는데, 그는 중국계 미국인이었지요. 대원들이 이야기하고 있는데, 레클리스가 한 병사 뒤로 가서 그의 목뒤를 코로 툭 치더니 살짝 물어버렸어요. 병사는 소스라치게 놀라서 '이게 뭐야!' 하고 소리쳤지요. 돌아보니 바로 코앞에 레클리스가 있는 거예요. 그는 기겁하며 '에이, 빌어먹을 말 좀 치워!'라고 소리쳤어요. 그때 루이 중위가 버럭 화를 내며 말했어요. '그 말은 너보다 해병대를 위해 더 많은 일을 했고, 앞으로도 네가 할 수 있는 일보다 더 많이 할 거야. 그리고 그 말은 너보다 더 계급이 높다고. 다시 한번 레클리스 앞에서 그런 식으로 말하는 걸 내가 듣게 된다면, 넌 징계를 받고 군사 재판에 회부될 줄 알아!'"

레클리스의 새로운 친구들은 레클리스가 전장에서 보여준 용

레클리스를 사랑한 폴 해머슬리와 동료 해병 (폴 해머슬리 사진 제공)

맹함과 쾌활한 성격 말고도 또 다른 뚜렷한 특징이 있다는 것을 마침내 깨닫게 되었다. 바로 레클리스의 멈출 줄 모르는 식욕과 그것을 충족시키려는 강렬한 의지였다.

뉴섬 일병이 회상했다.

"소대원들이 레클리스의 먹이를 사기 위해 돈을 모아야 했어요. 월급날마다 돈을 갹출했어요. 난 일병이라 월급이 적었어요. 그래서 말 먹이에 돈을 쓰는 건 우선순위가 아니었지요. 몇몇 병사들은 갹출하는 것을 못마땅해했어요."

로저스는 레클리스의 놀라운 후각 능력 때문에 고생하기도 했다. 음식 냄새를 맡은 레클리스는 그때부터 '끈질기다'라는 뜻을 가진 '리렌트리스(relentless)'라는 이름이 더 어울렸을 것이다.

"우리는 모두 막사에서 살았고, 13명이 함께 생활했어요. 레클리스는 막사 밖에 있더라도 안에 어떤 음식이 있는지 냄새를 맡았어요. 어느 날 부대 PX에 갔다가 쿠키 한 상자를 사서 막사 안에 숨겨두었어요. 하루를 보내고 돌아왔는데, 막사가 폭탄이라도 맞은 것처럼 엉망이 되어 있었어요. 이불은 침대에서 떨어져 있었고, 모든 것이 어질러져 있었죠. 레클리스가 막사 안을 난장판으로 만들고 쿠키를 찾아내 다 먹어 치웠더라고요. 포장지까지 모두요."

해병대 제5연대 대전차 소대에 합류한 존 마이어스 하사는 6주 동안 막사 취사장에서 일했다. 그는 레클리스가 음식에 대해 얼마나 버릇이 나빠졌는지를 직접 확인하는 충분한 시간을 보냈다. 레클리스는 특히 팬케이크와 초콜릿 푸딩을 좋아했다.

"나는 매일 사과 한 개를 레클리스에게 줬어요. 그랬더니 레클리스가 나를 보기만 하면 가까이 다가왔어요. 그때 브루클린 출신의 수석 취사병 매니와 호흡을 맞춰가며 일했는데요. 매니는 아침 식사로 팬케이크 같은 전투 식량을 레클리스에게 주기 시작했어요. 나도 자주 레클리스가 팬케이크를 먹을 수 있도록 챙겨주었어요. 레클리스는 그래서 나를 잘 기억하는 것 같았어요. 신기하게도 레클리스는 내가 어디에서 자는지도 정확히 알았어요. 가끔 매니가 아침 식사 준비를 늦게 시작하면, 레클리스가 막사 안으로 들어와 내 얼굴을 핥으며 깨웠어요. 배가 고프다는 신호였죠. 정말 재미있는 일이었어요."

레클리스의 식욕에 대한 일화는 차고 넘친다.

"한번은 매니가 병사들의 사기를 북돋우려고 초콜릿 푸딩을 만들기 시작했어요. 하다 보니 설탕이 부족해서 너무 쓴맛이 났어요. 결국 아무도 푸딩을 먹지 않아서 200ℓ짜리 쓰레기통이 푸딩으로 가득 차게 되었어요. 그런데 레클리스가 버려진 푸딩을 발견하곤 푸딩 잔치를 벌였어요. 불행히도 몇 시간 후, 레클리스는 기지 곳곳에 초콜릿 설사를 뿌리고 다녔어요. 하루가 지나자, 우리 기지는 안전하게 발 디딜 틈이 없을 정도로 푸딩 똥으로 뒤덮였지요."

마이어스와 같은 막사에 있던 마이클 메이슨 하사는 레클리스와 처음 만난 순간을 회상했다.

"레클리스를 처음 본 곳이 예비 주둔지였어요. 레클리스는 기지를 자유롭게 돌아다니더라고요. 온순한 말처럼 보이면서도, 해병다운 기개를 갖추고 있었어요. 기지 어디에서나, 그리고 언제든지 레클리스가 불현듯 등장했어요. 가끔 레클리스는 우리 막사로 들어와, 마이어스가 있는 곳으로 가서는 그의 담요나 옷을 잡아당기며 주의를 끌었어요. 마이어스가 항상 레클리스에게 줄 간식을 가지고 있었거든요."

메이슨은 파이를 좋아했던 레클리스를 떠올렸다.

"취사병이 얕은 팬에 60cm와 90cm 크기의 파이를 만들고는 식히기 위해 선반에 올려두었어요. 그럴 때 취사병들은 레클리스가 어디에 있는지 늘 신경을 써야 했어요. 레클리스가 갑자기 나타나 파이 가운데를 먹어버렸거든요. 레클리스는 체리 파이를 가장 좋아했지만, 사과 파이와 복숭아 파이도 즐겨 먹었어요."

예전과 마찬가지로 새로운 해병들도 음식과 음료를 레클리스와 나누어 먹었다. 특히 레클리스는 맥주를 좋아했다.

메이슨 하사는 레클리스와 나눈 시간을 회상했다.

"레클리스는 맥주를 정말 좋아했어요. 브랜드가 무엇이든 상관 안 했어요. 레클리스에게 맥주는 그냥 맥주일 뿐이었고, 맥주를 사랑했지요. 우리가 배급받은 맥주를 마시고 있으면, 레클리스는 다가와서 등을 쿡쿡 찔렀어요. 그러면 레클리스 쪽으로 맥주 캔을 기울여 핥아먹게 했어요. 꽤 많은 맥주를 땅에 흘렸지요. 하지만 레클리스는 충분히 마셨다고 느낄 때까지 멈추지 않았어요. 다 마셨다 싶으면 마구간을 향해 비틀거리며 돌아가서는 쉬곤 했죠. 아니면, 술을 깨기 위해 잠을 자러 갔다고 하는 게 맞겠네요."

해머슬리 병장은 레클리스의 행동이 인상 깊었다고 말했다.

"레클리스가 주의를 끌거나 먹고 마실 것을 달라고 신호를 보내면 우리는 무시할 방법이 없었어요. 자기의 요구를 알아주지 않으면 레클리스는 살짝 물어댔고, 관심을 받고 싶을 때마다 항상 막사 안으로 들어오곤 했어요."

어느 날 밤, 해머슬리가 경계 근무를 마치고 침대에서 잠들어 있었을 때 일어난 일을 설명했다.

"자고 있는데 갑자기 팔을 무는 느낌이 들었어요. 잠에서 깨어 보니 레클리스가 거기 서 있었죠. 이 친구는 간식을 원했어요."

해머슬리가 주변을 둘러봤지만, 침대 아래에 미지근한 맥주 몇 캔밖에 없었다.

폴 해머슬리가 레클리스에게 맥주를 나눠주고 있다.(폴 해머슬리 사진 제공)

"그래서 레클리스와 맥주를 나눠 마셨어요. 맥주 캔을 따서 면도용으로 쓰던 세숫대야에 부었죠. 레클리스는 그걸 마셨어요. 그러더니 다시 내 팔을 살짝 물더라고요. 그래서 잠든 병사들을 향해 '얘들아, 혹시 맥주 좀 있냐? 레클리스가 먹고 싶대'라고 말했어요. 그러자 여기저기서 맥주 캔을 따기 시작했죠. 결국 레클리스는 그 자리에서 맥주 여섯 캔 정도를 마셨어요."

해머슬리는 한 해병이 취사병한테서 받아온 빵 이야기를 해주었다.

"한 해병이 취사병한테서 빵을 가져왔어요. 그 해병은 빵을 본 이상 레클리스가 막사를 떠나지 않을 것임을 알았어요. 그래서 땅콩버터와 잼으로 샌드위치를 만들어주었어요. 사실 샌드위치 반쪽

해병대원이 레클리스에게 빵을 먹이고 있다.(버지니아주 콴티코 미 해병대 역사부 사진 제공)

을 주려고 했는데, 결국 레클리스가 다 먹어버렸어요. 나는 농장에서 자랐지만 빵이나 땅콩버터를 먹는 동물을 본 적이 없어요. 레클리스는 참으로 특별한 말이었죠."

레클리스 납치 사건

1953년 가을, '이오지마 전투 기념비'라고 불리는 해병대 전쟁 기념비는 여전히 완공되지 못했다. 거대한 청동 조각상을 제작한 후 버지니아주 알링턴 국립묘지로 옮기기 위해서는 자금이 많이 필요했다.

107mm 박격포 부대가 발행한 티켓. 발행처가 '해병대 제1사단 전쟁기념협회'이고, 레클리스 몸값이 1달러라고 씌어 있다. 발행 번호도 찍혀 있다.

 이 기념비는 제2차 세계대전 중 이오지마 전투를 상징하는 사진을 기반으로 제작되었다. 사진은 이오지마에서 두 번째로 성조기를 게양하는(첫 번째 성조기 게양은 스리바치 산에서 이루어졌다.) 다섯 해병과 한 명의 해군 병사가 등장한다. 기념비 제작은 민간 기부금으로 충당될 예정이었다. 그러나 지원이 줄어들어 한국에서 모금 활동을 시작했다.
 페이트 소장이 앤드루 기어 중령에게 말했다.
 "부대별로 경쟁을 유도해 누가 가장 많은 기금을 모을지 겨루도록 해보자는 등 여러 아이디어가 나왔네."
 그 중 한 가지 계획은 무반동총 소대원들 사이에 충격과 경악을 불러일으켰다. 그것은 107mm 박격포 부대 해군들이 레클리스를 방공호에서 납치하여 인근 기지로 데려간 후, 몸값을 요구하는 것이었다.

해군 의무병 로버트 폰티우스가 회상했다.

"우리는 레클리스를 3일 동안 데리고 있었어요. 우리 부대가 레클리스를 납치했는데, 얼마나 오래 숨길 수 있을지 토론했던 기억이 나요."

해군 부대는 몸값 티켓을 한 장에 1달러씩 팔았다.

무반동총 소대원들은 즉각 분노했다. 레클리스가 안전하다는 사실을 알고는 있었지만, 돌봐줄 사람이 없는 레클리스가 크게 걱정되었다. 107mm 박격포 부대는 레클리스가 얼마나 독특한 식사와 음료 습관을 가지고 있는지, 추운 밤에 난로 가까이에서 자는 것을 선호하는 것에 대해 알지 못했다.

소대원들이 레클리스를 되찾기 위해 분주히 움직인 결과, 엘머 라이블리 하사가 레클리스의 '몸값'으로 400달러를 모았다.

페이트 소장은 나중에 이렇게 기록했다.

"레클리스의 몸값은 곧바로 마련되었고, 기금은 목표를 초과했다."

몸값을 정산하고 레클리스가 돌아왔을 때, 이 납치 사건을 계기로 약 28,000달러가 모금되었다. 지금으로 치면 약 320,000달러에 해당하는 금액이다.

레클리스의 공로를 미 해병대가 공식 인정하다

1954년 2월, 대전차 중대의 수석 부사관인 존 스트레인지 원사는 중대장 앤드루 W. 코바치 대위와 함께 레클리스의 놀라운 공로를 공식적으로 인정하고 보상할 때가 되었다고 결정했다. 중대 집합식에서 레클리스의 용감한 공적 사항을 낭독하면서 하사 계급으로 진급시키기로 했다.

중대원들은 레클리스가 이 특별한 날에 걸맞은 공식 제복을 입을 자격이 있다고 생각했지만, 해병대 말에 맞는 옷이 있을 리 만무했다. 코바치 대위는 직접 의복 디자이너로 변신해, 빨간색 실크로 의례용 말덮개를 제작했다. 말덮개는 금색으로 장식하고, 양쪽에 해병대의 상징인 독수리, 지구본, 그리고 닻 문양을 새겨 넣었다. 레클리스의 소속 부대도 새겨졌다. 소대원들은 서울에 있는 재봉사를 찾아냈고, 제작 비용으로 51달러를 모금했다.

일주일 후, 레클리스는 의상을 걸치고 모습을 드러냈다. 레클리스는 호주군 모자를 싫어했지만, 이 특별한 말덮개는 매우 자랑스러워했다. 그러나 얼마 지나지 않아, 레클리스는 본능을 억제하지 못하고 말덮개 앞쪽을 갉아먹기 시작했다. 라이블리 하사는 이를 제지하며 병사들에게 이렇게 지시했다.

"레클리스 혼자 있을 때 절대 말덮개를 두지 마. 호주 모자를 먹어 치웠듯이 죄다 먹어버릴 거야. 우리가 몇 주마다 50달러씩 모금할 순 없잖아."

이 중요한 날을 준비하기 위해 작은 연단이 만들어졌고, 레클리스를 위한 공로 증서가 작성되었으며, 성조기와 해병대 깃발이 게양되었다.

* * *

1954년 3월 31일, 레클리스의 하사 계급장 수여식이 있기 며칠 전, 한 신문에 이런 제목의 기사가 실렸다.

'새로운 탄약 식단으로 '레클리스'의 이빨 흔들려……'

기사는 레클리스의 기이한 식성과 천진난만한 기질을 유머러스하게 드러냈다.

"세탁된 속옷, 금속 캔으로 맛을 낸 베이비파우더, 그리고 튜브에 담긴 특별한 맛의 면도 크림 같은 진미로 이루어진 레클리스의 평소 식단을 다양화하려 시도했다. 레클리스는 30구경 탄약 클립도 어금니로 씹어보려고 시도했다."

연대 군의관인 너대니얼 E. 애덤슨 주니어와 해군 의무병 로버트 폰티우스가 치료를 위해 투입되었다.

폰티우스는 회상했다.

"레클리스가 금속으로 된 탄약 클립을 씹었는데, 그게 입안에서 문제를 일으켰어요. 우리는 하루에 몇 번씩 차량 정비소에서 구한 대형 주사기를 사용해 레클리스의 입안을 식염수로 헹궈주었어요. 이 주사기는 하이드로미터라는 도구로, 보통 자동차 라디에이터의 알코올 농도를 측정하는 데 사용되었지만, 그 당시 레클리스의 치아를 치료하는 데 유일하게 사용할 수 있는 도구였어요."

폰티우스가 이어서 말했다.

"레클리스는 그냥 가만히 서 있었어요. 전혀 신경을 쓰지 않더라고요. 성격이 비범한 말이었어요. 레클리스는 병사들을 몹시도 사랑했고, 그 부대의 일원과도 같았어요."

코바치 대위도 레클리스에 대해 말했다.

"레클리스는 무척이나 이상한 식성을 가졌어요. 레클리스는 내 음식을 냉큼 집어갔어요. 내 손에서 사과를 낚아챈 뒤, 젤리가 발린 빵 한 조각을 순식간에 앗아가더라고요."

도넛이 포함된 아침 식사를 건네며 다른 장교도 코바치 대위의 말에 동의했다.

"병사들이 이 말을 정말 응석받이로 만들었어요."

중대의 일등 상사도 웃으며 말했다.

"속옷 사건도 있었어요. 레클리스가 빨랫줄에 널린 속옷을 보고는 위장에서 소화를 시켜보려고 했나 봐요. 속옷 주인에게 딱 걸렸지요. 레클리스는 연병장을 전속력으로 달렸어요. 레클리스 입에서 속옷이 펄럭이고, 주인은 레클리스 뒤를 필사적으로 쫓고 있었죠."

레클리스, 하사 계급장을 받다

1954년 4월 10일, 레클리스는 공식적으로 하사로 진급했다. 이는 이전에도, 이후에도 동물에게 부여된 적이 없는 영예였다.

군대에서 마스코트 이상의 역할을 하여 상이나 훈장을 받은 동물이 있기는 했다. 예를 들어, 제2차 세계대전 당시 육군의 저먼 셰퍼드 품종이었던 칩스(Chips)는 시칠리아에서 적의 벙커를 공격해 깜짝 놀란 적 병사 4명을 생포했다. 칩스는 용맹함을 인정받아 은성 훈장과 퍼플하트 훈장을 받았다.(그 후, 개에게 군사 훈장을 수여하는 것은 훈장의 가치를 떨어뜨린다는 비판이 커져 이 훈장은 취소되었다.)

제1차 세계대전 중에는 피트불 믹스견인 스터비(Stubby) 하사가 프랑스에서 제26보병사단(양키 사단) 제102보병연대와 함께 복무했다. 스터비는 아르곤 숲에서 단독 순찰을 하던 중 덤불에서 소리가 나는 것을 듣고 미군 위치를 지도에 표시하던 독일군 첩자를 발견했다.

스터비는 돌진했고, 첩자는 도망쳤으며, 스터비는 그를 쫓아가 넘어뜨리고 다리를 물었다.

병사들은 스터비의 짖는 소리와 첩자의 비명 소리를 따라갔다가, 독일 병사가 땅에 쓰러져 있고 스터비가 그의 엉덩이를 강하게 물고 있는 모습을 발견했다.

제102보병연대의 지휘관은 이 모습에 감명받아 스터비를 하사로 진급시켰다고 전해진다. 하지만 이는 명예 진급에 불과했으

해군 의무병 조지 폰티우스가 레클리스의 이빨을 검사하고 있다.(조지 폰티우스 사진 제공)

며, 공식적인 것은 아니었다.(미국으로 돌아온 후, 스터비는 유명세를 얻어 우드로 윌슨, 캘빈 쿨리지, 워런 하딩 대통령 등 세 명의 대통령과 면담할 정도였다.)

그러나 명예 하사였던 스터비와는 달리, 진짜 하사가 된 레클리스는 같은 계급의 인간 해병과 똑같은 존경을 받았다. 미국 군대에서 공식적, 법적으로 정당한 계급을 부여받고, 그 계급으로 존중받은 동물은 레클리스 말고는 없었다.

그래서 4월 10일은 레클리스와 해병대원들에게 특별한 날이었다. 진급 때문만이 아니라, 페이트 소장이 직접 참석해 레클리스에게 하사 계급장을 달아주는 수여식을 개최했기 때문이다.

부대가 열병식을 진행했고, 페이트 소장은 대열을 사열했다.

엘머 라이블리 하사와 데이브 우즈 기술중사가 레클리스를 호위해 자리로 안내했다. 존 스트레인지 원사가 공로 증서를 낭독했다.

  1952년 10월 26일부터 1953년 7월 27일까지 한국에서 해병대 연대와 함께 복무하며 적에 맞선 전투 작전 중 발휘한 공적을 치하합니다.
  레클리스 병장은 탄약 운반 임무를 훌륭히 수행했습니다. 레클리스의 책임감과 임무에 대한 헌신은 하사 계급으로 진급할 자격이 충분함을 보여줍니다. 쏟아지는 적의 포화 속에서 임무 수행 중 보여준 절대적인 헌신은 수많은 전투를 성공으로 이끄는 데 실질적으로 기여했습니다…….

레클리스는 페이트 소장이, 아름답지만 조금은 갉아 먹힌 말덮개에 하사 계급장을 달아주는 동안 차렷 자세로 서 있었다.
한국에서 태어난 레클리스, 본명 아침해는 서울의 경마장에서 경주마로 길러졌으나 이제 공식적으로 미국 해병대의 하사가 되었다.
그날 그 자리에 있었던 해군 의무병 밥 로저스는 차렷 자세를 하고 계급별로 정렬한 공식 집회를 회상하며 다음과 같이 말했다.
"우리는 모두 대열에 정렬했어요. 레클리스가 거기에 있었지요. 하사 계급장이 달린 퍼레이드 덮개를 두르고 있었어요. 말덮개 옆면에 병장 계급장이 있었고, 그동안 받은 모든 훈장이 달려 있었

레클리스가 하사로 진급하는 순간. 연단 위에 (왼쪽부터) 페이트 소장, 앤드루 코박 대위, 엘비 D. 마틴 주니어 대령이 있으며, 존 스트레인지 원사가 공로 증서를 읽는 동안 모두가 경청하고 있다. 레클리스 옆에는 라이블리 하사(왼쪽)와 데이브 우즈 기술중사(오른쪽)가 서 있다. (펜들턴 기지 기록보관소 사진 제공)

어요. 그리고 해병대는 레클리스를 하사로 진급시켰어요."

로저스는 그날의 뜻깊은 감동을 묘사했다.

"해병대 의장병은 레클리스의 옛 말덮개를 벗기고 하사 계급장이 달린 새 말덮개를 씌워주었어요. 물론 훈장도 그대로 달려 있었어요. 내가 본 가장 아름다운 말덮개였어요. 그런데요, 지금 생각해 보면 레클리스는 그 모든 상황을 이해하는 듯 행동했어요. 레클리스가 아주 점잖게 서 있었어요. 자신의 공로가 연단에서 낭독되는 동안, 레클리스는 마치 이 모든 행사의 일부인 것처럼 보였어요. 분명, 무슨 일이 일어나고 있는지 레클리스는 알고 있었어요. 레클

사진 왼쪽. 페이트 소장이 레클리스의 말덮개에 하사 계급장을 달아주는 모습을 코박 대위가 지켜보고 있으며, 마틴 대령과 스트레인지 원사가 연단에서 이를 바라보고 있다.(펜들턴 기지 기록보관소 사진 제공) / 사진 오른쪽. 레클리스가 계급장 수여식에서 대열을 따라 걸어가고 있는 모습(샌디에이고 해병대 신병훈련소 지휘박물관 사진 제공)

레클리스가 멋지게 꾸며진 말덮개를 자랑스럽게 걸치고 있다.(버지니아주 콴티코 미 해병대 역사부 사진 제공)

리스는 정말 자랑스러운 해병이었어요."

레클리스는 전쟁 영웅으로서의 활약 덕분에 총 10개의 군사 훈장을 받았다. 이 훈장들은 빨간색과 금색으로 장식된 말덮개에 자랑스럽게 달려 있다. 이 중에는 제1차 세계대전 이후 해병대 제5연대가 프랑스로부터 수여받은 권위 있는 푸라제르(Fourragère)도 포함되어 있었다. 그 밖의 훈장은 다음과 같다.

- 퍼플하트 훈장(Purple Heart) 2개
- 미 해병대 모범 복무 훈장(Marine Corps Good Conduct Medal)
- 미 대통령 부대 표창(Presidential Unit Citation), 별 추가('별'은 추가 전투 공적이 있음을 의미함-옮긴이)
- 미 해군 부대 표창(Navy Unit Citation)
- 미 국방부 종군장(National Defense Service Medal)
- 유엔 종군장(United Nations Service Medal)
- 한국 종군장(Korean Service Medal), 별 3개 추가
- 대한민국 대통령 부대 표창(Republic of Korea Presidential Unit Citation)

레클리스가 말을 할 수 있었다면, 이 훈장들 중 그 어느 것도 전투에서 어렵게 딴 하사 계급장만큼 의미 있는 것은 없다고 말했을 것이다.

9장

작전명: 레클리스 귀환 작전

"레클리스의 소유권이 누구에게 있는지는 중요하지 않습니다.
나의 소유권을 1달러에 양도할 테니,
레클리스를 빨리 미국으로 데려옵시다."

—

에릭 피더슨(미 해병대 제1사단 무반동총 소대 중위)

하사로 진급한 지 일주일 만에, 레클리스의 이름은 〈새터데이 이브닝 포스트〉 덕분에 미국 전역에서 유명해졌다. 1954년 4월 17일 자에는 앤드루 기어 중령이 작성한 4쪽 기사 〈레클리스, 해병대의 자부심〉이 실렸다. 새로 진급한 부사관 레클리스의 사진도 있었다. 사진 속에서 레클리스는 4발의 탄약을 등에 싣고 조셉 레이섬 중사와 포즈를 취하고 있었다.

일본에 주둔하고 있던 빌 라일리 중위도 이 기사를 보았다. 그는 연인 패티 오리어리에게 보내는 편지에 이렇게 썼다.

"레이섬과 나는 지난 9월 한 주 동안 매일 밤 한 시간씩 앤드루 기어 중령님에게 레클리스에 대한 모든 정보를 알려드렸어. 중령님은 확실히 레클리스에 대해 정말 잘 쓰시더라."

경기도 장단군에서 레클리스와 훈련 조교 조셉 레이섬 중사가 포즈를 취했다. 서울 신설동 경마장 출신인 레클리스는 베이컨과 계란을 매우 좋아했다.(〈새터데이 이브닝 포스트〉 설명 제공, 낸시 레이섬 파킨 사진 제공)

신문 기사가 나가자 전국에서 〈새터데이 이브닝 포스트〉로 편지가 쏟아졌다. 레클리스의 이야기에 감동받은 미국인들은 레클리스가 언제 미국으로 올지 궁금해했다. 〈샌디에이고 유니언〉도 4월 22일에 이를 기사로 다뤘다.

"현재 계획에 따르면, 레클리스는 오랜 복무 후 펜들턴 기지의 푸른 언덕으로 배치될 예정이다. 피더슨 중위는 레클리스가 본국으로 복귀할 자격이 있다고 여긴다."

그러나 본국으로 복귀하는 문제를 해결하는 데는 몇 달이 걸렸다. 해군은 레클리스를 미국으로 이송할 의사가 있었다. 이는 이전에 레클리스의 항해 경험이 지저분했다는 걸 고려한다면 다소 놀라운 결정이기도 했다. 해군은 먼저 해병대에 '말 한 마리, 사료, 담당자를 포함한 공식 요청서'를 요구했다. 요약하자면, 해군은 적절히 승인된 공문 없이는 움직이지 않겠다는 입장이었다.

〈새터데이 이브닝 포스트〉 기사로 대중의 관심이 높아지면서 '레클리스 귀환 작전'이 시작되었다. 기어 중령은 해병대 참모총장 비서관인 빅터 크룰락 대령에게 편지를 보내 레클리스를 샌디에이고 북쪽 오션사이드의 펜들턴 기지에 영구적으로 배치해 줄 것을 제안했다.

크룰락 대령은 기꺼이 레클리스를 도우려 했다. 하지만 온갖 노력에도 관료주의의 장벽과 반복되는 지연을 피할 수는 없었다. 레클리스가 전장에서 숱한 미군의 생명을 구하는 혁혁한 공적을 세웠는데도, 일부 군 관료들은 '단지 말 한 마리'에게 '무료' 수송을 제공하는 데 난색을 보였다. 레클리스가 공식적으로 인정받은 영웅이자 해병대의 훈장을 받은 부사관인데도 그랬다.

반대자 중 한 명은 해병대 공보국의 레이먼드 크리스트 대령이었다. 크리스트는 레클리스가 미국으로 복귀할 경우, 대중의 반응을 예측하라는 요청을 받은 여러 해병대 간부 중 한 명이었다. 크리스트는 크룰락 대령에게 다음과 같은 내용을 포함해 세세한 분석 결과서를 보냈다.

현재 레클리스를 돌보고 있는 해병대원들이 실제로 레클리스의 법적 소유주이며, 레클리스를 미국으로 데려오기 위한 조치가 이루어지기 전에 반드시 그들과 상의해야 합니다. 더욱이 정부의 수송 지원은 이 말이 해병대의 소유일 경우에만 제공될 수 있습니다. 우리가 레클리스를 1달러에 구매할 수 있을 가능성은 있지만, 단지 홍보 효과를 위해 레클리스를 미국으로 수송하는 데 드는 비용을 어떻게 정당화할 수 있을지 모르겠습니다. 설령 공식적인 반대를 극복하고 레클리스를 미국으로 데려온다고 해도, 일부 사람들은 이를 해병대가 상업적 이익을 위한 홍보 활동에 관여한 것으로 해석할 위험이 있다고 생각합니다.

돌이켜보면, 대중이 레클리스를 미국으로 수송한 해군의 행동을 세금 낭비, 뻔뻔한 홍보 작전, 또는 법적 소유권을 가진 해병대의 기회주의적인 돈벌이 행위라고 여겼을 가능성은 낮아 보인다. 하지만 당시에 관계자들 사이에서는 '레클리스가 해군과 함께 공짜로 이동한 사실을 어떤 국회의원이 알게 된다면, 해병대가 표적이 될 수 있다'는 믿음이 널리 퍼져 있었다.

배에 실리는 귀중한 화물

정부의 수송 지원이 불가능하다는 사실이 분명해지자, 실망한 기어 중령은 화물 운송업체 퍼시픽 트랜스포트 라인에서 일하는 지인 어니스트 깁슨에게 전화를 걸었다. 기어 중령이 상황을 설명하자 깁슨은 이렇게 물었다.

"그거 제가 〈새터데이 이브닝 포스트〉에서 읽은 그 해병대 말 아닌가요? 탄약을 운반한 말이요?"

기어 중령이 그렇다고 말하자, 깁슨은 곧바로 운송 회사의 부사장인 스탠 카플과 전화 연결을 해주었다.

카플이 기어 중령에게 말했다.

"제 아이들과 나는 레클리스에 관한 이야기를 무척 좋아했어요. 레클리스를 집으로 데려오는 데 도움을 주고 싶습니다. 제가 이렇게 하죠. 우리가 무료로 레클리스를 데려오겠습니다. 대신, 마구간을 마련하고 사료 비용만 부담해 주세요."

이 모든 일이 진행되는 동안, 한 가지 아이러니는 한국에서 태어나고 자란 레클리스가 한 번도 미국 땅을 밟아본 적이 없었음에도, 함께 복무한 해병대원들과 마찬가지로 진정한 미국 해병대의 일원으로 인정받고 있었다는 점이었다.

결국, (어느 정도) 귀화한 시민인 레클리스는 새로운 조국으로 가는 길을 찾게 되었다.

1954년 10월 22일은 SS 퍼시픽 트랜스포트 호가 미국으로 출항하는 날이었다. 해병대는 레클리스를 일본 요코하마로 보내서 배를 태워야 했고, 그때까지 남은 시간은 3주였다. 기어 중령은 레클리스를 일본으로 이송하기 전에 모든 준비를 마쳐야 했다. 마구간 제작, 먹이와 침구를 위한 충분한 양의 건초와 귀리를 마련하는 데 전념했다.

페이트 소장은 이 소식을 듣고 즉각 반응하며 말했다.

"레클리스가 곧 미국으로 돌아올 예정이라는 소식에 얼마나 기쁜지 말로 표현할 수 없어요."

해병대 제1사단 사단장이었던 로버트 E. 호가붐 소장은 이 계획의 세부 사항을 한국에 있는 무반동총 소대에 전달했다. 다소 의외였던 점은 호가붐 소장이 레클리스의 운명을 결정하는 일을 소대원들에게 맡겼다는 것이었다. 소대원들은 레클리스를 미국으로 수송하는 데 동의하는 투표를 했지만, 다음 조건을 제시했다.

> 첫째, 레클리스의 주요 소유권은 여전히 무반동총 소대에 남아야 하며, 일부 소유권을 가지고 있는 피더슨 중위에게는 넘어가지 않아야 한다.
> 둘째, 레클리스는 펜들턴 기지에 머물러야 한다.
> 셋째, 레클리스가 공개 행사나 홍보 이벤트를 통해 벌어들인 모든 수익은 사망한 소대원들의 가족을 위해 사용해야 한다.
> 넷째, 레클리스의 현 관리자인 윌리엄 무어 일병이 레클리스와 함께 화물선에 타야 한다.

기어 중령은 당시 펜들턴 기지에서 복무 중이던 피더슨 중위에게 연락해 레클리스의 소유권 분쟁에 대해 논의했다. 기어 중령은 피더슨 중위가 "현재 무반동총 소대원들이 지나치게 고압적인 태도를 보이고 있다는 느낌을 받았다"라고 기록했다. 기어 중령은 또한 이전 서신에서 지적했듯이 "현재 소대원들 중 누구도 레클리스가 한국에서 구매되었을 당시 한국에 있던 대원들이 아니다"라는 점을 언급했다.

피더슨 중위는 지금 그런 세세한 문제를 따질 시기가 아니며, 기회를 놓치기 전에 신속히 움직여야 한다는 인식이 있었다. 그는 레클리스가 퍼시픽 트랜스포트 호에 탑승할 수 있도록 최선을 다하겠다고 약속했다.

피더슨은 말했다.

"레클리스의 소유권이 누구에게 있는지는 중요하지 않습니다. 나의 소유권을 1달러에 양도할 테니, 레클리스를 빨리 미국으로 데려옵시다."

하지만 관료주의적인 문제와 복잡한 상황은 계속 벌어졌다. 선박 회사와 정부 간의 우편 보조금 계약 규정이 저촉된다는 이유로 레클리스의 동반자인 무어 일병이 무료로 탑승할 수 없었.

앤드루 기어는 이러한 형식적인 문제 때문에 레클리스가 배에 오르지 못하게 할 수 없다고 판단했다. 그는 개인적으로 무어의 탑승 비용을 부담했다. 그러나 여전히 레클리스를 한국에서 일본으로 이동시키는 물류상의 문제가 남아 있었다.

좌충우돌 말 수송 대작전

1954년 10월 12일, 호가붐 소장의 수석 보좌관이 제1해병대 항공단에 레클리스를 한국에서 일본 요코하마로 공수할 수 있는지 요청했다. 항공단은 지프차, 105mm 곡사포, 그리고 상상할 수 있는 거의 모든 군사 장비를 수송해 왔다. 하지만 말을? 사실, 어떤 종류의 가축도 운송한 적이 없었다.

레클리스에게는 운 좋게도, 이 항공단은 말 수송 임무를 플라잉 박스카로 불리는 일명 R4Q 항공기의 성능 시험과 훈련 프로그램으로 활용하려 했다. R4Q 항공기는 1950년에 도입된 이후 한국전쟁 내내 해병대의 대형 화물을 운반하는 수송기로 이용되었다.

4일 후, 호가붐 소장의 수석 보좌관은 제1해병대 항공단으로부터 답변을 받았다. 답변서에는 딱딱한 군사 용어와 관료적인 문구들 속에 약간은 짓궂은 유머가 들어 있었다.

본부
제1해병대 항공단
샌프란시스코 해군우편국 경유
1954년 10월 16일

공문
발신: 제1해병대 항공단 참모장
수신: 해병대 제1사단 참모장
제목: 말 귀환 작전
참고: (a) 해병대 제1사단 공문(1954년 10월 12일)

(b) 제1해병대 항공단 통신문(1954년 10월 13일)

(c) 해병대 일반 명령 제111호

1. 참고 문서 (a)에 포함된 귀하의 요청이 참고 문서 (b)에 의해 승인되었음을 알려드립니다. 귀하의 참모진이 해당 작전과 관련된 일부 인원, 물류 및 의료 세부 사항을 간과했을 가능성이 있으며, 이에 따른 조치를 요청드립니다.

a. 참고 문서 (a)에는 승객의 성별이 명시되지 않았습니다. 해군 항공기에 탑승하는 여성 승객은 반드시 바지형 유니폼을 착용해야 한다는 규정을 숙지해 주시기 바랍니다. 남성 승객은 일상 제복을 착용해야 하며, 훈장은 선택 사항입니다. 모든 승객은 군번줄을 착용해야 하며, 음주 상태가 아니어야 합니다.

b. 배에서는 승객을 위한 기내 도시락을 제공하지 않습니다. 현재 배급(일반 육군 식량)은 말이 먹기에 적합한 음식이 아닙니다. 제1기갑 사단에 조언을 구할 것을 권장합니다.

c. 탑승 책임은 귀 본부가 지게 되지만, 하역 문제 또한 예상됩니다. 이 문제에 대한 해결 책임은 당연히 귀 본부가 반드시 맡아야 하며, 작전명 '말 귀환 작전' 연락 담당관 덩호(DUNG-HO, 말의 똥 'dung'과 '함께 일하다'라는 뜻의 중국어 'gung-ho(工合)'를 미 해병대원들이 조합해서 만든 용어-옮긴이)를 임명할 것을 권장합니다.

d. 이 사안에 대해 조종사와 덩호 간의 긴밀한 협조가 요구됩니다.

또한 한국 복귀 시 중립국 감시위원회의 검사를 위한 준비도 대비해야 합니다.

e. 의료 규정에 따라 미국 본토로 들어가는 모든 승객은 출발 전 구충 및 말라리아 예방 조치를 받아야 합니다. 해당 사안에 대한 준수가 요구됩니다.

f. R4Q 항공기 탑승 승객은 비행 전에 낙하산 장비를 착용해야 합니다. 이는 어려운 작업이 될 수 있지만, 귀 참모진의 창의력을 발휘하여 해결해 주시길 기대합니다.

2. 참고 문서 (a)의 2항에서는 비행 중 동물의 안전을 보장하기 위한 주의 사항이 언급되어 있습니다. 본 사령부에서는 레클리스에 대한 깊은 동정을 보냅니다.

레클리스! 조종사 또한 자신의 항공기의 구조적 안정성을 유지하는 것을 우선시할 것입니다. 따라서 비행 중 말이 통제되지 않은 상태로 방치되는 것은 바람직하지 않으며, 예기치 못한 상황이 발생할 경우, 말에게 조종석 근처에 접근하지 않도록 경고해야 합니다.

(서명)
E. A. 몽고메리
참모장

말 수송 작전이 시작되었다. 레클리스가 마침내 미국에 있는 동료들과 합류할 수 있게 되었다. 이제 남은 일은 이별이었다.

1954년 10월 17일, 레클리스의 환송식이 육군 제7사단과 해병대 제1사단 간의 풋볼 경기 하프타임에 열렸다. 드럼과 나팔로 구성된 군악대의 연주로 시작된 감동적인 행사에서 레클리스는 해병대원들 앞을 행진했다. 레클리스의 특별한 공로를 기리고 작별을 고하는 시간이었다. 해병대 제1사단 부관이 인사말을 낭독했다.

호가붐 소장님, 해병대 제1사단의 장교님과 병사 여러분, 내빈 여러분, 그리고 해병대의 자랑인 레클리스 하사.

레클리스는 1952년 10월, 서울에서 해병대 제5연대 대전차중대 소속 75mm 무반동총 소대가 구매하여 해병대에서 경력을 쌓기 시작했습니다. 레클리스의 훈련은 일반 해병들과는 달랐습니다. 레클리스는 75mm 무반동총 탄약을 운반하는 실전 훈련을 받았습니다. 이내 탁월한 행동으로 병장으로 진급했습니다.

레클리스는 베가스 전투에서 진정한 해병의 자질을 발휘했습니다. 적의 포격과 박격포탄이 분당 500발씩 떨어지는데도 75mm 포탄을 전선으로 운반했습니다. 레클리스는 총 51번이나 왕복으로 오가며 전초기지로 탄약 보급을 책임졌습니다. 자신의 안전은 뒤로한 채 임무를 다하는 용감한 행동은 대원들에게 큰 영감을 주었고, 이는 해병대 복무의 최고 전통에 부합하는 행동이었습니다.

레클리스는 1954년 4월 10일, 계급장 수여식을 통해 하사로 진급했습니다. 공로 증서에는 이렇게 적혀 있습니다.

"1952년 10월 26일부터 1953년 7월 27일까지 한국에서 해병대 연대와 함께 복무하며 적에 맞선 전투 작전 중 발휘한 공적을 치하합니다. 레클리스 병장은 탄약 운반 임무를 훌륭히 수행했습니다. 레클리스의 책임감과 임무에 대한 헌신은 하사 계급으로 진급할 자격이 충분함을 보여줍니다. 쏟아지는 적의 포화 속에서 임무 수행 중 보여준 절대적인 헌신은 수많은 전투를 성공으로 이끄는 데 실질적으로 기여했습니다……"

레클리스의 미국 복귀는 마땅히 받아야 할 예우이며, 며칠 후에는 해병대 제1사단의 본거지인 펜들턴 기지로 향할 것입니다. 행운을 빕니다, 레클리스 하사님. 좋은 여행 되세요.

열병식에서 차렷 자세로 서 있던 해병대원들은 그 순간 레클리스의 마음속에 어떤 생각이 깃들어 있을지 궁금했다. 과연 레클리스는 지금 벌어지고 있는 일들을 본능적으로 이해하고 있을까? 이 특별한 말은 늘 주변 사람들과 상황을 놀라울 정도로 잘 감지했다. 레클리스는 자신을 둘러싼 이 장엄한 의식이 단순히 존경과 애정을 표현하는 것 이상의 의미가 있다는 것을 이해했을까? 그것이 곧 동료 전우들과의 작별을 뜻하며, 새로운 조국으로의 긴 항해를 앞두고 있다는 사실을 레클리스는 알았을까? 그 새로운 조국은 레클리스가 놀라운 용기와 뛰어난 기술, 그리고 상상하기조차

환송식에 참가한 레클리스가 윌리엄 무어 일병 옆에 당당히 서 있다.(펜들턴 기지 기록보관소 제공)

힘든 대담함으로 헌신했던 미국이었다. 아마도 레클리스는 자신이 특별한 예우를 받고 있다는 사실을 느꼈을 것이다. 레클리스는 인간의 감사 표현을 빠르게 알아차리는 말이었으니까.

　해병대원들은 풋볼 경기를 레클리스에게 헌정했고, 23대 7로 해병대가 승리했다.

　레클리스의 고향인 한국에서의 삶은 이제 마무리되었다. 레클리스는 곧 '자유와 용기의 나라'에서 동료 해병들과 만나게 될 것이다. 그곳은 레클리스에게는 아이스크림과 사탕, 콜라와 맥주 그리고 즐거운 시간이 넘치는 '풍요의 땅'이기도 했다. 이제 레클리스는 새로운 모험을 시작하게 될 것이었다. 하지만 그전에 승선 지점인 일본으로 이동해야 하는 쉽지 않은 여정을 앞두고 있었다.

2부 | 미국의 영웅이 된 레클리스

캘리포니아 주민들은 미 해병대와 함께
한국에서 돌아온 레클리스 하사를 맞이하게 되어 큰 자부심을 느낍니다.
— 굿윈 J. 나이트(캘리포니아 주지사 담화문 중에서)

Sergeant

Reckless

1장

전쟁 영웅, 미국 땅을 밟다

"놀라운 전공을 세운 해병대의 전설적인 군마,
레클리스 하사가 귀국합니다!"

—

루엘라 파슨스(할리우드 신문 칼럼니스트)

    레클리스가 강제 징집된 지 거의 2년이 지나, 말 귀환 작전이 본격 착수되었다. 1954년 10월 22일 금요일, 레클리스는 새로운 고향으로 긴 항해를 시작했다. 첫 구간인 한국에서 일본까지의 비행은 레클리스에게 썩 유쾌하지 않았지만, 동반자인 해병대 제5연대 소속 일병 윌리엄 무어와 함께 SS 퍼시픽 트랜스포트 호 V/36E에 탑승하게 되어 기뻤다.

    해병대는 1.2m×3m 크기의 이동식 마구간을 준비했다. 이 마구간은 앞쪽은 2.3m 높이의 경사진 지붕으로 되어 있고, 뒤쪽은 약간 낮게 설계되었다. 귀리, 건초, 그리고 레클리스의 침대가 들어갈 공간은 충분했다. 신선한 공기가 잘 통하도록 마구간은 갑판 위에 설치되었다. 시원하고 짭조름한 바다 공기가 레클리스의 멀미를 방지해 주기를 바랐다.

하지만 레클리스에게 태평양 횡단은 실패했던 상륙 작전을 떠올리게 했다. 신선한 공기를 마실 수 있게 갑판 위에 자리를 잡아주었는데, 높은 파고로 레클리스가 심한 멀미를 앓아 음식을 먹지 못했다. 게다가 거의 배 밖으로 쓸려갈 뻔했다. 거대한 파도가 선수를 덮쳤을 때, 레클리스는 마구간 밖으로 내동댕이쳐지며, 험한 바다로 떨어질 위기를 겪었다. 승무원들이 급히 달려갔을 때, 레클리스는 갑판에 쓰러져 앞다리로 배 난간을 지탱하며 버티고 있었다. 몸이 흠뻑 젖어 겁에 질린 레클리스를 승무원들이 간신히 일으켜 세워 마구간으로 옮겼다. 추가적인 위험 상황을 방지하기 위해 레클리스의 주변에 건초 더미를 쌓아두었다.

기어 중령은 곧바로 최근 승진한 페이트 중장, 피더슨 중위, 레이섬 중사, 라이블리 하사, 그리고 콜먼 일병에게 레클리스가 출발했음을 알렸다. 이미 캘리포니아 펜들턴 기지에 주둔 중이던 피더슨과 라이블리는 샌프란시스코에서 레클리스를 만나 800km나 되는 남쪽에 위치한 새로운 집으로 이동할 트레일러를 준비했다.

노스캐롤라이나 르준 기지에 있던 레이섬은 흥분하며 피더슨에게 전화를 걸어 레클리스를 맞이하기 위해 모든 노력을 다하겠다고 말했다. 한편, 민간인 신분이 되어 유타주에 살고 있던 콜먼은 이 행사를 위해 차를 몰고 오겠다고 전했다.

레클리스를 위한 대규모 환영식이 개최될 예정이었다. 해병대 기념관의 운영 책임자인 에번스 에임스 소장은 1954년 11월 10일

저녁, 샌프란시스코에서 열리는 해병대 창설 179주년 만찬에서 레클리스를 명예 초대 손님으로 지정했다.

축하 준비를 위해 해야 할 일이 많았다.

레클리스, 미국의 대중 스타가 되다

언론들은 레클리스의 귀국 소식을 빠르게 전했다. 가장 먼저 레클리스 소식을 전한 사람은 인기 라디오 진행자이자 신문 칼럼니스트였던 밥 콘서다인이었다. 그는 1954년 10월 24일 일요일 밤 방송된 자신의 프로그램 〈온 더 라인(On the Line)〉에서 귀국 환영 캠페인을 시작했다. 이튿날 그는 신문 칼럼에 레클리스와 해병 친구들이 재회할 때 부두에서는 감격스러운 눈물이 넘칠 것이라며 다음과 같이 썼다. "레클리스도 함께 눈물을 흘릴 것이 분명하다."

이 소식이 통신사를 통해 전해지자 전국의 신문들이 흥분하며 기사를 쏟아냈다. 1954년 10월 28일, 할리우드 가십 칼럼니스트 루엘라 파슨스는 〈허스트〉 신문에 기어 중령에게 받은 편지 내용을 보도했다. 그는 다음과 같이 썼다.

"놀라운 전공을 세운 해병대의 전설적인 군마, 레클리스 하사가 귀국합니다!"

독자들에게 레클리스가 펜들턴 기지에 머물게 될 것이라고 알리며 덧붙였다.

"앤디(기어 중령의 애칭)가 더튼 출판사를 위해 책을 쓰고 있고, 5주 안에 완성하기를 희망한다고 합니다. 레클리스의 이야기는 훌륭한 영화 소재가 될 것입니다. 이보다 용감한 해병은 없었어요."

6년 동안 텔레비전 버라이어티 쇼 진행자로 활동하던 에드 설리번도 〈뉴욕 데일리 뉴스〉에 기고한 쇼비즈 가십 칼럼을 통해 레클리스에 대해 높이 평가했다. 이후 그는 전보를 보내며 훈장을 받은 전쟁마를 자신의 주간 프로그램 〈토스트 오브 더 타운(Toast of the Town)〉에 초대했다. 이 프로그램은 1년 후 〈에드 설리번 쇼〉로 이름이 바뀌게 된다. 설리번은 다음과 같이 전했다.

> 11월 7일 일요일 칼럼에서 해병대 창설 기념일을 맞아 레클리스에 대한 글을 썼습니다. 저는 11월 7일 밤에 레클리스를 무대에 초대하고 싶습니다. 그날 밤 관객 중에는 데브로 장군도 계실 예정입니다. 레클리스를 동부로 이동하는 비용이 얼마나 드는지 알려주시겠습니까? 운송 비용 외에도 해병 가족 기금에 1천 달러를 추가로 기부하겠습니다. 답신 바랍니다.
>
> - 진심으로, 에드 설리번

레클리스가 〈토스트 오브 더 타운〉에 출연할 세부 사항이 조율되는 동안, SS 퍼시픽 트랜스포트 호의 섀넌 선장은 태풍으로 배가 지연되고 있다고 무전을 보냈다. 도착이 11월 9일 저녁으로 연기되었는데, 이는 설리번 방송이 끝나고 이틀 후였기에 레클리스의 텔레비전 데뷔는 아쉽게도 무산되었다.

캘리포니아에서는 레클리스의 화려한 도착을 준비하며 흥분이 고조되었다. 캘리포니아 주지사가 된 굿윈 J. 나이트는 레클리스의 귀환을 환영하는 담화문을 발표했다. 이 담화문은 나이트가 캘리포니아 주지사 정식 임기를 맡은 첫날에 공개되었다. 그는 1년 전 얼 워렌 주지사가 미국 대법원장이 되기 위해 사임한 후 주지사직에 임명되었다.

캘리포니아 주민들은 한국에서 온 레클리스 하사를 환영하기 위해 미국 해병대와 함께하게 되어 자랑스럽습니다.

해병대 제1사단의 병사들과 함께 싸우며, 이 용맹한 작은 암말은 그들의 정신을 상징하는 존재가 되었습니다. 탄약을 나르는 동안 레클리스는 두 번이나 부상을 입었지만, 피로 물든 옆구리를 감내하며 험난한 산을 계속 오르내렸습니다. 이러한 용기는 당연하게도 용기가 무엇인지 가장 잘 아는 이들의 존경을 받았습니다. 따라서 저는 이 영웅적인 동물이 캘리포니아를 집으로 선택한 것을 자랑스럽게 생각합니다.

앞으로 긴 세월 동안, 레클리스와 함께 싸웠던 병사들은 레클리스에 대한 깊은 애정을 간직할 것입니다. 그러나 더 중요한 것은, 시간이 지나면 이마에 흰 무늬를 지닌 이 작은 암말은 미래의 해병대원들과 어울리며, 그들에게 셈퍼 피델리스(Semper Fidelis), 즉 '언제나 충성!'이라는 정신을 그들에게 심어줄 것입니다. 그것은 해병대의 영원한 숨결이자 생명력입니다.

- 굿윈 J. 나이트(캘리포니아 주지사)

옛 전우들과 추억을 나누다

피더슨 중위와 라이블리 하사는 알팔파, 곡물, 담요로 가득 찬 트레일러를 끌고 샌프란시스코에 도착했다. 피더슨의 아내 케이 피더슨은 다음 날 아침 비행기로 남편을 만나러 올 예정이었으며, 남편 인생의 또 다른 '여자'인 레클리스를 드디어 만나게 될 것이었다. 먼로 콜먼은 이미 유타주에서 예비 신부와 함께 도착해 있었다. 조셉 레이섬 중사는 레클리스를 만나기 위해 가능한 모든 방법을 시도했지만 결국 실패했다. 레이섬 본인은 물론이거니와 레클리스와 레이섬의 우정을 지켜본 대원들은 이를 무척 안타까워했다.

1954년 11월 8일 밤, 레클리스의 도착을 하루 앞두고 전우들과 그들의 가족은 샌프란시스코에 있는 기어 중령의 집에 모여 음료를 나누며 추억을 회상하고, 환영식 준비를 마무리했다. 그러나 바다 위의 레클리스는 자신도 모르게 마지막 순간까지 그들에게 일거리를 하나 더 만들어주었다.

기어의 칵테일파티는 섀넌 선장의 전화로 중단되었다. 좋은 소식은 레클리스가 멀미와 배 밖으로 쓸려갈 뻔한 사고를 겪은 후 식욕을 되찾았다는 것이었다. 나쁜 소식은 레클리스가 자신의 아름다운 행진용 말덮개와 계급장, 훈장 리본까지 모두 먹어 치웠다는 것이었다. 남은 것은 몇 조각뿐이었다. 모두가 어이없어했지만, 동시에 레클리스가 멀쩡하다는 소식에 감사했다.

기어 중령은 상황을 정리하고 신속히 움직였다. 레클리스가 탄 배는 다음 날 밤에 도착할 예정이었고, 그다음 날 아침 9시에 부두에서 기자회견이 예정되어 있었다. 수많은 사진기자들이 카메라를 메고 부두에서 대기하고 있을 터라, 레클리스의 모습이 얼마나 중요할지 잘 알고 있었다. 기어와 동료들은 레클리스에게 필요한 말덮개와 글자 장식, 하사 계급장, 그리고 훈장 리본을 신속히 마련해야 했다.

피더슨이 공항에서 케이 피더슨을 데리러 가기 전에, 기어는 그에게 샌프란시스코의 대표적인 마구 상점 올슨 놀테에 들러 새 말덮개를 가져오라고 지시했다. 콜먼에게는 글자를 수놓을 전문가를 찾으라는 지시가 내려졌다. 라이블리는 하사 계급장 한 쌍을 수소문하기로 했고, 기어는 훈장 리본을 담당하기로 했다.

올슨 놀테의 주인 크리드 헤이버린은 정확한 색상과 크기에 맞춰 말덮개를 제작했다. 고급 가죽 재갈, 발굽 손질 도구, 빗과 브러시도 함께 기부했다. 피더슨이 지갑을 꺼내자 헤이버린은 거절하며 말했다.

"이건 선물입니다. 오늘 밤 집에 가서 아이들에게 레클리스에게 돈을 받았다고 하면 쫓겨날 겁니다."

비슷한 일이 에머슨 제작사에서도 일어났다. 회사 매니저 아서 맥로그는 작업 중이던 모든 깃발과 배너 제작을 즉시 중단하고, 직원 모두를 투입해 레클리스의 말덮개에 사용할 글자를 자르고 모양을 배열하는 작업에 최선을 다했다. 글자는 이렇게 씌어졌다.

"레클리스 하사: 해병대 제1사단."

1854년에 샌프란시스코에 설립된 역사적인 군용 장비 제작사인 B. 파스콸레 & 컴퍼니는 길이가 46cm, 폭이 3.8cm인 훈장 리본 두 줄을 놀라운 속도로 제작해 주었다.

말덮개, 글자 장식, 훈장 리본, 계급장이 모두 모였다. 배가 도착한다는 전화가 걸려올 무렵, 케이 피더슨은 계급장과 훈장 리본을 말덮개에 간신히 꿰맸다. 12일간의 항해를 끝내고 레클리스가 마침내 도착했다.

그날 밤 피더슨, 콜먼, 라이블리가 배에 올라 레클리스와 재회했다. 지구 반대편에서 작별한 지 18개월이 지났지만, 밤하늘 아래 갑판 위에서 서로를 알아본 이들 사이의 끈끈한 유대는 시간과 거리를 뛰어넘어 여전했다.

레클리스는 피더슨에게 닿으려 마구간의 가로막대를 밀어내며 안간힘을 썼고, 피더슨, 콜먼, 라이블리가 기쁨에 차 맞이했다. 이 작은 전쟁 영웅은 피더슨의 손에 얼굴을 비볐다. 레클리스는 안전했다. 배에서 마지막 하룻밤을 더 보내야 했지만, 레클리스는 어쩌면 옛 전우들과 함께할 새 보금자리에 도착했다는 것을 본능적으로 느꼈을지도 모른다.

날이 밝아오자 레클리스의 동료들은 배로 올라와 언론에 공개

할 준비를 했다. 세심한 빗질과 손질로 레클리스의 털은 반짝였고, 발굽은 깨끗이 닦여 광이 났다. 이마의 흰 줄무늬와 발목에 난 흰 무늬도 상쾌한 샴푸로 더욱 선명해졌다. 레클리스는 이런 손질과 관심을 한껏 즐겼고, 마무리했을 때는 그야말로 눈부시게 아름다웠다.

샌프란시스코 프레시디오 기지에 주둔한 제6군 소속 수의사인 아서 뉴웰 중위가 혈액 검사에 필요한 병과 주사기를 가지고 이른 아침에 도착했다. 하지만 그는 농무부 소속의 에디 검사관이 도착하기 전에는 검사할 수 없었다. 에디와 또 다른 검사관이 나타났을 때, 뉴웰 중위는 주사를 놓을 때 레클리스가 뒷다리로 일어서면 다칠 수 있다고 우려했다.

피더슨은 무덤덤하게 말했다.

"그냥 해보세요. 고개도 까딱 안 할 겁니다."

뉴웰 중위는 내무용 모자를 벗어 차량 펜더 위에 놓고 레클리스의 목을 몇 번 두드려 감각을 둔하게 했다. 레클리스는 당근을 먹는 데 정신이 팔려 미동도 하지 않았다.

뉴웰이 주사 바늘을 찔러 넣자 채혈병이 피로 채워졌다. 그사이 레클리스는 내무용 모자를 발견하고는 목을 쭉 뻗어 이빨로 낚아챘다. 다행히 라이블리가 재빨리 가로챈 덕분에 모자는 살짝 구겨지는 선에서 끝났다.

레클리스를 향한 뜨거운 환호와 경의

레클리스가 언론을 만날 시간이 되었다. 배는 기자와 사진가들로 꽉 찼다. 한 베테랑 기자는 익살스럽게 말했다.

"일주일 전에 닉슨 부통령이 여기에 왔을 때보다 더 많은 카메라와 기자들이 모였네요."

〈샌프란시스코 이그재미너(San Francisco Examiner)〉는 이렇게 보도했다.

"한국전쟁이 끝난 뒤 병력을 태운 수송선들이 들어오던 시절 이후로, 피어 7부두에서 이처럼 열렬한 환영식을 본 적은 없었다. 어제 이 전투 베테랑을 맞이한 환영식이 바로 그와 같았다."

레클리스는 자신의 순간을 만끽했다. 한 시간 넘게 여러 해병들과 포즈를 취했고, 당근을 먹었으며, 플래시가 터지는 동안 마구간 안팎을 십여 차례나 걸었다. 그러나 이내 지루해졌는지, 레클리스는 피더슨에게 신호를 보냈다.

이제 갈 시간이었다.

피더슨 중위는 레클리스를 하역용 마구간으로 데려갔고, 하역 장비를 이용해 둘은 배 측면으로 들어 올려진 다음 부두로 조용히 내려왔다. 피더슨은 마구간 문을 열고 레클리스가 나오도록 하여 곧 미국 땅에 첫발을 딛게 해주었다. 레클리스 하사는 위대한 영웅에게 어울리는 품격과 환호 속에서 도착했다.

레클리스의 첫 기자회견(〈레더넥〉 매거진 사진 제공)

사진 왼쪽. 피더슨이 상륙하기 전에 레클리스를 마구간에 고정시키고 있다.(샌디에이고 해병대 신병훈련소 지휘박물관 사진 제공) / 사진 오른쪽. 레클리스와 피더슨이 샌프란시스코 부두로 내려지고 있다.(펜들턴 기지 기록보관소 사진 제공)

미국 땅에 첫발을 내디딘 레클리스를 피더슨이 안내하고 있다.(샌디에이고 해병대 신병훈련소 지휘박물관 사진 제공)

그날 부두의 감동적인 환영 분위기는 미국 전역의 신문 헤드라인을 장식했다. 남부 캘리포니아의 〈롱비치 프레스 텔레그램〉은 '영웅의 환영: 해병대 암말 도착하다'라는 제목으로 대서특필했다.

매사추세츠의 〈스프링필드 유니언〉은 '해병대 말 상륙하다: 한국전쟁의 진정한 영웅, 작은 적갈색 암말 레클리스 하사, 서부 해안에 도착'이라고 썼다.

지역 신문인 〈오클랜드 트리뷴〉은 이야기를 약간 잘못 전한 듯했다. '영웅 레클리스 하사, 한국 귀환 길에 환영받다.'

기사에는 환한 미소를 짓고 있는 앤드루 기어, 에릭 피더슨, 먼로 콜먼, 엘머 라이블리가 레클리스를 다정하게 쓰다듬는 사진들이 대대적으로 실렸다.

피더슨의 인터뷰도 널리 보도되었는데, 특히 그가 어떻게 레클리스를 처음 만나게 되었는지, 그리고 항해 중에 레클리스가 먹어버린 말덮개와 훈장 리본을 마지막 순간에 급하게 교체한 해프닝에 관한 이야기가 주목을 받았다. 주지사의 환영 담화문이 언론 앞에서 낭독되었고, 이어서 인터뷰와 사진 촬영, 축하 행사로 가득 찬 열기 넘치는 아침이 이어졌다.

절묘한 우연의 일치로, 레클리스는 워싱턴 D.C.에서 자신이 기부금 모금에 도움을 준 이오지마 기념비를 드와이트 아이젠하워 대통령이 헌정하던 바로 그날, 미국 땅에 첫발을 내디뎠다.

〈샌디에이고 유니언〉은 이 헌정식을 보도하며, 리처드 닉슨 부통령이 이오지마 깃발을 올린 후 전사한 두 해병의 어머니들과 함

피더슨과 기어가 새 말덮개를 레클리스에게 입혀주고 있다.(낸시 레이섬 파킨 사진 제공)

부두에서 에번스 에임스 소장이 레클리스에게 새로운 훈장 리본들을 달아주고 있다.
(낸시 레이섬 파킨 사진 제공)

께 서 있는 사진을 게재했다. 흥미롭게도 이 사진은 같은 날 레클리스 하사의 도착을 다룬 기사와 나란히 실렸다.

부두에서 레클리스와 일행은 에번스 에임스 소장이 준비한 환영 행사에 참가하기 위해 해병대기념관으로 향했다.

1946년부터 샌프란시스코 유니언 스퀘어의 랜드마크로 자리 잡은 해병대기념관과 호텔은 미국 최초로 '역사가 살아 있는 공간'으로 운영되고 있다. 이 건물 전체는 앞서간 이들을 기리고, 그 정신을 이어받는 이들에게 봉사하기 위해 운영되고 있다. 각 층은 다른 주제의 전시를 개최하고, 조국을 위해 전사하거나 실종되거나 복무 중 사망한 군인들을 기리고, 그들의 용기를 기념하기 위한 감동적인 기념품들이 벽에 전시되어 있다.

해병대기념협회 잡지 〈해병대 교차로(Crossroads of the Corps)〉는 1954년 11월호 표지를 조셉 레이섬 중사와 레클리스에게 허정했다. 잡지에는 "한국의 험난한 지형에서 데뷔한 매력적인 암말이 해병대기념관에서 공식적으로 미국 본토 데뷔를 준비하고 있다"라고 언급했다. 이 특집 기사에는 레클리스가 "전례 없는 귀빈으로 초청되어 그에 걸맞은 예우를 받게 될 것"이라고 소개하며, 이는 레클리스의 미국 내 '데뷔 행사'로 자리매김한 자리였다고 밝혔다. 환영 행사는 해병대 창립 179주년과 해병대기념관의 8주년을 기념하는 연례 기념 만찬 및 무도회로, 특별한 경의를 포함한 독특한 프로그램이 예고되면서 예약이 '폭발적으로 몰렸다'고 전해진다.

레클리스가 기념관의 역사적인 극장 무대에 올라가자 적어도

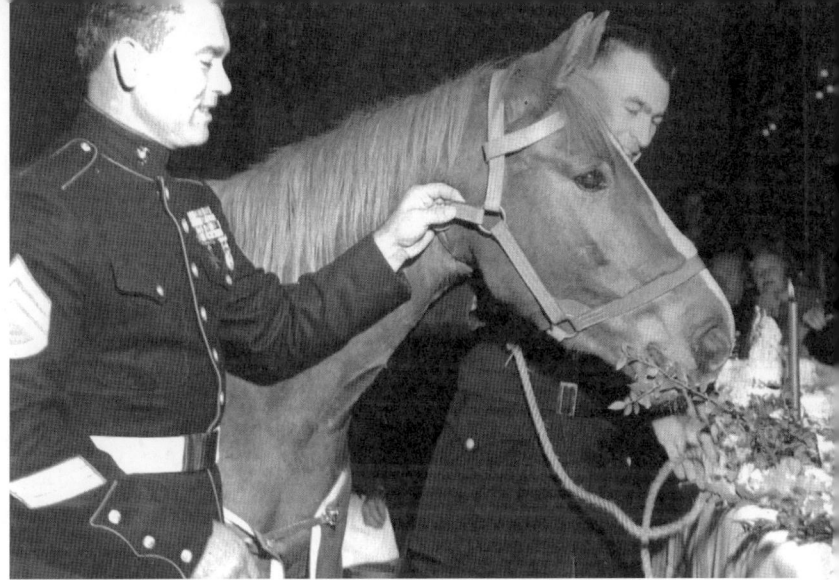

케이크 대신 카네이션! 레클리스가 테이블을 장식한 꽃을 먹고 있다.(버지니아주 콴티코 미 해병대 역사부 사진 제공)

50명의 해병대원들이 환호하며 레클리스를 맞이했다. 환호가 잠잠해지자, 레클리스는 콜라로 여러 번 축배를 받았다.

안타깝게도 레클리스는 훈장을 받은 전쟁 영웅이자 파티의 주인공이었지만, 자신의 흠 없는 공적 이미지를 신경 써야 했다. 한 사진기자가 갈색 음료가 인쇄되면 알코올로 오해받을 수 있다고 지적하자, 레클리스는 순순히 우유 한 잔도 마셨다.

환영 행사가 끝난 후, 무대 조명이 꺼지자 레클리스는 휴식을 취할 수 있었다. 레클리스는 친구들의 막사에서 자주 했던 것처럼 조용히 몸을 뉘였다. 아직도 긴 밤이 남아 있었기 때문이다.

잠깐의 휴식 후 본격적으로 파티가 시작될 시간이었다. 참석자 중 일부는 말이 자발적으로 엘리베이터에 타겠느냐며 의심했지만,

그들은 레클리스를 몰랐다. 레클리스는 주저 없이 화물용 엘리베이터로 들어가서 몸을 편안하게 맞추고, 당당하게 10층에 있는 연회장으로 올라갔다.

엘리베이터 문이 열리자 피더슨과 라이블리가 레클리스를 연회장으로 안내했다. 레클리스가 차분하게 걸어 들어가자 400명의 해병대원과 그들의 동반자들이 박수갈채를 보냈다. "카메라 플래시가 주저항선의 박격포탄처럼 터져댔다"라고 묘사될 정도로 화려했다. 기조 연설자 앤드루 기어는 레클리스가 경주마에서 전통적인 해병대 영웅으로 변신하게 된 놀라운 이야기를 들려주며 청중을 사로잡았다.

소개가 진행되던 중 레클리스는 눈앞에 놓인 60cm 높이의 기념 케이크를 발견했다. 피더슨이나 라이블리가 말리기도 전에 레클리스는 코를 케이크에 박고 연이어 한입씩 즐기기 시작했다. 레클리스는 만족스러운 한숨을 내쉬며 케이크를 먹었다. 아마도 한국에서 먹던 땅콩버터 샌드위치를 떠올리게 했을 것이다. 케이크가 다 사라진 후, 에번스 에임스 소장의 부인 베다 에임스 여사는 테이블 너머로 몸을 기울여 레클리스에게 손으로 아이스크림을 먹여주었다.

배고픈 레클리스에게 케이크와 아이스크림은 단지 전채 요리에 불과했다. 연설이 이어지는 동안 레클리스는 장미와 카네이션으로 장식된 테이블 꽃 장식을 맛보기 시작했다. 마지막 연설이 끝날 때쯤 꽃들은 완전히 사라지고 말았다.

밤 10시경, 레클리스는 그날 밤 두 번째로 모습을 드러냈다. 다시금 천천히 엘리베이터에 올라탄 레클리스는 생일 무도회와 공식 케이크 커팅식이 열리는 11층 크리스털 볼룸으로 올라갔다.(누군가 미리 여분의 케이크를 주문해 두었기에 다행이었다.)

전통적인 케이크 커팅식은 모든 해병대원이 매년 해병대에 대한 헌신을 새롭게 다지고, 전 세계 평화와 자유를 지키겠다는 서약을 상징한다. 이 의식에 사용되는 매멀루크 도검은 해병대 공식 웹사이트에 따르면 "십자가형 자루와 상아 손잡이 디자인은 오스만 전사들이 수세기 동안 사용한 도검과 유사해, 거기에서 이름을 따왔다"고 한다. 해병대가 매멀루크 도검을 의식적으로 사용하기 시작한 역사는 1805년으로 거슬러 올라간다. 이는 해병대 중위 프레슬리 오배넌이 트리폴리 데르나를 성공적으로 탈환한 공로에서 비롯되었다. 해병대 전설에 따르면, 트리폴리 왕자인 하메트 카라만리는 감사의 표시로 자신의 매멀루크 도검을 오배넌에게 선물했다. 이 역사적인 전투는 '해병대 찬가'의 "트리폴리 해안까지(to the shores of Tripoli)"라는 구절에 담겨 있다.

오늘날 매멀루크 도검의 변형된 형태는 여전히 해병대의 공식 군복에 새겨져 있다.

전통적으로 케이크의 첫 번째 조각은 귀빈에게, 두 번째 조각은 가장 연장자인 해병대원에게 헌정된다. 이는 '경험과 연륜에 대한 존경과 명예'를 상징한다. 이어서 연장자 해병대원은 두 번째 조각을 가장 나이가 어린 해병대원에게 건네는데, 이는 해병대 역사

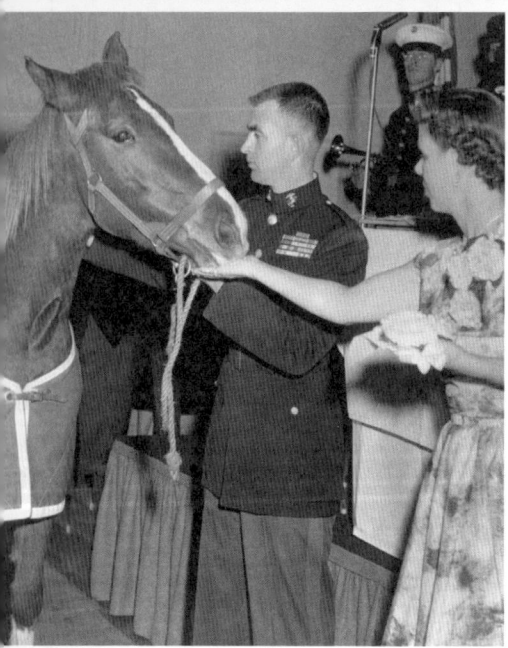

케이 피더슨이 레클리스에게 기념
케이크 첫 조각을 먹여주고 있다.
(위: 펜들턴 기지 기록보관소, 아래:
코르비스 사진 제공)

레클리스가 당당하게 보헤미안 클럽의 카툰 룸에 입장하고 있다. (제임스 태거트 사진 제공)

와 전통을 다음 세대로 잇는다는 의미를 내포한다.

헨리 린스콧 소장이 첫 번째 조각을 자르는 역할을 맡았다. 그리고 그 상징적인 첫 조각을 받은 것은 귀빈 레클리스였다. 레클리스는 케이 피더슨이 내민 손 위의 케이크를 맛있게 먹어 치웠다.

이 순간은 〈해병대 교차로〉 1954년 12월 호 '생일 축하 파티의 주인공이 된 레클리스'라는 제목으로 영원히 기록되었다.

# 2장

레클리스의 펜들턴 기지 생활

"레클리스의 거처는 사령관 관저 근처에 마련하고,
적절한 표지판을 설치해 해병대의 자랑, 레클리스 하사의 집임을
모두가 알 수 있도록 해야 합니다."

―

앤드루 기어(미 해병대 제5연대 제2대대 중령)

　샌프란시스코에서 대대적인 환영을 받은 후, 레클리스는 남쪽으로 700km 거리의 펜들턴 기지까지 가는 동안 내내 환호를 받았다. 기지에 도착하자 사령관 존 셀든 소장이 직접 맞이해 주었다. 셀든 소장은 다음과 같이 썼다.

　"레클리스 하사를 맞이하기 위해 정문에 나가 있었다. 듣던 대로 정말 아름답고 잘 훈련된 말이라는 생각이 들었다. 내가 알 폴록에게 사령부를 인계한 후라서 레클리스가 해병대 제1사단에 합류하여 활약하는 모습을 보지는 못했다. 하지만 레클리스가 전장에서 보여준 용맹한 활약에 대해 많은 해병대원들에게서 전해 들었다. 펜들턴 기지에 레클리스가 합류하게 되어 매우 자랑스러웠다."

　존 셀든은 기지 생활에 대해 언급했다.

사진 왼쪽. 레클리스가 새로운 보금자리인 펜들턴 기지에 도착했다.(샌디에이고 해병대 신병훈련소 지휘박물관 사진 제공) / 사진 오른쪽. 레클리스가 새로운 주둔지인 펜들턴 기지에 첫발을 내딛는 순간. 해병대 경비병들이 에릭 피더슨 중위가 인도하는 영웅적인 레클리스 하사를 예우하고 있다.(버지니아주 콴티코 미 해병대 역사부 사진 및 설명 제공)

존 셀든 소장이 피더슨 중위와 레클리스를 맞이하는 장면(샌디에이고 해병대 신병훈련소 지휘박물관 사진 제공)

레클리스 하사가 에릭 피더슨 중위와 함께 기지 사령관 존 셀든 소장의 역사적인 관저를 방문해 방명록에 서명하고 있다.(버지니아주 콴티코 미 해병대 역사부 사진 및 설명 제공)

"앞으로 레클리스의 미래에 대해 말하자면, 이 기지에는 2만 5천 명의 해병이 있다. 해병들은 모두 레클리스에게 부족함이 없도록 하겠다는 굳은 의지를 갖고 있다. 해병대 제1사단이 한국에서 돌아온다면 앞으로 대원 숫자는 두 배가 될 것이다. 이 이상 무슨 말을 더 해야 할까?"

미국 농무부에서 진행한 혈액 검사 결과를 기다리는 동안, 레클리스는 격리되어야 했기에 펜들턴 기지에서 가까운 캘리포니아 비스타에 있는 피더슨의 목장으로 갔다. 6천 평 규모의 목장이었다. 피더슨의 자녀들은 레클리스 등에 올라타지 말라는 규칙을 듣지 못한 듯했다. 피더슨의 아들 에릭 주니어는 다른 말들과 같이 레클리스도 타고 다녔다. 피더슨 가족과 1년이 조금 넘는 시간을 함께 보낸 후, 레클리스는 공식적으로 해병대 제1사단에 매각되어 기지 마구간으로 이동했다. 피더슨 가족은 레클리스를 가족의 일원처럼 사랑했기에, 이 영웅적인 손님과의 이별이 결코 쉽지 않았다.

전쟁 영웅에 대한 예우

펜들턴 기지에 정착한 레클리스는 그냥 방목되는 말로 취급받지 않았다. 1954년 11월 19일, 기어 중령은 페이트 중장에게 보낸 서한에서 레클리스가 특별한 존재인 만큼 그에 걸맞은 보살핌과 배려가 필요하다고 강조했다.

"레클리스가 생활할 수 있는 넓고 고급스러운 마구간을 지어야 합니다. 방목지는 충분히 넓고 최상의 풀이 자랄 수 있도록 물이 잘 공급되는 곳이어야 합니다. 레클리스의 거처는 사령관 관저 근처에 마련하고, 적절한 표지판을 설치해 '해병대의 자랑, 레클리스 하사의 집'임을 모두가 알 수 있도록 해야 합니다. 체격이 크고 고삐를 거칠게 다루는 카우보이 같은 사람이 절대로 타게 해서는 안 되며, 기지 마구간의 일반적인 말들과 동일하게 취급해서도 안 됩니다."

기어 중령은 또한 레클리스가 한국에서 지프차에 치여 약해진 왼쪽 엉덩이 상태를 언급하며 무리한 활동은 다리를 절게 만들 것이라고 덧붙였다. 기어 중령은 마치 십대 딸을 대학에 보내는 걱정

많은 아버지처럼 계속해서 세세한 지침을 전달했다.

"60kg이 넘는 사람이 레클리스를 타서는 안 되며, 운동이나 가벼운 훈련 목적으로만 제한적으로 타야 합니다. 6개월마다 철저한 건강 검진을 받아야 합니다. 레클리스는 아이들을 좋아하며, 아이들과 함께 있을 때는 온순합니다. 그러나 한국에서 야생 개들에게 공격당한 경험이 있어 개한테 적대적입니다. 따라서 개는 가까이 두지 말아야 합니다."

나중에는 이 지시가 명령으로 변경되어 말덮개보다 무거운 것은 등에 절대 실을 수 없게 되었다.

털과 발굽 관리에 대한 지침도 구체적이었다. 적절한 대장장이를 선택할 때 주의가 필요하다는 경고도 있었다.

"편자는 6주 동안 제거한 상태로 두었다가 그 기간 중에 발굽을 다듬은 후 새 편자를 장착해야 합니다. 가장 숙련되고 인내심 있는 대장장이를 고용해야 합니다. 레클리스 하사는 자신의 발굽에 매우 자부심을 가지고 있으며, 서투른 실력은 참아주지 않습니다. 여러 한국 편자공들이 이 말에 대해 뼈아프게 증언할 수 있을 겁니다. 레클리스는 매일 몸단장을 해주어야 하며, 비전문가가 한 손질이나 영양 부족으로 헝클어지고 거칠어진 갈기와 꼬리는 매일 빗질을 해서 복구해야 합니다. 본부 당직 장교는 24시간마다 레클리스와 레클리스의 거처를 점검해야 합니다."

기어 중령은 레클리스가 좋아하는 특별 간식에 대해서도 요구 사항을 명확히 했다.

"레클리스는 물 외에도 몇 가지 음료를 좋아합니다. 코카콜라와 우유를 특히 좋아하며, 분유도 마다하지 않습니다. 전투 중 스트레스를 받을 때는 맥주를 마신 적도 있습니다. 다만 모든 음료는 일반 물컵에 제공되어야 하며, 병으로 마실 때는 병 윗부분을 깨물어 버리는데, 이렇게 하면 상처를 입을 수 있습니다. 콜라는 제한된 양으로, 일주일에 2~3잔을 넘지 않게 제한하고, 우유는 예산이 허락하는 한 마음껏 마시게 해주어야 합니다. 일상적인 곡물과 알팔파 사료에 변화를 주기 위해, 가끔은 소금을 살짝 뿌리고 후추를 넣지 않은 스크램블드에그 한 접시를 줄 수 있습니다. 레클리스는 당근, 사과, 설탕, 그리고 김치를 특히 즐기지만, 남부 캘리포니아에서 김치를 구하기는 쉽지 않을 것입니다. 레클리스는 소금을 핥아먹지 않습니다. 소금은 반드시 곡물 사료나 계란에 넣어주어야 하며, 한 번에 너무 많은 양을 주어서는 안 됩니다."

해병대 기지에 정착했을 때 레클리스는 이미 유명한 스타였다. 1년 전 샌프란시스코에 대대적으로 도착한 이후로 명성은 계속 커져가고 있었다. 기어 중령은 해병대 사령관 레뮤얼 셰퍼드 주니어 장군에게 보낸 편지에서 레클리스의 유명세를 다루는 방법에 대해 제안했다.

레클리스의 명성을 상업적으로 활용하려는 제안은 많았다. 미국 서부 이야기를 소재로 한 라이브 쇼 〈와일드 웨스트 쇼〉가 레클리스를 출연시키려 했고, 일부 TV 제작자는 레클리스 시리즈를 구상했으며, 사료 회사는 레클리스를 통해 제품을 홍보하려 했다. 레클리스는 그 사료를 조금 씹어보더니 곧 고개를 돌려버렸다.

라이블리 하사는 이렇게 말했다.

"케이크나 땅콩버터를 잔뜩 섞지 않는 한 레클리스는 절대 그 사료는 먹지 않을 겁니다."

기어는 레클리스의 방송 출연에 엄격한 조건을 제시했다. 품위 없는 프로그램이나 전쟁 영웅으로서의 명성을 해칠 수 있는 활동에는 절대 참여하지 말아야 한다고 했다. 술과 관련된 제품을 홍보하는 것은 절대 허용되지 않았고, 레클리스가 실제로 좋아하는 사료나 우유처럼 신뢰할 수 있는 제품이라면 홍보 활동이 가능하다고 했다. 레클리스는 적십자, 해군 구호 단체, 미국이나 한국 재단과 같은 특정 자선 단체에는 무료로 출연할 수 있었다.

레클리스가 매우 가치 있는 존재였기에, 기어 중령은 개인 출연이나 제품 홍보를 위한 수수료로 1,000달러를 제안했다. 이는 사기꾼들과 진지하지 않은 제안을 하는 사람들을 걸러내기 위해서였다.

기어는 페이트 소장에게 보낸 편지에서 자신이 집필 중인 레클리스에 관한 책이 출판되면 TV 출연과 영화 제안이 들어올 것이며, 레클리스가 직접 자신을 연기하는 데는 문제가 없을 것이라고 말했다.

"할리우드에서 장기간 생활하는 것은 추천하지 않지만, 몇 주 정도는 흥미롭고 수익성 있는 경험이 될 수 있습니다."

레클리스의 공개 행사 참여에 관한 규정이 작성되어 페이트 소

한국전쟁에서 명성을 얻은 레클리스 하사가 캘리포니아주 칼즈배드의 봄 축제 행사에서 대중 앞에 서기 위해 모습을 드러냈다. 레클리스를 인솔하는 사람은 일리노이주 피오리아 출신의 월터 윌슨 이병이다.(버지니아주 콴티코 미 해병대 역사부 사진 및 설명 제공)

장의 승인을 받았다. 이 규정에는 레클리스가 적십자, 해군 구호 단체, 혹은 한국인을 돕는 자선 행사 등에 도움을 줄 경우 무료로 출연한다는 기어 중령의 제안이 포함되었다. 상업적인 활동의 경우 철저히 검토된 후에야 허가되며, 발생한 수익은 "한국에서 전사한 해병대원의 자녀들을 돌보고 교육하는 데 사용되는 해병대제1사단 협회 기금"으로 전달되었다

레클리스의 전기가 발간되다

1955년 10월 초, 앤드루 기어의 책 《레클리스: 해병대의 자부심》이 발간되었다. 〈뉴욕 타임스〉의 서평가 데이비드 뎀프시는 기어가, 김혁문이 레클리스를 해병대에 팔고 난 후의 이야기를 중단한 점이 아쉬웠지만, "한국인의 삶을 감동적으로 묘사한 것"에 대해서는 높이 평가했다. 전반적으로 뎀프시는 이 책을 호평하며, 레클리스를 "풍채 좋은 체격과 사교적인 성격으로 해병들의 사기 진작에 기여한 존재"로 인정했다.

1955년 10월 23일, AP 통신은 기어를 '이 주의 작가'로 선정했다. 많은 평론가들은 《레클리스: 해병대의 자부심》을 "감동적이고 영감을 주는 이야기"라며 "어른과 아이 모두에게 깊은 울림을 줄 것"이라고 평가했다.

기어는 책의 인세 전액을 해병대제1사단협회 장학 기금에 기부했다.

1955년 11월 23일, 해병대에서 가장 많은 훈장을 받은 네 발의 탄약 운송 전문가 레클리스의 매매가 마침내 확정되었다. 중위에서 대위로 진급한 에릭 피더슨은 상징적으로 1달러를 받고 레클리스를 해병대제1사단협회에 소유권을 넘겼다.

"해병대제1사단협회의 소유로서…… 이마에 휜 줄무늬가 있는 이 암말이 공공 행사에 출연하면 협회는 장학 기금을 위한 기부금을 받게 될 것입니다. 이 기금은 전사한 해병대원들의 자녀를 위

레클리스는 〈아트 링크레터 쇼〉에 출연했을 때 무대 공포증이 전혀 없었다. (샌디에이고 해병대 신병훈련소 지휘박물관 사진 제공)

해 사용됩니다."

이제 레클리스는 해병대제1사단협회의 소유가 되었지만, 실제로 해병대 제5연대가 레클리스를 돌보았고, 연대 지휘관은 곧바로 레클리스에 관한 몇 가지 규칙을 정했다.

제임스 블레이스 대령은 이렇게 말했다.

"해병대의 명예를 빛낼 수 있는 행사 참여를 제외하고는, 가장 중요하게 지켜져야 할 사항은 개들이 이 전투 참전 용사에게 접근해선 안 된다는 것입니다. 이 작은 암말은 세상의 모든 개를 가능한 한 빨리 박멸하려는 데 헌신적인 것처럼 보입니다."

당시 한국 태생의 이 암말을 둘러싼 '후계 말'에 대한 소문이 돌았다. 즉, 레클리스가 새끼를 임신했다는 이야기였고, 매매 계약

해병대 제5연대의 제임스 블레이스 대령(가운데)이 에릭 피더슨 대위에게 수표 1달러를 전달하며 상징적으로 레클리스를 매매하고 있다. 피더슨 대위는 한국에서 이 암말을 구입해 격렬한 전장에서 포탄을 운반하는 군마로 활용했다. 레클리스는 이제 해병대제1사단협회의 소유가 되었다. 왼쪽은 J. T. 월버 대령이 레클리스 팬이 그린 그림을 블레이스 대령에게 증정하기 위해 들고 있는 모습.(버지니아주 콴티코 미 해병대 역사부 사진 제공)

서에 따르면 첫 번째 새끼는 에릭 피더슨 대위의 소유가 될 예정이었다. 이 소문은 사실이 아니었으며, 레클리스는 임신하지 않았다.

매매가 완료된 후, 레클리스는 피더슨의 목장에서 산타 마가리타 마구간으로 옮겨졌다. 이 마구간은 펜들턴 기지에 있는 해병대 제5연대의 거점으로, 현재 국립 사적지로 등록된 산타 마가리타 랜치 하우스 서쪽, 랜치 하우스와 기지 사령관 부부가 거주하던 바실론 로드 사이에 위치해 있었다. 몇 년 후 레클리스는 기지 본부 마구간으로 옮겨져 그곳에서 여생을 보냈고, 지금도 그 자리에 안장되어 있다.

***

아트 시클러 일병은 1956년 가을부터 1958년까지 레클리스의 관리자였다.

"나는 슈머크 대령의 지프 운전병이었습니다."

시클러는 슈머크 대령의 사무실로 불려 갔던 순간을 기억했다.

"대령님은 무서운 분이어서 겁이 나더라고요. 방금 설치한 울타리 때문에 혼날 거라고 생각했거든요. 그런데 대령님이 말에 대해 아는 게 얼마나 되는지 물어보셨어요."

안도한 시클러는 어릴 때부터 말을 타고 자랐으며, 걸을 수 있기 전부터 말 위에 앉아 있었고, 가족 농장에서 많은 말을 훈련시켰다고 말했다. 슈머크 대령은 그가 적임자라고 확신했다.

"시클러, 자네에게 줄 일이 있네. 우리가 한국에서 데려온 특별한 말이 하나 있는데, 자네가 그 말을 전적으로 책임지게 될 걸세."

"그때는 레클리스에 대해 전혀 몰랐어요. 다음 날 말을 보러 마구간에 가서 아주 피곤해 보이는 말을 봤습니다. 레클리스는 매우 슬프고 지쳐 보였어요. 전쟁의 피로가 온몸에 배어 있었지요.…… 그래서 수의사를 불러 점검을 받았어요. 슈머크 대령님이 '말을 위해 네가 할 수 있는 일은 무엇이든 하라'고 분명히 말씀하셨거든요. '수의사가 필요하면 보내주겠다'고도 하셨어요."

시클러는 수의사를 불러 레클리스를 검사했다.

"레클리스의 이빨을 확인하고 다듬었어요. 말은 이빨에 돌기 같은 게 생기거든요. 이빨을 치료해 주었어요. 구충제를 먹지 않았다는 것도 알았어요. 아마도 레클리스가 그토록 안 좋아 보였던 가장 큰 원인이었거나, 주요 원인 중 하나였을 겁니다. 말은 최소 일년에 두 번은 구충제를 먹어야 하는데, 레클리스는 그런 관리를 못 받았던 것 같아요."

시클러는 레클리스를 돌보며 특별한 유대감을 맺었다.

"레클리스와 함께 지내면서 우리는 매우 가까워졌어요. 레클리스에겐 친구가 필요했어요. 한 달쯤 지나니 레클리스가 행복해 보이기 시작했어요. 이후 레클리스는 완전히 다른 말 같았죠. 레클리스의 털에 광택이 돌기 시작했고, '성격'이 완전히 달라졌어요."

슈머크 대령은 레클리스를 진심으로 걱정하며 세심하게 살폈다.

"대령님이 한국에서 레클리스와 어떤 인연이 있었는지 몰랐어요. 대령님은 레클리스의 상태를 걱정하시고는 개선시키려고 하셨죠. 한 달, 아니 5주 만에 레클리스가 좋아진 모습을 보고 대령님이 믿기 힘들어하셨어요. 털에는 윤기가 돌았고 발굽 상태도 좋았습니다. 그저 털을 잘 손질해 주었을 뿐인데 아주 건강해 보였어요."

레클리스는 부대의 마스코트 같은 상징적인 존재였기 때문에 18kg 이상의 짐을 지게 해서는 안 된다는 명령이 내려졌다.

"나는 그런 책임을 진지하게 받아들였어요. 레클리스는 많은 주목을 끌었거든요."

하지만 시클러가 분명히 알아차린 것은 레클리스가 시클러를 단순히 믿는 것에 그치지 않고, 자신의 안전을 위해 시클러에게 의지하기 시작했다는 점이었다.

"몇몇 병사들이 레클리스를 놀리면, 레클리스는 곧바로 나를 찾기 시작했어요. 레클리스는 괴롭힘 당하는 걸 싫어했어요. 병사들이 레클리스를 귀찮게 하면 레클리스는 귀를 뒤로 젖히고 이를 드러내며 나를 찾았어요. 내가 다가가면 바로 진정하곤 했지요. 레클리스에게 다가가서 다리를 톡톡 치며 '레클리스, 누워'라고 말하면 레클리스는 그냥 바닥에 납작 엎드렸어요. 그런 다음 '조용히!'라고 말했어요. 이런 건 한두 번만 그랬어요. 다른 사람들에게 보여주기 위해서요. 하지만 내가 '조용히 해, 레클리스'라고 말하면 레클리스의 눈에 두려움이 서렸어요. 레클리스가 전쟁의 피로를 겪고 있다는 게 무척이나 슬펐어요. 그래서 레클리스에게 다시는 그러지 않았어요."

시클러는 레클리스에게 특별한 침대를 마련해 주기도 했다.

"나뭇잎과 솔잎으로 침대를 만들어주었는데, 레클리스는 내가 무엇을 하고 있는지 알아채고 지켜봤어요. 그리고 '좋아, 레클리스. 누워'라고 말하면, 레클리스가 다가와 발로 조금 고르고는 누웠어요. 그런 다음 엎드려서 '아아' 하고 한숨을 쉬며 안도했죠."

레클리스는 악몽을 꾸는 듯 보였다. 자는 동안 발로 차거나 끙끙대는 소리를 냈다.

"레클리스가 너무 안쓰러웠어요. 하지만 그 막사에서 자는 걸 무척 좋아했어요. 나는 레클리스 뒤에서 잠을 잤고, 우리는 정말 가까운 사이가 되었어요."

시클러는 레클리스에게 맞는 사료와 미용 제품도 신경 써서 구했다.

"레클리스의 건강 상태를 회복시키기 위해 특별한 사료와 당밀 혼합물을 구했는데, 그게 털을 빛나게 만들어주거든요. 그냥 레클리스의 상태를 보면 무엇이 필요할지 알 수 있었어요. 레클리스는 그걸 매우 좋아했어요."

시클러 일병은 레클리스의 털을 윤기 나게 관리하여 레클리스가 말끔하고 단정한 해병대원처럼 보이도록 했다.

"레클리스를 빗겨주고 윤기 나는 스프레이를 뿌려주었죠. 몇 겹을 뿌리고 나면 털이 비단처럼 부드러워졌어요. 레클리스는 빛났고 두 달 후에는 아주 건강해 보였어요. 성격도 완전히 변했어요. 레클리스는 너무나 많은 일을 겪었는데, 얼마나 힘든 일을 겪었는지 아무도 이해하지 못했지요. 사람들은 그것이 말에게는 당연한 것이라고 여겼던 것 같아요. 하지만 절대 당연한 게 아니에요. 레클리스는 극한의 피로감으로 지쳐 있었어요. 뭔가를 성취하고자 하는 의지가 컸던 것 같아요. 너무 큰 스트레스를 받았죠. 레클리스를 맡았을 때 스트레스의 징후가 역력했어요. 몹시 심각하고 안타까운 상태였죠."

시클러는 자신의 임무가 레클리스의 외모와 건강을 되찾아주는 것임을 알고 있었고, 이 특별한 해병을 돕기 위해 할 수 있는 모든 것을 기꺼이 했다.

"레클리스와 특별한 관계를 맺었어요. 레클리스가 마음을 열어준 덕분에 나는 그 말을 사랑하게 되었어요. 레클리스는 친구가 필요했어요. 이곳에 왔을 때는 친구가 절실하게 필요한 상태였죠. 나는 그것을 느낄 수 있었어요. 단순히 친구가 생겼다는 것만으로 레클리스의 상태가 좋아졌어요. 일주일 동안 돌봐준 후부터는 나를 만나는 것을 기다리곤 했어요. 그저 다가가서 귀 뒤를 긁어주는 것만으로도 좋아했어요. 거기에 상처가 있었거든요. 아마도 레클리스에게 작은 위안이 되었나 봐요. 레클리스는 누군가가 말 한마디라도 걸어주기를 기다리곤 했어요."

레클리스는 시클러가 자신을 보러 오는 것을 미리 감지하기까지 했다.

"며칠 동안 레클리스를 보지 못했다가 내가 나타나면 레클리스는 '히힝' 하고 울었어요. 말들은 일정한 패턴을 기억할 수 있어서, 사람이 어떤 식으로 차를 몰고 오는지, 어디에 주차하는지를 보고 누구인지 알아챌 수 있거든요. 내가 차를 몰고 올 때마다 레클리스는 반가운 듯 울음소리를 냈어요. 레클리스는 그런 일과를 익혔고 나를 만나는 걸 무척 기대했어요. 내가 매일 밤 간식을 조금씩 주곤 했는데, 아마도 그래서 레클리스가 나를 보는 걸 그토록 기다렸나 봅니다."

시클러는 자연스러운 소통을 바탕으로 하는 말 조련법을 배우기 위해 다시 학교에 갔다. 그곳은 말의 행동을 인식하고 분류하는 데 중점을 둔 패럴리 훈련법(Pat Parelli method)을 활용하고 있었다.

"패럴리 훈련법에 따르면, 말을 우뇌형과 좌뇌형, 그리고 외향형 또는 내향형으로 분류해요. 우뇌형 말은 쉽게 흥분하고 외향적이며 약간 신경질적인 성향을 보입니다. 그런 말이 사람을 다치게 한다면 의도적이지 않은 경우가 많죠. 반면 레클리스는 좌뇌형에 내향형 말이었어요. 매우 똑똑하고, 자신이 무엇을 할 수 있고 무엇을 하면 안 되는지를 충분히 알고 있었습니다. 좌뇌형 말은 우뇌형 말보다 훈련하기 훨씬 쉬운 편이에요. 하지만 각 분류 안에서도 외향적이거나 내향적인 성향에 따라 훈련 방식이 달라지죠."

시클러는 이어 말했다.

"레클리스는 참 좋은 말이었어요. 위로가 필요했지요. 나는 레클리스가 전장에서 압박에 굴하지 않고 버티는 모습을 쉽게 상상할 수 있어요. 레클리스는 사람들을 기쁘게 하려고 부단히 노력했어요. 임무 때문이 아니라 병사들을 위해 최선을 다하고 싶어 한 거죠. 그게 좌뇌형 말의 특징이에요. 레클리스는 내가 만난 말 중 가장 좌뇌형답게 행동했어요. 전투 상황에서도 모든 걸 다 해냈고요. 그건 동료 병사들을 기쁘게 하고자 했던 거예요. 레클리스가 산을 오르내릴 때마다 누군가가 작은 격려라도 해줬으면 좋았을 거예요. 레클리스가 바라는 건 그저 조금의 위로였고, 그것을 위해 모든 걸 바쳤던 거죠. 레클리스는 따뜻한 마음을 가진 진정한 해병대 전우였어요."

시클러는 레클리스와 작별할 때를 떠올렸다.

"레클리스와 작별 인사를 나눌 때 무척 슬펐어요. 눈물이 났지요. 나는 레클리스에게 다가가 목을 감싸 안고 '잘 가, 레클리스. 난 떠난다'라고 말하는데 눈물이 쏟아지기 시작했어요. 레클리스를 너무나 사랑했어요. 레클리스가 나를 바라보는 걸 느꼈고…… 지금도 그 기억을 떠올리면 목이 메어요. '이제 누가 레클리스를 지켜주지?' 이런 생각이 들었죠. '병사들이 레클리스를 괴롭히진 않을까?' 하는 걱정도 들었고요. 레클리스는 내가 떠난다는 걸 알았어요. 그래서 내가 작별 인사를 하자 슬프게 바라보았어요. 누군가에게 이런 이야기를 하면, 말을 사랑하지 않는 사람들은 내가 이상하다고 생각해요. 하지만 말은 느끼고, 그걸 다 알아요!"

옛 전우들과의 만남

은퇴 후 펜들턴 기지에서 지내는 레클리스는 전장에서 함께했던 옛 전우들이 모여들게 하는 자석 같은 존재였다. 베가스 전투 중 피더슨을 대신했던 빌 라일리는 캘리포니아 엘 토로에서 64km 떨어진 곳에 주둔하고 있었다. 반세기가 넘은 후에도 그는 펜들턴 기지에서 레클리스를 만났던 순간들을 즐겁게 회상했다.

"아이들을 데리고 기지에 가서 레클리스를 보곤 했어요. 재미있었던 건, 공식 행사 때마다 어떤 소대장이 레클리스를 이끌고 퍼레이드에 나섰는데, 퍼레이드 중에 레클리스가 배변이라도 보면 그 소대장이 몹시 짜증을 냈다는 거예요. 퍼레이드가 있을 때마다 괜히 내가 핀잔을 듣곤 했어요. 이상하게도 기지의 해병대 군인들은 말이 남긴 걸 치워야 할 때마다 매번 내 탓을 하더라고요."

라일리의 아이들은 레클리스에 대한 이야기를 들으며 자랐고, 레클리스와 함께 복무했던 대부분의 해병대원 자녀들도 마찬가지였다.

"나는 아이들에게 레클리스의 모든 것을 말해줬어요. 전쟁에서 레클리스가 했던 일, 레클리스가 얼마나 영웅적인 말이었는지 말이죠."

그의 딸 메리 앨리스는 학교에서 레클리스에 대한 책 독후감을 쓰기도 했다.

한국에서 복귀한 해병대원들이 펜들턴 기지에 신고하러 올 때면 레클리스와 반갑게 재회했다.

존 뉴섬 일병은 회상했다.

"우리는 한국에서 돌아온 배에서 내려 새 막사로 이동하고 있었어요. 펜들턴 기지 정문에서 본부 건물을 지나가는 주 도로를 따라 6×6 트럭을 타고 이동 중이었어요. 갑자기 누군가가 '이봐, 레클리스다!'라고 외쳤어요. 정말로 레클리스가 큰 도로에서 조금 떨어져 있는 장군의 집 앞 목장에 있는 것이 보였어요. 주 도로에서 조금 떨어진 곳이었죠. 다시 레클리스를 보게 되니 가슴이 벅차올랐어요. 그 장면은 지금도 내 기억에 또렷이 남아 있어요."

1957년 초봄 몇 주 동안, 펜들턴 기지가 내려다보이는 언덕에 해병대원들의 호기심을 자극하는 간단한 문구가 커다란 표지판에

영상 뉴스에서 레클리스의 새끼인 피어리스의 탄생을 알리는 표지판을
내보냈다.(버지니아주 콴티코 미 해병대 역사부 사진 제공)

'출산 병동'에 있는 레클리스와 피어리스. 새끼 피어리스는 즉시 해병대에
입대했다.(버지니아주 콴티코 미 해병대 역사부 사진 제공)

새겨져 있었다. 그 표지판에는 "성별은……"이라고 씌어 있었다. 그리고 4월 5일, 기지에서 누군가가 그 문장을 한 단어로 완성하면서 궁금증이 해소되었다. '남자.'

레클리스가 첫 번째 망아지, 피어리스(Fearless, 두려움 없는)를 출산한 것이다. 이 소식은 해병대원들과 미국 전역의 레클리스 팬들에게 큰 기쁨을 안겨주었다.

언론이 환영할 만한 훈훈한 이야기들이 쏟아졌다. 기자들이 펜들턴에 몰려들었을 때, 그 커다란 표지판에는 다섯 어절이 추가되어 있었다. "어머니와 아들이 잘 지내고 있음." 언덕 위에서 손으로 직접 그린 이 표지판은 너무나 커서 근처 태평양 연안 고속도로를 지나는 운전자들도 볼 수 있었다.

상사로 진급한 레클리스

1957년 6월 15일, 레클리스는 어미가 된 지 몇 달 만에 하사에서 상사로 진급했다. 해병대 제5연대는 레클리스의 '임무에 대한 헌신, 해병대에 대한 충성과 신의'를 인정하며 진급을 명령했다.

이전에도 그랬던 것처럼, 진급 명령은 해병대 사령관이자 대장으로 진급한 랜돌프 페이트의 지시에 따라 이루어졌다. 그는 레클리스의 헌신과 충성심이 '특히 보상받을 가치가 있다'고 판단했다. 이번 진급은 해병대 최고 수뇌부에서 내려진 명령이라는 점에서

자신의 임무에 대한 책임감, 해병대에 대한 헌신과 충성을 인정받아 레클리스 하사는 6월 12일 해병대 제5연대 연대장 리처드 로스웰 대령이 주관한 진급식에서 상사로 진급했다. 해병대 사령관은 한국전쟁 말기 베가스 전투에서 탄약 운반 임무를 수행한 한국 경주마 레클리스의 진급을 명령했다. 펜들턴 기지에서 열린 진급식에서는 레클리스의 새끼 말인 피어리스도 일병으로 진급했다.(1957년 6월 20일 자 〈펜들턴 스카우트〉 5쪽. 버지니아주 콴티코 미 해병대 역사부 사진 제공)

더욱 의미가 깊었다. 페이트는 한국에서 레클리스의 첫 진급을 승인한 이후 해병대 최고 직위인 제21대 해병대 사령관으로 승진한 상태였다.

해병대의 관대함은 레클리스의 첫 망아지인 피어리스에게도 이어졌다. 같은 행사에서 피어리스는 일병으로 진급했다.

진급식의 공식 진행은 해병대 제5연대의 지휘관 리처드 로스웰 대령이 맡았다. 그는 웃으며 말했다.

"우리는 레클리스를 위해 연대 열병식을 열고, 열병식 중에 레클리스의 진급을 발표했어요. 나는 일어서서 마치 인간 군인에게 하듯이 레클리스의 진급 선언문을 낭독했죠. 연대 전체가 배경에 서 있었고, 진급을 기념할 때 모든 군인들에게 하는 것과 똑같이 전체 연대가 참여하는 정규 열병식이었어요."

시클러는 50년이 지난 일을 회상했다.

"정복을 입고 있었는데 끔찍하게 더웠어요. 마구간 사람들이 트레일러에 레클리스를 태워서 내려놓고, 내가 레클리스를 준비시켰어요. 레클리스에게 마구를 씌우고, 솔질을 해주고, 말덮개를 씌워주었어요. 그리고 지정된 레클리스의 자리로 데려가서 행사가 진행되는 동안 그곳에 서 있었어요. 우리는 레클리스를 군인처럼 대하며 전체 진급식을 개최했어요. 진급장을 받은 레클리스는 정말 좋아했어요. 내가 보기에, 레클리스는 상황을 정확히 이해하고 있었고, 그것을 자랑스러워했지요."

로스웰 대령은 말했다.

"어미와 새끼 말에게 새로운 계급장을 달아주었고, 이 '네 발 달린 해병들'은 부대가 사열하는 동안 차렷 자세로 서 있었어요."

레클리스, 앤드루 기어와 이별하다

1957년 12월 22일, 앤드루 기어는 52세의 나이에 악성 흑색종으로 짧은 투병 끝에 평화롭게 눈을 감았다.

기어의 조카 제임스 태거트는 설명했다.

"종양을 발견했을 때는 이미 손을 쓸 수 없을 정도로 퍼져 있었어요. 삼촌은 정말 대단한 사람이었어요. 참으로 비범한 존재였죠. 삼촌은 서부를 개척한 전설적인 탐험가 대니얼 분(Daniel Boone)의 후손이었어요."

기어는 마지막 순간까지 강직한 해병대원의 삶을 살았다.

그의 부고는 다음 날 〈인디펜던트 저널〉에 실렸고, 52년이라는 짧은 생애 동안 놀라울 정도로 많은 업적을 남겼다고 평가받았다.

25년간의 작가 생활에서 앤드루 기어는 주로 자신의 전문 분야인 전쟁을 주제로 글을 썼다. 레클리스에 관한 책 외에도, 기어는 한국전쟁에서 해병대를 다룬 비소설 베스트셀러 《새로운 전우들(The New Breed)》과 제2차 세계대전 동안 미 자원응급대 소속 구급차 운전병으로 활동했던 경험을 다룬 《지옥에서의 자비(Mercy in Hell)》를 출간했다.

기어는 순종마를 훈련하고 사육하는 전문가의 아들이었기에, 한국에서 만난 온순하면서도 장난기 많은 작은 암말에게 그토록 헌신한 것도 놀랄 일이 아니었다. 그는 레클리스의 열렬한 옹호자이자 대변인으로서 레클리스가 미국으로 올 수 있도록 힘썼다. 말 운송 방법을 찾고 말의 관리병인 무어 일병의 운송료를 직접 지불했으며, 미국 세관, 농무부와 씨름하며 입국 문제를 해결했다. 그 과정에서 마지막 순간에 말덮개와 훈장 리본을 새것으로 교체하는 등 문제들을 하나하나 풀어냈다. 결국 샌프란시스코에서 열리는 해병대 창설 기념식에서 레클리스가 최상의 모습으로 미국 대중들에

해병대 제5연대의 유명한 말, 레클리스 상사의 뒷다리에 난 멍을 치료하기 위해 에번스 병장이 응급처치 상자를 꺼냈다.(《샌디에이고 유니언》 1958년 3월 5일 자, 샌디에이고 역사센터 제공)

게 당당히 소개될 수 있게 했다. 기어는 레클리스의 미국행을 위해 총 1,200달러(오늘날 약 13,600달러 상당)의 비용을 지불했다고 기어의 여동생 매리언 에릭슨이 밝혔다.

무엇보다 기어가 레클리스를 위해 수행한 가장 의미 있는 일은 영감을 주는 이야기를 글로 남긴 것이다. 〈새터데이 이브닝 포스트〉에 기고한 마지막 기사에서, 기어는 펜들턴 기지에 레클리스를 위한 기념 명판을 제안했다.

여기는 용사의 보금자리이다. 이곳을 지나는 해병들이여, 레클리스가 받은 영예, 그리고 전투 중 함께했던 전우들이 보여준 레클리스에 대한 존경을 기억하라. 해병이여 기억하라, 여기 아주

레클리스는 해병대원들의 마스코트였다.(펜들턴 기지 기록보관소 사진 제공)

특별한 해병이 있다. 우리에게 레클리스처럼 충직한 해병 50만 명이 있다면 얼마나 좋을까.

1959년 3월 2일, 레클리스는 두 번째 새끼인 돈틀리스(Dauntless, 대담한)를 출산했다. 이번에도 신문 기사들은 레클리스의 출산 소식을 특별한 제목으로 다뤘다. "유명한 해병대 암말, 다시 어미가 되다"와 "해병대의 어미 말" 같은 기사 제목이 등장했다.

이 시기에 미 해병대는 계급 체계를 개편하여 E-8과 E-9 두 개의 새로운 등급을 추가했다. 레클리스의 계급은 E-5 등급이었으나, 새로운 체계에 따라 레클리스의 직위는 임시 상사로 조정되었고, 추가 진급 자격을 얻었다. 또한 돈틀리스도 가족 전통을 이어 해병대에 합류할 시기가 되었다. 여름이 저물어가던 1959년 8월 31일, 레클리스는 마침내 상사(E-6)*로 진급하는 영예를 안았다.

특히 감동적이었던 것은, 레클리스에게 품었던 해병대원들의 진실한 존경심이 이번 진급에 그대로 담겨 있었다는 점이었다. 레클리스의 계급장은 단순한 장식이 아니라 진정한 의미와 가치를 지닌 것이었다.

윈터스 상병은 이렇게 회상했다.

"나는 퍼레이드에서 레클리스를 이끌 수 없었어요. 내 계급보다 높았기 때문에 명령을 내릴 수 없었죠. 퍼레이드 임무를 위해 상급 부사관을 찾아야 했어요."

이번 행사에서 명예를 수여한 사람은 해병대 사령관 랜돌프 페이트 장군이었다. 그는 '미국 최고의 해병' 레클리스에게 계급장을 달아주고 성대하고도 장엄한 퍼레이드와 사열식을 주관했다.

같은 행사에서 돈틀리스는 이병으로 해병대에 입대했다.

레클리스는 1,700명의 해병이 대형을 이루어 행진하는 가운데 19발의 축포를 받았다.

---

* 한국군 계급과 정확하게 비교할 수는 없으나, Sergeant는 대한민국의 하사, Staff Sergeant는 상사로 대응할 수 있다. 미군의 계급 체계에서 'E'는 'Enlisted(사병, 부사관)'를 의미하며, 뒤의 숫자는 급여 등급을 나타낸다. E-1부터 E-9까지 있으며, 숫자가 높을수록 상위 계급이다. 미국에서는 해병대의 이병 계급이 육군에서는 일병으로 불리는 등 각 군별로 계급 명칭이 다르지만 E-코드를 사용하여 모든 군에서 동일한 수준의 계급을 쉽게 식별할 수 있다. 한국군의 부사관 계급 체계와는 차이가 있다. 당시 미 해병대는 최고 부사관 계급을 E-7에서 E-9로 확대하는 개편을 진행했다. ―옮긴이

기지 신문은 다음과 같이 보도했다.

" 레클리스 상사는 장엄한 의식 속에서 의젓하게 서서, 해병대 군악대와 전투복을 입은 해병대 제5연대가 사열하는 모습을 지켜보았다."

페이트 장군은 〈샌디에이고 유니언〉 신문과의 인터뷰에서 레클리스를 "우리가 가졌던 가장 훌륭한 해병 중 한 명"이라고 칭송하며 과거에 한국에서 하사로 진급시켰을 때보다 이번 진급식에서 컨디션이 더 좋아 보인다고 언급했다.

페이트 장군은 이렇게 말했다.

"그때는 숙취 상태였지요. 왜냐하면 레클리스가 맥주를 무척 좋아하거든요."

해병대 5연대 제2대대 폭스트롯 중대의 프레드 화이트 일병은 레클리스의 진급식을 이렇게 회상했다.

"우리는 산타 마가리타 기지에서 행진해 펜들턴 기지의 비행장 끝 쪽에 있는 큰 잔디 연병장으로 이동했어요. 거의 두 시간가량 서서 의식이 시작되길 기다렸어요. 지옥처럼 뜨거운 날씨 속에서 우리는 전투복에 행군 배낭, 헬멧을 착용하고 편제 무기까지 완전 무장한 채로 서 있었지요. 작열하는 태양 아래 서 있는 동안 대열 여기저기서 불평이 터져 나왔어요. '고작 말 한 마리 진급시키자고 이 고생이냐', '이게 무슨 헛짓거리야?' 등등 투덜거리는 소리가 이어졌고, 우리는 땀을 뻘뻘 흘리며 서 있었지요. 의식이 시작되자 우리는 해병대 제1사단 군악대의 평소와 다름없는 음악에 맞춰 늘 하

"이거 먹을 수 있는 거야, 없는 거야?" 레클리스가 상사(E-6) 계급장을 바라보고 있다. 이 계급장은 오는 8월 31일, 미 해병대 사령관 랜돌프 페이트 장군이 군사 퍼레이드 및 해병대 제5연대의 사열식 중에 레클리스에게 수여할 예정이다. 장소는 24구역 연병장!
(〈펜들턴 스카우트〉지 1959년 8월 27일 자, 버지니아주 콴티코 미 해병대 역사부 사진 제공)

페이트 장군이 새로 입대한 돈틀리스 이병을 축하하는 모습을 레클리스가 자랑스럽게 지켜보고 있다.
(낸시 레이섬 파킨 사진 제공)

해병대 제5연대 본부중대 소속 윈퍼드 매크레켄 일병이 레클리스 곁에 서 있고, 랜돌프 페이트 장군이 레클리스 상사의 말덮개에 계급장을 달아주고 있다. (버지니아주 콴티코 미 해병대 역사부 사진 및 설명 제공)

던 대로 통상적인 열병식 절차를 진행했어요. 그런데 마이크를 잡은 사람이 한국전쟁 중 영웅적인 활약을 펼친 레클리스 상사에 대해 설명하기 시작하자 우리의 태도는 완전히 바뀌었어요. 순식간에 우리 모두는 대열 속에서 더욱 꼿꼿이 허리를 세웠어요. 이렇듯 진정한 해병대의 영웅 앞에 서 있다는 사실이 순간 너무나도 자랑스러웠지요. 레클리스는 참 대단한 해병이에요. 레클리스의 진급식과 퍼레이드에 참여할 수 있었다는 것이 얼마나 큰 영광이었는지 모릅니다. 그날을 절대 잊지 못할 거예요. 내 평생 동안 말입니다."

레클리스의 은퇴

1960년 11월 10일, 처음 미국 땅을 밟은 지 6년이 되는 날, 레클리스 상사는 미 해병대에서 공식 은퇴했다. 상사 어머니의 곁에는 아들인 피어리스 일병과 돈틀리스 이병이 함께했다. 그날 레클리스는 전투 훈장 리본과 푸라제르로 장식된 의례용 말덮개를 화려하게 두르고, 해병대 제5연대의 열병식에서 온전한 군사 예식을 받으며, 행군과 열병식 임무에서 공식적으로 해제되었다.

그날 레클리스를 담당한 해병대 제5연대 회계과 프랭크 브래디 임시 상사는 이렇게 말했다.

"그날은 내가 레클리스와 함께한 유일한 날이었지만, 무척 기쁘고 자랑스러웠어요. 해병대원들이 기지 마구간에서 레클리스와 새끼 두 마리를 데리고 나왔어요. 퍼레이드 같은 곳에 나갈 때는 항상 망아지들을 이끌고 다녀야 했기에 이동식 우리를 사용했어요. 그런데 어떤 원사가 레클리스를 데리고 왔는데, 발굽을 반짝반짝 광내고 온갖 치장을 한 모습이었어요. 나는 그저 레클리스를 사열대로 안내하는 역할을 맡았지요. 모든 행사가 끝난 후, 나와 레클리스는 부대를 지나며 사열을 받았어요. 나는 고생한 레클리스를 이끌고 돌아와서 생일 케이크 한 조각을 주었답니다."

펜들턴 기지에서 레클리스를 돌본 수의사 로버트 밀러 박사는 회상했다.

"레클리스는 치료하기 편한 말이었어요. 문제를 일으키는 경

해병대, 전투의 상처를 지닌 군마를 예우하다. 어제 펜들턴 기지에서 열린 퇴역 암말을 기리는 행사에서, 전투의 상처를 간직한 전직 한국 경주마 레클리스 상사가 프레디 상사와 함께 연병장에서 경례를 올리고 있다. 레클리스는 1952년 10월 치열한 전투 중 해병대에 징집되었다. 레클리스는 전장을 홀로 누비며 최전선 포대까지 탄약을 운반하는 임무를 수행하여 새로운 조국을 위해 헌신했다. 1954년 이후 펜들턴 기지에서 해병대 제1사단과 함께 여유로운 삶을 살아온 레클리스는 앞으로 남은 생을 기지의 목초지에서 보낼 예정이다.(《샌디에이고 유니언》 1960년 11월 11일 자)

우가 별로 없어서 특별한 치료는 거의 필요하지 않았어요. 펜들턴 기지에서 레클리스는 여왕처럼 대우받았어요. 전용 마구간을 가지고 있었고, 많은 관심을 받았지요. 아이들 모두가 레클리스를 보고 만지고 싶어 했어요. 레클리스의 멋진 경력을 알았기 때문에 다들 만나고 싶어 했죠."

밀러는 레클리스가 노년기에 발생한 건강 문제를 떠올렸다.

"나이가 들면서 관절염이 심해졌어요. 한국에서 있었던 전투 임무 때문에 몸이 많이 손상된 상태였죠. 관절에 많은 무리가 가해졌어요. 레클리스는 말기에 제엽염에 걸렸어요. 제엽염은 발굽에 생기는 염증성 질환으로, 발굽뼈에 염증이 진행되는 불치병이에요. 이를 '발굽염'이라고도 부르죠. 이를 완화하고 일시적으로 편안하게 해줄 수는 있지만, 결국 목숨을 잃게 돼요. 3관왕에 오른 우승마인 '세크러테리엇'도 제엽염 때문에 안락사되었어요. 레클리스는 꿋꿋하게 자기 자리에서 견뎌낸 대단한 말이었고, 강철 같은 말이었어요."

레클리스의 마지막 시간들

레클리스의 마지막 몇 년은 조용했지만 의미와 목적이 없었던 것은 아니다. 관절염과 제엽염 등의 질환으로 고통스러웠지만 레클리스는 해병대를 위해 봉사했다. 공식적이거나 정해진 방식은 아니었지만, 전투에서 돌아온 참전 용사들의 이야기를 들어주는 상담자이자 일종의 치료사 역할을 했다.

레클리스의 담당자 중 한 명이었던 아트 디그라지아 하사는 말했다.

"옛 전우들이 종종 레클리스를 찾아와 먹이를 주곤 했죠. 그들이 사복 차림으로 와서는 '나는 레클리스와 함께 복무했어요. 레클리스가 보고 싶어요'라고 말하곤 했어요."

린 매톡스 하사는 말했다.

"레클리스가 해병들에게 미친 영향을 잊지 말아야 해요. 레클리스는 많은 해병들의 삶에서 고요한 안식처 같은 존재였어요. 레클리스한테 가서 추억을 떠올리거나 대화를 나누거나 할 수 있었어요. 그것이 일종의 재활이고 치료였죠. 이는 한국전쟁 참전 용사들뿐만 아니라 베트남전 참전 용사들에게도 그랬어요. 베트남 참전 군인들도 레클리스를 찾아왔어요. 레클리스는 또 다른 역할도 했어요. 새로 파병 명령을 받은 군인들을 도왔어요. 하와이나 필리핀, 일본으로 파병을 준비하는 병사들이나 가족과의 이별로 힘들어하는 사람들에게도 위안이 되었지요. 얼마나 많은 아내와 자녀들이 남겨졌는지 아무도 모를 겁니다. 나도 그랬어요. 정말 힘든 시기를 겪고 있을 때 레클리스와 함께하는 것이 큰 위안이 되었어요. 나는 그저 자주 들러서 '안녕'이라고 인사만 했어요. 레클리스는 모든 근심을 잊게 해주었죠. 이건 레클리스 하사가 내게 해준 일을 직접 경험한 사람으로서 말하는 거예요. 레클리스와 함께 복무했던 병사들이 레클리스에게 와서 콜라도 마시고 이것저것 하곤 했죠. 그냥 거기 앉아서 레클리스와 이야기를 나누고 당근도 주고 하는 거예요. 그것은 순수한 평온함이었어요. 진정한 보답과도 같은 시간이었습니다. 레클리스는 한국에서 펜들턴 기지로 돌아와 은퇴했지만 해병들을 위해 계속해서 헌신했어요."

레클리스 하사는 자신을 아끼고 사랑해 준 해병들을 위해 마지막까지 헌신하며, 1968년 5월 13일 20세의 나이로 세상을 떠났다.

은퇴 후 레클리스의 모습을 담은 엽서 사진

3장
레클리스의 숭고한 정신을 계승하다

"저 너머 하늘나라에서도, 멋진 흰 줄무늬가 있는 얼굴과 세 개의 흰 양말을 신은 듯한 다리를 가진 이 아름다운 적갈색 암말이 지금 이 순간에도 해병대원들과 함께 어울리고 있으리라고 믿습니다. 그리고 짐을 나르거나 전선으로 탄약을 긴급히 운반해야 할 때, 레클리스는 '셈퍼 피델리스', 즉 '언제나 충성!'이라는 해병대 정신으로 언제나 그 자리에서 맡은 임무를 충실히 수행할 것입니다."

―

조지 퍼트넘(로스앤젤레스 KTTV 뉴스 앵커)

"미 해병대의 전설 레클리스, 20세로 사망"

레클리스는 1968년 5월 13일, 20세의 나이로 세상을 떠났다. 이는 대부분의 말에 비해 상당히 긴 수명이었으며, 특히 레클리스처럼 많은 고난을 겪은 말에게는 더욱 놀라운 일이었다. 마지막 순간에도 레클리스는 전국 주요 신문 1면에 실렸다.

레클리스는 해병대와 함께 긴 세월을 보내며 풍요로운 삶을 누렸다. 하지만 말년에는 분명히 고통을 겪었다. 척추와 엉덩이에 생긴 관절염으로 거동이 어려워졌고, 왼쪽 뒷다리를 절었다. 또 말발굽 질환인 제엽염이 진행되고 있었다.

레클리스를 돌본 아트 디그라지아 하사가 회상했다.

"우리는 제엽염에 대해 차분히 받아들였어요. 레클리스가 어떤 상태인지 알았기에 편안하게 해주려고 했지요. 레클리스에게 부타졸리딘이라는 항염제를 투약해서 꽤 효과가 있었어요. 그럭저럭 움직일 수 있었거든요."

그러나 나빠진 건강은 단순히 불편한 수준을 넘어 레클리스의 죽음을 초래했다.

에릭 피더슨 주니어가 회상했다.

"레클리스는 대령님의 목초지에 나가 있었어요. 레클리스가 먹으러 오지 않아서 사람들이 찾아 나섰지요."

레클리스는 가시철조망 울타리를 뚫고 협곡으로 떨어져 심하게 다친 상태로 해병대원들에게 발견되었다.

"상태가 좋지 않았어요. 우리는 즉시 밀러 박사를 불렀죠."

디그라지아 하사가 말했다.

레클리스는 급히 수술을 받았지만, 밀러 박사는 부상이 너무 심해서 수의사로서 최후의 결정을 내려야 한다고 판단했다. 안락사 시킬 수밖에 없는 상황이었다.

에릭 피더슨 주니어는 40년이나 지난 그때를 고통스럽게 회상했다.

"나는 아직도 그때 일을 극복하지 못했어요."

전쟁 영웅으로서의 활약과 전후의 다채로운 삶으로 전설이 된 레클리스는 조용히, 어떠한 의식도 없이 펜들턴 기지 마구간 사무실 뒤편에 무덤 표시도 없이 묻혔다.

디그라지아 하사가 회상했다.

"그 당시에는 그 사무실이 계속 유지될지, 철거될지 알 수 없었어요. 마구간 관리자였던 스텝 씨가 '그냥 레클리스를 사무실 옆에 묻자'고 했어요. 언젠가 그곳에 큰 기념비가 세워질 거라고 확신하면서요. 우리는 포크레인을 가져와 그곳에 레클리스를 묻었어요. 레클리스의 장례를 최대한 빠르게 치러야 했어요. 하지만 레클리스가 영면할 곳을 정성스럽게 준비하는 데 최선을 다했지요. 레클리스가 죽어서도 정말 편안히 쉴 수 있도록 말이에요. 묻을 때는 주변에 많은 사람들이 모이지 않도록 신경 썼어요. 장례식은 작고 엄숙하게 치러졌어요. 모두가 말없이 조용히 서 있었지요. 아마 내가 '레클리스가 해낸 모든 일에 신의 가호가 함께하길'이라고 말했던 것 같아요. 다른 누군가가 무슨 말을 했더라도, 아주 작은 목소리로 속삭였거나 마음속으로만 되뇌었을 거예요."

레클리스를 기리는 기념비 건립

1971년 11월 20일, 해병대제1사단협회는 마구간 정문에 석조 기념비를 헌정했다. 기념비에는 마구간 사무실 건물 뒤에 묻혀 있던 레클리스의 유해 일부를 발굴하여 다시 안치했다. 마침내 레클리스는 완전한 군사적 예우와 함께 안식을 얻게 되었다.

검은 화강암 기념비에는 레클리스가 퍼레이드 말덮개를 두른

레클리스 기념비는 오늘날까지 펜들턴 기지 마구간 입구에 세워져 있다.(낸시 레이섬 파킨 사진 제공)

모습이 새겨져 있다. 그 아래에 있는 청동 명판에는 다음과 같은 문구가 있다.

>In Memory of
>
>R E C K L E S S
>
>Pride of the Marines
>
>KOREA
>
>1949년 7월~1968년 5월
>
>해병대 제1사단 제5연대 무반동총 소대
>
>미 해병대 상사

120여 명의 해병대원과 협회 회원들이 기념식에 참석했다. 기지 사령관인 조지 보우먼 주니어 소장은 이렇게 말했다.

"오늘 우리가 헌정하는 이 기념비는 해병대가 용기와 임무에 대한 헌신을 얼마나 소중히 여기는지를 모두가 알 수 있게 해줄 것입니다. 해병대가 무엇을 가장 소중하게 여기는지를 알면, 해병대가 어떤 존재인지도 이해하게 될 것입니다."

잠시 후 그는 덧붙였다.

"레클리스는 그 고된 언덕길을 오르내리는 것을 거부하거나 주저할 수도 있었습니다.…… 다른 평범한 동물이었다면 분명 그랬을 것입니다."

전쟁 영웅을 위한 추모와 헌사

로스앤젤레스의 베테랑 TV 뉴스 앵커였던 조지 퍼트넘은 레클리스 헌정식에서 추도사를 낭독했다. 이틀 뒤 그는 로스엔젤레스 지역 방송사인 KTTV 저녁 뉴스에서 진정 이 독특한 미국 영웅에 대해 이야기하며 레클리스를 기리는 말을 다시 전했다.

명예 해병대원으로서 그리고 말 조련사로서, 이 훌륭한 암말을 기릴 수 있게 되어 영광입니다.

말 조련사들이 모이면 대개 역사상 가장 위대한 말이 누구인

가에 대해 거론하곤 합니다. 서러브레드 애호가들은 렉싱턴, 맨오워, 카운트 플리트, 스왑스와 같은 이름을 언급할 것입니다.

표준마 애호가들이라면 그레이하운드와 댄 패치를 언급할 것입니다.

만약 육군이라면 포병대에서 포차를 끌던 퍼트넘을 떠올릴 것입니다.

하지만 해병대, 특히 해병대 제1사단에 속한 해병이라면 오직 하나의 말이 떠오를 것입니다. 바로 해병대의 자랑인 레클리스입니다.

레클리스는 사자의 용기를 지녔고, 결단력으로 가득 차 있었습니다. 좋은 말이 항상 그렇듯 마음 깊은 곳에 강인함을 지니고 있었죠. 레클리스의 이름은 자신이 함께했던 무기에서 따왔습니다. 75mm 무반동총, 일명 '레클리스 총'에서 왔지요.

여기 펜들턴 기지의 마구간에서 이 위풍당당한 암말은 전쟁에서 돌아온 전투 해병으로서 보상을 한껏 누렸습니다. 레클리스는 최고의 대접을 받았습니다. 흰 줄무늬가 돋보이는 레클리스의 얼굴은 수많은 공식 행사에 등장했습니다. 이는 늘 장학금 기부로 이어졌습니다.

레클리스는 네 마리의 새끼를 낳았습니다. '대담한'이란 뜻의 '돈틀리스', 전설적인 해병대 장군 체스티 풀러의 이름을 딴 '체스티', '두려움 없는'이란 뜻의 '피어리스', 그리고 이름 없는 암망아지였습니다. 레클리스는 두 자손, 돈틀리스와 체스티를 통해 여전히

〈라이프〉지에 실린 레클리스와 어린이 팬, 그리고 에릭 피더슨의 모습(낸시 레이섬 파킨, 버지니아주 콴티코 미 해병대 역사부 사진 제공)

우리 곁에 살아 있습니다.

말 조련사들 사이에는 '좋은 말은 심폐가 튼튼한 깊은 가슴을 지녀야 한다'라는 격언이 통합니다. 이는 단순히 외형상의 특징이 아니라 그 말이 지닌 지구력과 용기를 의미합니다. 그런 의미에서 이 용감한 암말 레클리스는 참으로 '깊은 가슴'을 지닌 말이었습니다.

오늘 우리는 펜들턴 기지 마구간에서 이 용맹한 암말에게 경의를 표했습니다. 이곳에서 전례 없이 많은 고위 장교들이 레클리스를 추모했습니다. 근처 목초지에서 풀을 뜯던 어미 말들과 새끼 망아지들은 무언가 중요한 일이 일어나고 있음을 알아차리고 예민하게 지켜보고 있었습니다.

이 자리에 함께한 모든 사람들, 그리고 해병대 회원과 친구들은 레클리스와 함께 싸웠던 특권을 가졌던 이들과 똑같은 애정을 레클리스에게 품고 있을 거라고 확신합니다.

저 너머 하늘나라에서도, 멋진 흰 줄무늬가 있는 얼굴과 세 개의 흰 양말을 신은 듯한 다리를 가진 이 아름다운 적갈색 암말이 지금 이 순간에도 해병대원들과 함께 어울리고 있으리라고 믿습니다.

그리고 짐을 나르거나 전선으로 탄약을 긴급히 운반해야 할 때, 레클리스는 '셈퍼 피델리스', 즉 '언제나 충성!'이라는 해병대 정신으로 언제나 그 자리에서 맡은 임무를 충실히 수행할 것입니다.

이제, 레클리스는 안식에 들었습니다. 레클리스가 있는 곳에는 풀이 푸르고 무성하며, 언덕에는 꽃들이 만발해 있습니다.

레클리스 하사, 해병대의 자랑은 이제 영면에 들었습니다.

유산은 계속된다

레클리스는 1968년 사망 이후, 가끔 신문 기사나 추모 글에 등장하는 것을 제외하고는, 대중의 기억 속에서 사라졌다. 세상은 그렇게 흘러갔고, 레클리스는 잊힌 전쟁의 잊힌 영웅이 되었다.

그러나 이 모든 것이 바뀌기 시작했다. 두 세대가 지난 지금, 레클리스는 다시 조명을 받고 있다.

1989년 11월 10일, 해병대 창설 218주년을 기념하여 뉴욕 애 퀴덕트 경마장에서 개최한 첫 경주 대회의 명칭은 '하사 레클리스' 였다. 이 경마장에서 일했던 전 해병대원 찰리 머피와 뉴욕경마협회 사무국장 브루스 롬바르디가 노력한 덕분이었다.

1997년 〈라이프〉지 특별판 '우리의 영웅들을 기리며'에서는 레클리스의 활약을 다루며, 조지 워싱턴, 마더 테레사와 같은 영웅들과 함께 레클리스를 소개했다. 2011년 7월 〈카우보이 & 인디언〉지에서는 말 전문 작가 엘리자베스 케이 맥콜이 레클리스에 대한 글을 실었다.

레클리스는 이제 다시 주목받기 시작했다. 웹사이트 www.SgtReckless.com과 전용 페이스북 페이지 덕분에 레클리스는 과거에 누렸던, 그리고 지금도 마땅히 받아야 할 명성을 되찾고 있다.

하지만 펜들턴 기지의 많은 해병들은 여전히 레클리스의 이야기를 알지 못한다. 그러나 이 책과 레클리스를 기리기 위한 다양한 노력들이 레클리스의 놀라운 이야기를 더 많은 사람들에게 전하는 계기가 될 것이다.

버지니아주 콴티코에 있는 국립해병대박물관에는 '언덕을 오르는 영웅(An Uphill Battle)'이라는 이름의 레클리스 동상이 있다. 2013년 7월 26일, 해병대가 공개한 이 위풍당당한 청동 조각상은 조각가 조슬린 러셀이 제작했다.

동상 헌정식에는 해병대 사령관 제임스 에이모스 장군과 해병대 최고위 하사관인 마이클 배럿 주임원사 등 해병대의 주요 인사

버지니아주 콴티코 소재 국립해병대박물관 & 유산센터의 셈퍼 피델리스 공원에 세워진 레클리스 동상. 레클리스의 동료 해병들이 동상 제막을 기념하는 헌정식을 지켜보고 있다.(마크 테널리 사진 제공)

들이 참석했다. 대통령 전속 해병대 브라스 밴드 5중주단이 국가를 연주했고, 해병대 전투 깃발을 든 미 해병대 기수대가 성조기와 함께 행진했다.

에이모스 장군은 정복 차림을 한 노병을 향해 몸을 돌렸다. 그는 나이는 들었지만 건강해 보였고, 수년 전 다른 어느 해병보다도 레클리스를 잘 알았던 군인이었다.

"와들리 하사, 레클리스 상사의 동상 제막을 명령해 주시겠습니까?"

해럴드 와들리 하사는 80세에 가까운 나이에도 강인한 모습으로 나타났다. 베트남전 이후 해병대를 떠나 아이다호 목장에서 근면하게 지낸 덕분인지 여전히 건강해 보였다. 머리숱은 나이가 들면서 더 가늘어지고 회색이 되었지만, 와들리는 여전히 군인다운 짧은 머리를 유지하고 있었다.

"예 알겠습니다, 장군님."

와들리 하사가 대기 중이던 두 해병을 향해 몸을 돌리며 명령했다.

"레클리스 동상을 공개하라."

수천 명이 지켜보는 가운데, 두 해병이 기념 동상을 덮고 있던 가림막을 내렸다. 사람들은 레클리스의 조각상을 보며 감탄했다. 한 관람객은 "저 동상이 움직이는 것처럼 보여요"라고 말했다.

헌정식과 동시에 박물관 내부에서는 레클리스를 주제로 한 전시회가 열렸다. 그날 박물관에는 3,700명의 방문객이 몰려들었고, 그중 3,000명은 레클리스를 기리기 위해 모인 사람들이었다. 가장 중요한 손님은 해병대에서 레클리스와 함께 근무했던 생존 병사들이었다. 와들리 하사는 밥 로저스, 존 뉴섬, 마이클 메이슨, 빌 젠슨, 척 배더슨, 폴 해머슬리, 아트 시클러, 아트 디그라지아, 켄 라일리, 프레드 화이트, 켄 레이섬, 가이 와고너, 닉 디앰버와 함께했다. 또한 몸이 아파 직접 여행할 수 없는 존 마이어스 시니어를 대신해 참석한 그의 아들 래리와 존 마이어스, 그리고 최근에 세상을 떠난 빌 라일리를 대신해 그의 자녀 메리 앨리스 게어디스와 존 라일리도 자리를 빛냈다.

감동적인 이 행사는 한국전쟁을 공식적으로 끝낸 정전 협정 60주년 하루 전날에 열렸다. 따라서 이 기념 동상은 즉각적으로 한

레클리스의 동상 헌정식에 참가한 레클리스의 전우들. 왼쪽부터 폴 해머슬리, 존 뉴섬, 빌 젠슨, 척 배더슨, 닉 담브라, 켄 레이섬(마크 테널리 사진 제공)

국전쟁에 복무했던 수많은 잊힌 미국 영웅들을 기리는 상징적 의미를 지니게 되었다.

2016년에는 펜들턴 기지에 두 번째 레클리스 동상이 세워졌다. 이후 2018년에는 켄터키 말 공원에, 2019년에는 국립 카우걸 박물관 및 명예의 전당에, 2019년에는 레클리스의 지휘관이었던 에릭 피더슨의 목장 베링턴 힐스 농장에, 2020년에는 플로리다주에 있는 세계승마협회에 연이어 레클리스 동상이 세워졌다.

하지만 동상과 기념비만으로는 역사를 후세에 생생하게 전하는 데 필요한 인간적인 요소가 부족하다. 척 배더슨 하사는 이렇게 말했다.

"해병대원들과 모일 때마다 '레클리스를 기억하십니까?'라고

3장 레클리스의 숭고한 정신을 계승하다 315

묻곤 해요. 만약 그들이 '아니요'라고 하면, 의자를 끌어와서 말하지요. '자, 이 놀라운 말에 대해 이야기해 봅시다……' 그리고 이야기는 끝날 줄 모르죠."

해럴드 와들리 하사는 전쟁의 혼란 속에서 레클리스와 함께 본 장면을 이렇게 회상했다.

"언덕 위로 보름달이 떠오를 때가 있어요. 내 마구간에 말 한 마리가 서 있는 걸 보면, 이유는 모르겠지만 그 보름달 빛이 나무 사이로 비칠 때마다 레클리스의 모습이 떠오릅니다. 그건 지울 수 없는 이미지예요. 나는 말을 사랑하는 모든 사람들에게 말해요. '여기, 믿을 수 없을 정도로 놀라운 이야기가 있어요. 절대 다시는 이런 이야기를 들을 수 없을 겁니다.' 이 이야기는 정말 특별해요."

레클리스 동상 헌정식 후 메이슨 하사는 이렇게 말했다.

"레클리스는 당시에도 지금도 매우 존경받는 동물이에요. 레클리스는 한국전쟁에서 해병대원들이 상상조차 할 수 없었던 일들을 해냈습니다. 레클리스는 철의 신경을 가진 말이었고, 훈련받은 임무에 전념했으며, 모든 사람의 존경과 감탄을 자아냈습니다. 레클리스는 자신에게 주어진 모든 훈장과 계급장을 받을 자격이 충분합니다. 역사 속에 영원히 기록될 만한 존재입니다. 레클리스 상사의 유산은 영원히 이어질 거예요."

레클리스를 가장 잘 표현한 사람은 아마도 해군 의무병 밥 로저스일 것이다.

그는 이렇게 말했다.

전쟁의 불길 속을 뚫고 나간 용기와 헌신의 화신, 레클리스(릭 버로우스 사진 제공)

"분명한 것은, 레클리스는 국가적 영웅이며, 레클리스의 이야기는 반드시 후세에 전해져야 해요. 해병대가 존속하는 한, 레클리스의 기억 또한 영원히 남아 전해지길 바랍니다."

아멘, 나 역시 그렇게 되기를 바랍니다.
레클리스를 위하여, 레클리스에 대한 기억이 영원하길.
셈퍼 피델리스(Semper Fidelis) ― 언제나 충성!
 레클리스 상사에게 바칩니다!

Certificate of Appreciation

**SSgt Reckless
U.S. Marine Corps**

In recognition of honorable service during the Korean War in defense of Democracy and Freedom. Through your selfless sacrifice, the tide of communism on the Korean Peninsula was halted and liberty triumphed over tyranny. The Department of Defense and the people of America and Korea are forever grateful.

Chuck Hagel
Secretary of Defense

미 국방장관 척 헤이글이 레클리스 상사의 공로를 기리며 수여한 감사장

감사장

레클리스 상사
미국 해병대

한국전쟁에서 민주주의와 자유를 수호하기 위해 보여준
명예로운 헌신을 기리며. 레클리스의 희생적인 헌신은
한반도에서 공산주의의 확산을 저지하고, 자유의 승리를 이끌었습니다.
미국 국방부와 미국 국민, 그리고 한국 국민은 레클리스의
숭고한 헌신에 진심으로 감사드립니다.

— 국방장관 척 헤이글

저자 후기

레클리스에게 존경과 감사를 전하며

　레클리스는 놀라운 말이자, 용맹한 전사였으며, 믿을 수 없을 만큼 위대한 영웅이었다. 레클리스를 알게 된 것은 내게 큰 영광이자 특권, 그리고 축복이었다.
　레클리스와 함께하는 여정 속에서 훌륭한 분들을 많이 만났다. 이 특별한 말이 아니었다면 결코 인연이 닿지 않았을 것이다. 어떤 분들은 레클리스와 함께 복무했고, 어떤 분들은 한국전쟁, 특히 1953년 3월 네바다 전초 전투의 참혹함에 대해 알려주었다. 또 다른 분들은 레클리스의 은퇴 후 삶이나 전설로만 레클리스를 알고 있었다.
　어디서부터 감사를 드려야 할지 모르겠지만, 우선 레클리스의 동상 건립을 위해 자발적으로 모인 팀 레클리스부터 시작하겠다.

데비 매케인은 좋은 친구가 되어주고, 레클리스의 꼬리털과 뒷발굽을 기꺼이 나눠주어서 감사한다. 밥 로저스는 멋진 이야기들과 레클리스의 아름다운 그림을 보내주고, 기념 동상 제작을 도와줬으며, 특히 놀라운 재능을 가진 예술가 조슬린 러셀을 추천해 주어서 깊이 감사드린다.

조슬린 러셀은 영원한 친구가 되어주고, 레클리스의 동상을 멋지게 디자인해 주었으며, 특히 내가 동상 작업에 참여해 나의 손자국을 남길 수 있게 해주어 특별히 감사한다. 해럴드 와들리는 전쟁 중 레클리스의 영웅적 활약에 대한 놀라운 이야기들로 나를 울렸고, 동상 제작에 박차를 가할 수 있도록 도와주었다. 고 리처드 로스웰 대령과 그의 사랑스러운 아내 레베카는 늘 나를 지지해 주어서 감사하다. 존 뉴섬은 레클리스를 알고 있던 분들을 최대한 많이 찾아주고, 늘 나의 넘버원 지원자가 되어주었다.

이런 멋진 팀과 함께했기에 이 여정이 이토록 훌륭할 수 있었다.

특별히 감사드리고 싶은 분들이 있다.

고 조셉 레이섬이 수집한 레클리스 관련 기념품들을 믿고 맡겨준 낸시 레이섬 파킨에게 감사드린다. 기억을 나누어준 고 빌 라일리와 아버지가 한국에서 보낸 소중한 편지들을 공유해 준 그의 딸 메리 앨리스 게어디스에게 감사한다. 에릭 피더슨 주니어는 아버지의 이야기를 공유해 주고 본인의 기억까지 나눠주었다.

펜들턴 기지 기록보관소와 박물관의 페이 조나슨은 나를 돕기 위해 정말 많은 노력을 해주고, 레클리스 기록을 보존하기 위해 헌신해 주었다. 부츠 레이놀즈는 이 놀라운 여정의 시작이 된 멋진 이야기를 재사용할 수 있도록 허락해 주었다. 고 조지 퍼트넘과 그의 동료 살릴리 콘론은 경험한 이야기와 추모사를 공유해 주었다.

그리고 더 많은 분들께 감사하다.

〈레더넥〉 매거진의 낸시 호프먼과 월트 포드에게 감사한다. 특히 월트는 민간인인 나에게 해병대의 절차와 용어를 속성으로 가르쳐주고, 개인적으로 내 원고를 검토하여 해병대 기준에 맞게 정확히 작성되었는지 확인해 주었다. 이 놀라운 친절과 지원 덕분에 더욱 완벽한 원고가 되었다. 우라!(Ooh rah! 미 해병대 구호-옮긴이) 그는 정말 멋지다!

그리고 레이 베리, 척 배더슨, 척 데이커스, 닉 담브라, 아트 디그라지아, 밀턴 드러먼드, 폴 해머슬리, 윌리엄 젠슨, 켄 레이섬, 켄 런트, 린 매톡스, 존 마이어스, 밥 퍼셀, 버드 랄스, 켄 라일리, 쿠엔틴 사이덜, 랠프 셔먼, 아트 시클러, 로널드 스토워스, 가이 와그너, 프레드 화이트, 그리고 제이 R. 윌컷. 이들 해병들은 레클리스와 한국전쟁의 비극에 대해 내게 많은 것을 알려주었다.

여러분 모두는 내게 영웅이며, 마음 깊이 감사드린다!

혹시라도 내가 빠뜨린 분이 있거나, 레클리스를 알지만 내가 연락을 하지 못한 분들, 또는 세상과 공유하고 싶은 사진이 있는 분들은 레클리스의 공식 웹사이트(www.SgtReckless.com)에 게시할 예정이다. 또한 페이스북의 '하사 레클리스 공식 팬클럽' 페이지에서도 함께할 수 있다.

가족에게도 특별한 감사의 마음을 전한다. 특히 나의 어머니 알다 밴들링과 여동생 레인 윌슨에게 감사한다. 수차례 원고를 검토해 주었고, 마지막까지 올바른 방향으로 이끌어주었다. 그리고 이 훌륭한 두 편집자를 추천해 준 소중한 친구 수잔 핀스태드에게도 감사한다.

멜리사 블라제크는 꼼꼼하게 원고를 검토해 주었고, 특히 배리 그레이는 특별히 감사한다. 이 책을 지금의 모습으로 만들어주었으며, 미처 상상도 못 했던 방식으로 글에 생명력을 불어넣어 주었다. 배리, 원고를 이토록 빛나게 만들어주어서 진심으로 감사한다. 당신은 정말 놀라운 편집자다!

또한 앤드루 기어의 조카인 고 제임스 태거트에게도 감사를 드린다. 삼촌이 쓴 레클리스 책을 사용할 수 있도록 허락해 주었고, 〈새터데이 이브닝 포스트〉에 실린 기사와 사진, 그리고 기어와 관한 멋진 사진과 이야기들을 공유해 주었다. 톰과 메리 기어에게도 감사한다. 기어 삼촌에 대한 전기 자료를 나누어주었다.

그리고 케이 피더슨의 증조카인 린다 스워드 존슨은 놀라운 연구 자료와 오래된 신문 스크랩을 너무나 관대하게 공유해 주었다. 나도 그만큼 체계적이었으면 좋겠다!

여러분 모두가 없었다면, 이 책은 지금의 모습이 되지 못했을 것이다. 어쩌면 이 책 자체가 존재하지 못했을 수도 있다.

특별히 엘리자베스 케이 맥콜에게 감사드린다. 2011년 7월호

〈카우보이 & 인디언〉지에 실린 그녀의 멋진 기사는 내가 상상도 못 했던 방식으로 레클리스의 역사를 되살리는 계기가 되었다. 엘리자베스는 원고 구성에도 도움을 주었다. 레클리스와 나는 당신의 너그러운 도움에 영원히 감사할 것이다. 그리고 재능 있는 지도 제작자 제이 카라마레스는 아름다운 지도로 모든 이동 경로를 알기 쉽게 보여주었다. 정말 멋진 작업이었다!

팀 레그너리(TEAM REGNERY) 출판사에도 큰 감사를 드린다! 우선 알렉스 노박이라는 환상적인 출판인을 소개해 준 내 오랜 친구 셰릴 쇼 반스에게 감사한다. 소중한 친구여, 참으로 인생은 돌고 도는 것 같다! 마조리 로스, 나의 편집자 해리 크로커와 마리아 룰, 그리고 마크 블룸필드, 패트리샤 잭슨, 린지 레인스트롬, 니콜 이트먼 등 창의적이고 열정적으로 홍보와 판매를 이끌어준 훌륭한 팀에게 깊은 감사를 드린다. 그들은 나를 지원하고 레클리스를 위해 한계를 넘어 헌신해 주었다. 이 책이 이렇게 훌륭한 작품이 될 수 있었던 것은 모두 여러분 덕분이다. 여러분에게 얼마나 깊이 감사하는지 말로는 다 표현할 수 없다.

앤드루 기어 중령님께 특별히 감사의 마음을 전하고 싶다. 그분의 놀라운 헌신이 없었다면 레클리스가 미국에 올 수 없었을 것이고, 이 특별한 영웅의 운명이 어떻게 되었을지 알 수 없었을 것이다. 기어는 레클리스를 향한 순수한 사랑과 존경심으로 모든 과정을 함께했다. 어떻게든 이 메시지가 기어에 가 닿기를 바란다. 이 놀랍고 영웅적인 말을 위해 해준 모든 일에 진심으로 감사드린다.

영원히 감사할 것이다.

그리고 마지막으로, 국립해병대박물관에서 기념 동상 제막식을 이토록 성공적으로 이끌어준 모든 분들의 헌신적인 노고에 감사드린다. 특히 제임스 에이모스 장군과 부인 보니 에이모스, 마이클 배럿 주임원사, 국방부 60주년 기념 위원회의 빌리 카네도 소령, 조 블레스와 영 마린스, 릭 버로스와 클라인 메모리얼, 그리고 해병대 문화유산재단과 국립해병대박물관의 모든 분들께 감사드린다. 특히 로버트 블랙맨 중장, 린 에젤, 마크 조이스, 제니퍼 밴터벨드, 사라 맥과이어, 그웬 애덤스, 데니스 호프스테터, 메리 카펜터, 팸 도슨, 수잔 호지스, 그리고 그레첸 캠벨께도 깊이 감사드린다.

여러분은 정말 최고였다!

이 책을 나의 가장 소중한 친구였던 고 톰 '빌리 잭' 로플린에게 바친다. 그는 나에게 글쓰기의 아홉 가지 요소를 가르쳐주셨을 뿐 아니라, 이 프로젝트의 모든 과정에서 나를 믿어주었다. 나 스스로도 몰랐던 작가의 재능을 오래전에 먼저 알아보았다. 이 점에 대해 영원히 감사할 것이다. 보고 싶다, 소중한 친구여.

마지막으로, 이 놀라운 이야기를 전할 수 있도록 나를 도구로 써주신 하나님께 감사드린다. 나는 정말 축복받은 사람이며, 큰 행운을 가진 사람이다.

그리고 정말 마지막으로, 내가 헌정식 폐회사에서 말했듯이 레클리스 상사에게 진심 어린 마음을 전하고 싶다.

"레클리스에게 감사드립니다. 그저 레클리스였다는 것만으로도 감사합니다. 지금 하늘에서 우리를 지켜보고 있을 레클리스, 당신이 우리에게 준 위로와, 우리를 이끌어준 우정 어린 사랑, 그리고 우리를 데려간 이 여정에 대해 얼마나 감사한지 알아주시길 바랍니다. 개인적으로, 당신은 내 인생을 영원히 바꾸어놓았습니다. 내가 느끼는 감정과 감사의 마음을 말로는 다 표현할 수 없습니다. 여기 계신 모든 분들도 같은 마음일 것입니다. 사랑합니다. 셈퍼 피델리스, 레클리스 상사에게."

— 로빈 허턴

한국전쟁 감동 실화
레클리스

초판 1쇄 펴냄 2025년 4월 20일
초판 2쇄 펴냄 2025년 4월 30일

지은이 로빈 허턴
옮긴이 황하민
펴낸이 박남성, 김운호

경영관리 김효순
책임편집 심순영
디자인 소산이
인쇄·제본 한영문화사

펴낸곳 (주)도레미엔터테인먼트, (주)디알엠씨티
출판등록 2018. 1. 23. 제2018-000010호
주소 서울특별시 강서구 공항대로 659 도레미빌딩 8층 (우편번호 07557)
대표전화 02-3662-8835
팩스번호 02-2659-1046
이메일 doremient@doremient.com

한국어판 ⓒ (주)도레미엔터테인먼트, 2025, Printed in Seoul, Korea

ISBN 979-11-964178-9-3 03810

＊책값은 뒤표지에 있습니다.
＊잘못된 책은 구입한 곳에서 바꾸어 드립니다.